biblio Théâtre lycée

La Folle Journée ou le Mariage de Figaro

BEAUMARCHAIS

Notes, questionnaires et dossier
par Elsa Jollès,
agrégée de Lettres classiques,
professeur en lycée,

et Camille Zimmer,
agrégée de Lettres modernes,
professeur en lycée.

Sommaire

ISBN : 978-2-01-394989-7

Dossier du professeur téléchargeable gratuitement sur :
www.biblio-hachette.com

ACTE IV

ACTE V

3 Dossier Bibliolycée

4 Dossier Spécial bac

BEAUMARCHAIS (1732-1799)

▸ Plus qu'un écrivain, Beaumarchais est un aventurier. Comme Figaro, il exerce divers métiers : horloger, homme d'affaires, et même espion du roi !

▸ Ce brillant dramaturge donne un rythme effréné à ses comédies. Il crée, avec Figaro, l'un des plus célèbres personnages de valet.

▸ Son théâtre, qui précède de peu la Révolution française, dénonce les injustices de son temps.

Beaumarchais par Jean-Marc Nattier, portraitiste de la cour de Louis XV.

ŒUVRES-CLÉS

- ***Essai sur le genre dramatique sérieux*** (1767), préface de son drame « anglais » *Eugénie* et manifeste de ce nouveau genre.
- ***Le Barbier de Séville ou la Précaution inutile*** (1775), comédie en 4 actes et en prose.
- ***La Folle Journée ou le Mariage de Figaro*** (1784), comédie en 5 actes et en prose qui constitue une suite du *Barbier de Séville*.
- ***L'Autre Tartuffe ou la Mère coupable*** (1792), drame qui est la suite du *Mariage de Figaro* et le dernier volet de la trilogie.

Beaumarchais en 10 dates

1742 Pensionnaire à Alfort, près de Paris, dans une école professionnelle, Pierre-Augustin Caron y apprend l'horlogerie.

1753 **Invente un nouveau mécanisme de montre et se fait connaître à la Cour.**

1756 Premier mariage. Prend le nom de Beaumarchais, du nom d'un fief appartenant à sa femme, qui décède l'année suivante et dont il ne peut hériter.

1759 Fait la connaissance du financier Pâris-Duverney. S'associe à lui et s'enrichit.

1770 Accusé d'avoir falsifié le testament de Pâris-Duverney, est emprisonné, condamné en 1773 et ruiné. Rédige, pour sa défense, 4 *Mémoires* contre le juge Goëzman, que La Blache, héritier de Pâris-Duverney, avait corrompu.

1775 **Triomphe du *Barbier de Séville* à la Comédie-Française. Organise des livraisons d'armes aux insurgés américains lors de la guerre d'Indépendance des États-Unis.**

1777 Fonde la Société des auteurs dramatiques et milite pour la reconnaissance de la propriété littéraire et le droit d'auteur.

1784 **Après cinq ans de luttes contre la censure royale, la comédie *Le Mariage de Figaro* est jouée à la Comédie-Française et y reçoit un accueil triomphal.**

1792 Représentation sans succès de *La Mère coupable*. Bien que rallié aux Républicains, est suspecté et emprisonné sous la Convention. Il échappe de peu à la guillotine et s'exile.

1796 Retour à Paris, où il mourra trois ans plus tard.

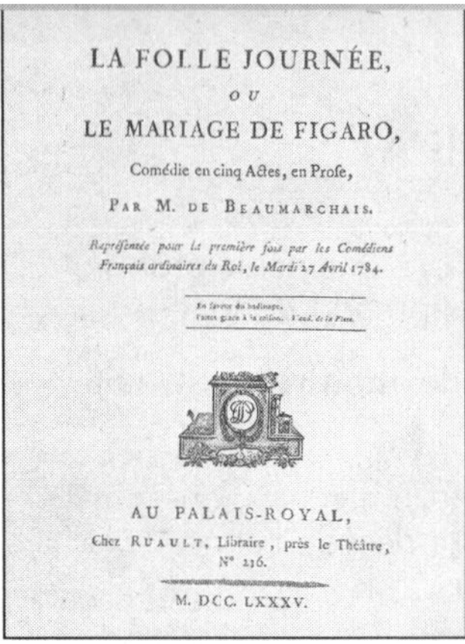

LA FOLLE JOURNÉE,

OU

LE MARIAGE DE FIGARO,

Comédie en cinq Actes, en Prose,

PAR M. DE BEAUMARCHAIS.

Représentée pour la première fois par les Comédiens Français ordinaires du Roi, le Mardi 27 Avril 1784.

AU PALAIS-ROYAL,

Chez RUAULT, Libraire, près le Théâtre, N° 216.

M. DCC. LXXXV.

La Folle Journée ou le Mariage de Figaro

Première représentation : 27 avril 1784

Date de publication : 1785

Genre : comédie en cinq actes et en prose

Registres dominants : comique, pathétique

Mouvement : les Lumières

Frontispice de l'édition originale de 1785.

PRÉSENTATION

Dans la préface du *Barbier de Séville* (1775), Beaumarchais imagine une famille à son valet Figaro. Le prince de Conti, amusé, le défie d'inventer une suite à cette pièce : ce sera *Le Mariage de Figaro*. Six censeurs empêchent sa représentation en 1783 et obligent Beaumarchais à gommer les allusions directes à Louis XVI et sa cour. En 1784, la pièce fait un triomphe : le valet Figaro, double théâtral de l'auteur, n'y est pas étranger. Aujourd'hui encore, il symbolise l'homme du peuple rusé, qui égratigne les privilégiés.

THÈMES TRAITÉS

Une comédie des Lumières

Beaumarchais dénonce les privilèges de la noblesse : le comte Almaviva entend abuser de Suzanne, la fiancée de son valet, en remettant en vigueur l'ancien droit du seigneur. L'intrigue s'organise autour de ce privilège indu. Mais l'auteur critique aussi la censure littéraire (monologue de l'acte V) ou le statut éternellement mineur des femmes (procès de l'acte III).

L'amour et le désir

Les personnages sont tous en proie au désir amoureux et à ses fluctuations, ainsi qu'à son pendant négatif, la jalousie : le Comte n'aime plus sa femme, Marceline souhaite épouser Figaro, le jeune Chérubin courtise toutes les femmes de la pièce. Aucun d'eux ne renonce à l'amour, quels que soient son âge ou son statut social ou marital. En cela, la pièce est empreinte d'un certain libertinage amoureux, dont la littérature s'empare au XVIIIe siècle à travers les œuvres de Laclos ou Crébillon fils.

POUR COMPRENDRE L'ŒUVRE

Le rythme d'une folle journée

Beaumarchais crée une comédie « monstre », avec pas moins de 16 personnages, 92 scènes et 1 600 répliques. L'auteur semble vouloir démontrer son brio en multipliant les intrigues, les scènes de reconnaissance, les cachettes et travestissements, les moments musicaux. Il renouvelle et dynamise la comédie en imprimant un rythme effréné à cette *« folle journée »*.

Le mélange des registres

Les différents types de comiques (de geste, de situation, de mots) sont bien présents dans la pièce. Cependant, le ton bascule, parfois, dans une véritable gravité (tirades révoltées de Marceline, désespoir de Figaro). Ce mélange des registres rappelle le drame bourgeois et annonce le drame romantique.

Le rôle des femmes

À travers Marceline, Beaumarchais dénonce l'oppression masculine et revendique l'indépendance financière des femmes. Dominées, elles ne doivent leur salut qu'à leur complicité. Figaro et le Comte seront ainsi les jouets de cette solidarité féminine au-delà des classes sociales.

LES CRITIQUES

« Enfin, tant que nous serons sensibles à l'observation ironique de la vie, à l'illusion théâtrale, à l'esprit dialogué, Le Barbier de Séville *et* Le Mariage de Figaro *ne cesseront de nous charmer. »*

Gustave Larroumet, article paru en 1890 dans la *Revue des Deux Mondes*.

« Près de cet amas grotesque / De fripons et de catins, / Parlant en style burlesque / De leurs projets libertins ; / Pourquoi d'un ton pédantesque / S'écrier : Ah quelle horreur ! / C'est l'histoire de l'auteur. »

Épigramme anonyme parue après la représentation du *Mariage de Figaro*.

Le valet Figaro enrageant contre les puissants,
illustration d'Émile Bayard (XIXe siècle).

BEAUMARCHAIS

La Folle Journée ou le Mariage de Figaro

Suzanne, femme de chambre de la Comtesse
et fiancée de Figaro, dessin d'Émile Bayard (1837-1891).

Épître dédicatoire[1]

aux personnes trompées sur ma pièce et qui n'ont pas voulu la voir.

Ô vous que je ne nommerai point ! Cœurs généreux, esprits justes, à qui l'on a donné des préventions[2] contre un ouvrage réfléchi, beaucoup plus gai qu'il n'est frivole[3] ; soit que vous l'acceptiez ou non, je vous en fais l'hommage, et c'est tromper l'envie dans une de ses mesures. Si le hasard vous la fait lire, il la trompera dans une autre, en vous montrant quelle confiance est due à tant de rapport qu'on vous fait !

Un objet de pur agrément[4] peut s'élever encore à l'honneur d'un plus grand mérite : c'est de vous rappeler cette vérité de tous les temps, qu'on connaît mal les hommes et les ouvrages quand on les juge sur la foi d'autrui ; que les personnes, surtout dont l'opinion est d'un grand poids, s'exposent à glacer sans le vouloir ce qu'il fallait peut-être encourager, lorsqu'elles négligent de prendre pour base de leurs jugements le seul conseil qui soit bien pur : celui de leurs propres lumières.

Ma résignation égale mon profond respect.

L'AUTEUR.

Notes

1. **épître dédicatoire** : dédicace. Traditionnellement, les auteurs dédiaient leurs œuvres à de riches protecteurs. Beaumarchais marque ici son indépendance face au pouvoir.

2. **préventions** : mises en garde.

3. **frivole** : superficiel.

4. **agrément** : ce qui est destiné à faire plaisir.

Voila ou nous reduit l'Aristocratie

Beaumarchais conduit à la prison de Saint-Lazare, à Paris.

Préface

En écrivant cette préface[1], mon but n'est pas de rechercher oiseusement[2] si j'ai mis au théâtre une pièce bonne ou mauvaise – il n'est plus temps pour moi – mais d'examiner scrupuleusement, et je le dois toujours, si j'ai fait une œuvre blâmable[3].

Personne n'étant tenu de faire une comédie qui ressemble aux autres, si je me suis écarté d'un chemin trop battu, pour des raisons qui m'ont paru solides, ira-t-on me juger, comme l'ont fait MM. tels, sur des règles qui ne sont pas les miennes ? imprimer puérilement[4] que je reporte l'art à son enfance, parce que j'entreprends de frayer un nouveau sentier à cet art dont la loi première, et peut-être la seule, est d'amuser en instruisant[5] ? Mais ce n'est pas de cela qu'il s'agit.

Il y a souvent très loin du mal que l'on dit d'un ouvrage à celui qu'on en pense. Le trait qui nous poursuit, le mot qui importune reste enseveli dans le cœur, pendant que la bouche se venge en blâmant presque tout le reste. De sorte qu'on peut

Notes

1. **préface** : cette préface fut rédigée pour la publication de la pièce en 1785.
2. **oiseusement** : inutilement.
3. **blâmable** : condamnable.
4. **puérilement** : de façon naïve, enfantine (péjoratif).
5. **amuser en instruisant** : l'un des buts classiques de la comédie, adopté par Molière.

regarder comme un point établi au théâtre, qu'en fait de reproche à l'auteur, ce qui nous affecte le plus est ce dont on parle le moins.

Il est peut-être utile de dévoiler aux yeux de tous ce double aspect des comédies, et j'aurai fait encore un bon usage de la mienne, si je parviens, en la scrutant, à fixer l'opinion publique sur ce qu'on doit entendre[1] par ces mots : Qu'est-ce que LA DÉCENCE THÉÂTRALE ?

À force de nous montrer délicats, fins connaisseurs, et d'affecter, comme j'ai dit autre part[2], l'hypocrisie de la décence[3] auprès du relâchement des mœurs, nous devenons des êtres nuls, incapables de s'amuser et de juger de ce qui leur convient : faut-il le dire enfin ? des bégueules[4] rassasiées qui ne savent plus ce qu'elles veulent, ni ce qu'elles doivent aimer ou rejeter. Déjà ces mots si rebattus, *bon ton, bonne compagnie*, toujours ajustés au niveau de chaque insipide coterie[5], et dont la latitude[6] est si grande qu'on ne sait où ils commencent et finissent, ont détruit la franche et vraie gaieté qui distinguait de tout autre le comique de toute nation.

Ajoutez-y le pédantesque[7] abus de ces autres grands mots, *décence et bonnes mœurs*, qui donnent un air si important, si supérieur, que nos jugeurs de comédies seraient désolés de n'avoir pas à les prononcer sur toutes les pièces de théâtre, et vous connaîtrez à peu près ce qui garrotte[8] le génie, intimide tous les auteurs, et porte un coup mortel à la vigueur de l'intrigue, sans laquelle il n'y a pourtant que du bel esprit à la glace[9] et des comédies de quatre jours.

Notes

1. entendre : comprendre.
2. autre part : dans la *Lettre modérée sur la chute et la critique du Barbier de Séville*.
3. affecter [...] l'hypocrisie de la décence : nous montrer faussement vertueux.
4. bégueules : personnes qui témoignent d'une pudeur excessive et fausse.
5. coterie : petit groupe de personnes qui tentent de défendre leurs intérêts.
6. latitude : liberté.
7. pédantesque : prétentieux.
8. garrotte : étrangle.
9. du bel esprit à la glace : de l'humour affecté.

Enfin, pour dernier mal, tous les états de la société sont parvenus à se soustraire à la censure dramatique : on ne pourrait mettre au théâtre *Les Plaideurs* de Racine, sans entendre aujourd'hui les Dandins et les Brid'oisons[1], même des gens plus éclairés, s'écrier qu'il n'y a plus ni mœurs, ni respect pour les magistrats.

On ne ferait point le *Turcaret*[2], sans avoir à l'instant sur les bras fermes, sous-fermes, traites et gabelles, droits réunis, tailles, taillons[3], le trop-plein, le trop-bu, tous les impositeurs royaux. Il est vrai qu'aujourd'hui *Turcaret* n'a plus de modèles. On l'offrirait sous d'autres traits, l'obstacle resterait le même.

On ne jouerait point *les fâcheux, les marquis, les emprunteurs* de Molière[4], sans révolter à la fois la haute, la moyenne, la moderne et l'antique noblesse. Ses *Femmes savantes* irriteraient nos féminins bureaux d'esprit[5]. Mais quel calculateur peut évaluer la force et la longueur du levier qu'il faudrait, de nos jours, pour élever jusqu'au théâtre l'œuvre sublime du *Tartuffe* ? Aussi l'auteur qui se compromet avec le public *pour l'amuser ou pour l'instruire*, au lieu d'intriguer à son choix son ouvrage, est-il obligé de tourniller[6] dans des incidents impossibles, de persifler au lieu de rire, et de prendre ses modèles hors de la société, crainte[7] de se trouver mille ennemis, dont il ne connaissait aucun en composant son triste drame.

Notes

1. **les Dandins et les Brid'oisons** : Dandin est un juge ridicule inventé par Rabelais et repris par La Fontaine et Racine. Brid'oison rappelle le juge Bridoye de Rabelais et apparaît dans *Le Mariage de Figaro*.
2. ***Turcaret*** : pièce de Lesage (1709). Le héros éponyme est un financier particulièrement grossier.
3. **bras fermes, [...] taillons** : nombreux impôts de l'Ancien Régime. Les personnes chargées de collecter ces impôts, les fermiers généraux, s'enrichissaient souvent de façon malhonnête.
4. ***les emprunteurs* de Molière** : personnages du type de Dorante – un parasite – dans *Le Bourgeois gentilhomme*.
5. **féminins bureaux d'esprit** : les salons littéraires, fort prisés au XVIIIe siècle, où l'on fait assaut de bons mots. Ce sont des femmes qui tiennent ces salons.
6. **tourniller** : tournicoter (néologisme).
7. **crainte** : par crainte.

J'ai donc réfléchi que, si quelque homme courageux ne secouait pas toute cette poussière, bientôt l'ennui des pièces françaises porterait la nation au frivole opéra-comique[1], et plus loin encore, aux boulevards, à ce ramas[2] infect de tréteaux[3] élevés à notre honte, où la décente liberté, bannie du théâtre français, se change en une licence effrénée[4] ; où la jeunesse va se nourrir de grossières inepties, et perdre, avec ses mœurs, le goût de la décence et des chefs-d'œuvre de nos maîtres. J'ai tenté d'être cet homme ; et si je n'ai pas mis plus de talent à mes ouvrages, au moins mon intention s'est-elle manifestée dans tous.

J'ai pensé, je pense encore, qu'on n'obtient ni grand pathétique, ni profonde moralité, ni bon et vrai comique au théâtre, sans des situations fortes, et qui naissent toujours d'une disconvenance sociale, dans le sujet qu'on veut traiter. L'auteur tragique, hardi dans ses moyens, ose admettre le crime atroce : les conspirations, l'usurpation du trône, le meurtre, l'empoisonnement, l'inceste dans *Œdipe*[5] et *Phèdre*[6] ; le fratricide dans *Vendôme*[7] ; le parricide dans *Mahomet* ; le régicide[8] dans *Macbeth*[9], etc., etc. La comédie, moins audacieuse, n'excède pas les disconvenances[10], parce que ses tableaux sont tirés de nos mœurs, ses sujets de la société. Mais comment frapper sur l'avarice, à moins de mettre en scène un méprisable avare ? démasquer l'hypocrisie, sans montrer, comme Orgon, dans le Tartuffe, un abominable hypocrite, *épousant sa fille et convoitant*

Notes

1. **opéra-comique** : pièce qui mêle théâtre et chansons.
2. **ramas** : ramassis.
3. **tréteaux** : foires de plein air, où l'on joue des farces. Beaumarchais est ici ironique.
4. **licence effrénée** : débauche acharnée.
5. *Œdipe* (1718) est une tragédie de Voltaire, ainsi que *Mahomet* (1742).
6. ***Phèdre*** : tragédie de Racine (1677).
7. ***Vendôme*** : personnage de Voltaire dans sa tragédie *Adélaïde du Guesclin* (1734).
8. **régicide** : meurtre d'un roi.
9. ***Macbeth*** : tragédie de Shakespeare (1564-1616) jouée en France en 1784.
10. **n'excède pas les disconvenances** : n'exagère pas les invraisemblances.

sa femme? un homme à bonnes fortunes[1], sans le faire parcourir un cercle entier de femmes galantes? un joueur effréné, sans l'envelopper de fripons[2], s'il ne l'est pas déjà lui-même ?

Tous ces gens-là sont loin d'être vertueux; l'auteur ne les donne pas pour tels : il n'est le patron d'aucun d'eux, il est le peintre de leurs vices. Et parce que le lion est féroce, le loup vorace et glouton, le renard rusé, cauteleux[3], la fable est-elle sans moralité? Quand l'auteur la dirige contre un sot que la louange enivre, il fait choir du bec du corbeau le fromage dans la gueule du renard, sa moralité est remplie; s'il la tournait contre le bas flatteur, il finirait son apologue[4] ainsi : *Le renard s'en saisit, le dévore; mais le fromage était empoisonné.* La fable est une comédie légère, et toute comédie n'est qu'un long apologue : leur différence est que dans la fable les animaux ont de l'esprit, et que dans notre comédie les hommes sont souvent des bêtes, et, qui pis est, des bêtes méchantes.

Ainsi, lorsque Molière, qui fut si tourmenté par les sots, donne à l'avare un fils prodigue[5] et vicieux qui lui vole sa cassette et l'injurie en face, est-ce des vertus ou des vices qu'il tire sa moralité? que lui importent ces fantômes? c'est vous qu'il entend corriger. Il est vrai que les afficheurs et balayeurs[6] littéraires de son temps ne manquèrent pas d'apprendre au bon public combien tout cela était horrible! Il est aussi prouvé que des envieux très importants, ou des importants très envieux, se déchaînèrent contre lui. Voyez le sévère Boileau, dans son épître au grand Racine[7], venger son ami qui n'est plus, en rappelant ainsi les faits :

Notes

1. **un homme à bonnes fortunes** : un séducteur qui collectionne les aventures amoureuses.
2. **fripons** : gens malhonnêtes.
3. **cauteleux** : synonyme de *rusé*.
4. **apologue** : fable présentant une vérité morale.
5. **prodigue** : dépensier.
6. **afficheurs et balayeurs** : termes péjoratifs pour désigner les critiques littéraires.
7. **épître au grand Racine** : Boileau, épître VII, *Sur l'utilité des ennemis*.

L'Ignorance et l'Erreur, à ses naissantes pièces,
En habits de marquis, en robes de comtesses,
Venaient pour diffamer son chef-d'œuvre nouveau,
Et secouaient la tête à l'endroit le plus beau.
Le commandeur voulait la scène plus exacte ;
Le vicomte, indigné, sortait au second acte :
L'un, défenseur zélé des dévots[1] *mis en jeu,*
Pour prix de ses bons mots le condamnait au feu ;
L'autre, fougueux marquis, lui déclarant la guerre,
Voulait venger la Cour immolée au parterre[2].

On voit même dans un placet[3] de Molière à Louis XIV, qui fut si grand en protégeant les arts, et sans le goût éclairé duquel notre théâtre n'aurait pas un seul chef-d'œuvre de Molière ; on voit ce philosophe auteur se plaindre amèrement au roi que, pour avoir démasqué les hypocrites, ils imprimaient partout qu'il était *un libertin, un impie, un athée, un démon vêtu de chair, habillé en homme* ; et cela s'imprimait avec APPROBATION ET PRIVILÈGE[4] de ce roi qui le protégeait : rien là-dessus n'est empiré.

Mais, parce que les personnages d'une pièce s'y montrent sous des mœurs vicieuses, faut-il les bannir de la scène ? Que poursuivrait-on au théâtre ? les travers et les ridicules ? Cela vaut bien la peine d'écrire ! Ils sont chez nous comme les modes : on ne s'en corrige point, on en change.

Les vices, les abus, voilà ce qui ne change point, mais se déguise en mille formes sous le masque des mœurs dominantes : leur arracher ce masque et les montrer à découvert, telle est la noble tâche de l'homme qui se voue au théâtre. Soit qu'il

Notes

1. ***dévots*** : personnes trop attachées aux pratiques religieuses et d'une pudeur excessive.
2. ***parterre*** : spectateurs du rez-de-chaussée du théâtre, le peuple (les nobles assistaient au spectacle dans les loges).
3. **placet** : demande par écrit pour obtenir justice, solliciter une grâce ou une faveur.
4. **approbation et privilège** : droit de publication que seule détient la censure royale.

moralise en riant, soit qu'il pleure en moralisant, Héraclite ou Démocrite[1], il n'a pas un autre devoir. Malheur à lui, s'il s'en écarte ! On ne peut corriger les hommes qu'en les faisant voir tels qu'ils sont. La comédie utile et véridique n'est point un éloge menteur, un vain discours d'académie.

Mais gardons-nous bien de confondre cette critique générale, un des plus nobles buts de l'art, avec la satire odieuse et personnelle : l'avantage de la première est de corriger sans blesser. Faites prononcer au théâtre, par l'homme juste, aigri de l'horrible abus des bienfaits, *tous les hommes sont des ingrats* : quoique chacun soit bien près de penser comme lui, personne ne s'en offensera. Ne pouvant y avoir un ingrat sans qu'il existe un bienfaiteur, ce reproche même établit une balance égale entre les bons et les mauvais cœurs, on le sent et cela console. Que si l'humoriste[2] répond *qu'un bienfaiteur fait cent ingrats*, on répliquera justement *qu'il n'y a peut-être pas un ingrat qui n'ait été plusieurs fois bienfaiteur* : et cela console encore. Et c'est ainsi qu'en généralisant, la critique la plus amère porte du fruit sans nous blesser, quand la satire personnelle, aussi stérile que funeste, blesse toujours et ne produit jamais. Je hais partout cette dernière, et je la crois un si punissable abus, que j'ai plusieurs fois d'office invoqué la vigilance du magistrat pour empêcher que le théâtre ne devînt une arène de gladiateurs, où le puissant se crût en droit de faire exercer ses vengeances par les plumes vénales[3], et malheureusement trop communes, qui mettent leur bassesse à l'enchère.

Notes

1. Héraclite (v. 550-v. 480 av. J.-C.) et Démocrite (v. 460-v. 370 av. J.-C.) étaient des philosophes grecs. Le premier passait pour pessimiste et le second pour optimiste.

2. **humoriste** : contraire de l'homme juste précédemment cité. Homme qui a de l'humeur, qui est sombre et amer.

3. **plumes vénales** : écrivains payés par le puissant et uniquement motivés par l'argent.

N'ont-ils donc pas assez, ces Grands, des mille et un feuillistes[1], faiseurs de bulletins, afficheurs, pour y trier les plus mauvais, en choisir un bien lâche, et dénigrer qui les offusque ? On tolère un si léger mal, parce qu'il est sans conséquence, et que la vermine éphémère démange un instant et périt ; mais le théâtre est un géant qui blesse à mort tout ce qu'il frappe. On doit réserver ses grands coups pour les abus et pour les maux publics.

Ce n'est donc ni le vice ni les incidents qu'il amène, qui font l'indécence théâtrale ; mais le défaut de leçons et de moralité. Si l'auteur ou faible ou timide n'ose en tirer de son sujet, voilà ce qui rend sa pièce équivoque ou vicieuse. Lorsque je mis *Eugénie*[2] au théâtre (et il faut bien que je me cite, puisque c'est toujours moi qu'on attaque), lorsque je mis *Eugénie* au théâtre, tous nos jurés-crieurs à la décence[3] jetaient des flammes dans les foyers sur ce que j'avais osé montrer un seigneur libertin[4], habillant ses valets en prêtres et feignant d'épouser une jeune personne qui paraît enceinte au théâtre sans avoir été mariée.

Malgré leurs cris, la pièce a été jugée, sinon le meilleur, au moins le plus moral des drames, constamment jouée sur tous les théâtres, et traduite dans toutes les langues. Les bons esprits ont vu que la moralité, que l'intérêt y naissaient entièrement de l'abus qu'un homme puissant et vicieux fait de son nom, de son crédit pour tourmenter une faible fille sans appui, trompée, vertueuse et délaissée. Ainsi tout ce que l'ouvrage a d'utile et de bon naît du courage qu'eut l'auteur d'oser porter la disconvenance sociale au plus haut point de liberté.

Notes

1. **feuillistes** : journalistes payés à la feuille (néologisme péjoratif).
2. ***Eugénie*** : drame de Beaumarchais (1767).
3. **jurés-crieurs à la décence** : périphrase pour désigner les censeurs, qui proclament solennellement ce qui est décent.
4. **libertin** : débauché.

Depuis, j'ai fait *Les Deux Amis*[1], pièce dans laquelle un père avoue à sa prétendue nièce qu'elle est sa fille illégitime. Ce drame est aussi très moral, parce qu'à travers les sacrifices de la plus parfaite amitié, l'auteur s'attache à y montrer les devoirs qu'impose la nature sur les fruits d'un ancien amour, que la rigoureuse dureté des convenances sociales, ou plutôt leur abus, laisse trop souvent sans appui.

Entre autres critiques de la pièce, j'entendis dans une loge, auprès de celle que j'occupais, un jeune *important* de la Cour qui disait gaiement à des dames : « L'auteur, sans doute, est un garçon fripier[2] qui ne voit rien de plus élevé que des commis des Fermes[3] et des marchands d'étoffes ; et c'est au fond d'un magasin qu'il va chercher les nobles amis qu'il traduit à la scène française. – Hélas ! monsieur, lui dis-je en m'avançant, il a fallu du moins les prendre où il n'est pas impossible de les supposer. Vous ririez bien plus de l'auteur s'il eût tiré deux vrais amis de l'Œil-de-bœuf[4] ou des carrosses ? Il faut un peu de vraisemblance, même dans les actes vertueux. »

Me livrant à mon gai caractère, j'ai depuis tenté, dans *Le Barbier de Séville*, de ramener au théâtre l'ancienne et franche gaieté, en l'alliant avec le ton léger de notre plaisanterie actuelle ; mais comme cela même était une espèce de nouveauté, la pièce fut vivement poursuivie. Il semblait que j'eusse ébranlé l'État ; l'excès des précautions qu'on prit et des cris qu'on fit contre moi décelait surtout la frayeur que certains vicieux de ce temps avaient de s'y voir démasqués. La pièce fut censurée quatre fois, cartonnée[5] trois fois sur l'affiche à l'instant d'être jouée, dénoncée même au Parlement d'alors, et moi, frappé de

Notes

1. ***Les Deux Amis*** : drame de Beaumarchais (1770).
2. **fripier** : commerçant en vêtements d'occasion.
3. **commis des Fermes** : receveurs des impôts.
4. **l'Œil-de-bœuf** : salle à Versailles dans laquelle les courtisans attendent le lever du roi.
5. **cartonnée** : annulée par un carton hâtivement posé sur l'affiche.

ce tumulte, je persistais à demander que le public restât le juge de ce que j'avais destiné à l'amusement du public.

Je l'obtins au bout de trois ans. Après les clameurs, les éloges, et chacun me disait tout bas : « Faites-nous donc des pièces de ce genre, puisqu'il n'y a plus que vous qui osiez rire en face. »

Un auteur désolé par la cabale[1] et les criards, mais qui voit sa pièce marcher, reprend courage ; et c'est ce que j'ai fait. Feu[2] M. le prince de Conti[3], de patriotique mémoire (car, en frappant l'air de son nom, l'on sent vibrer le vieux mot *patrie*), feu M. le prince de Conti, donc, me porta le défi public de mettre au théâtre ma préface du *Barbier*, plus gaie, disait-il, que la pièce, et d'y montrer la famille de Figaro, que j'indiquais dans cette préface. « Monseigneur, lui répondis-je, si je mettais une seconde fois ce caractère sur la scène, comme je le montrerais plus âgé, qu'il en saurait quelque peu davantage, ce serait bien un autre bruit ; et qui sait s'il verrait le jour ? » Cependant, par respect, j'acceptai le défi ; je composai cette *Folle Journée*, qui cause aujourd'hui la rumeur. Il daigna la voir le premier. C'était un homme d'un grand caractère, un prince auguste, un esprit noble et fier : le dirai-je ? il en fut content.

Mais quel piège, hélas ! j'ai tendu au jugement de nos critiques en appelant ma comédie du vain nom de *Folle Journée* ! Mon objet était bien de lui ôter quelque importance ; mais je ne savais pas encore à quel point un changement d'annonce peut égarer tous les esprits. En lui laissant son véritable titre, on eût lu *L'Époux suborneur*[4]. C'était pour eux une autre piste, on me courait[5] différemment. Mais ce nom de *Folle Journée* les a mis à cent lieues de moi : ils n'ont plus rien vu dans l'ouvrage

Notes

1. **cabale** : intrigue, menées secrètes.
2. **Feu** : défunt depuis peu.
3. Le prince de Conti (1717-1776) est le beau-fils du régent Philippe d'Orléans, et le protecteur de Beaumarchais.
4. ***suborneur*** : séducteur qui trompe les femmes avec de fausses promesses.
5. **on me courait** : on me poursuivait.

que ce qui n'y sera jamais ; et cette remarque un peu sévère sur la facilité de prendre le change a plus d'étendue qu'on ne croit.

Au lieu du nom de *George Dandin*[1], si Molière eût appelé son drame *La Sottise des alliances*, il eût porté bien plus de fruit ; si Regnard eût nommé son *Légataire*[2], *La Punition du célibat*, la pièce nous eût fait frémir. Ce à quoi il ne songea pas, je l'ai fait avec réflexion. Mais qu'on ferait un beau chapitre sur tous les jugements des hommes et la morale du théâtre, et qu'on pourrait intituler : *De l'influence de l'affiche !*

Quoi qu'il en soit, *La Folle Journée* resta cinq ans au portefeuille[3] ; les comédiens ont su que je l'avais, ils me l'ont enfin arrachée. S'ils ont bien ou mal fait pour eux, c'est ce qu'on a pu voir depuis. Soit que la difficulté de la rendre excitât leur émulation[4], soit qu'ils sentissent avec le public que pour lui plaire en comédie il fallait de nouveaux efforts, jamais pièce aussi difficile n'a été jouée avec autant d'ensemble, et si l'auteur (comme on le dit) est resté au-dessous de lui-même, il n'y a pas un seul acteur dont cet ouvrage n'ait établi, augmenté ou confirmé la réputation. Mais revenons à sa lecture, à l'adoption des comédiens.

Sur l'éloge outré qu'ils en firent, toutes les sociétés voulurent le connaître, et dès lors il fallut me faire des querelles de toute espèce, ou céder aux instances universelles. Dès lors aussi les grands ennemis de l'auteur ne manquèrent pas de répandre à la Cour qu'il blessait dans cet ouvrage, d'ailleurs *un tissu de bêtises*, la religion, le gouvernement, tous les états de la société, les bonnes mœurs, et qu'enfin la vertu y était opprimée et le vice triomphant, *comme de raison*, ajoutait-on. Si les

Notes

1. ***George Dandin*** : comédie de Molière (1668).
2. *Le Légataire universel*, comédie de Regnard (1708).
3. **portefeuille** : enveloppe de carton, de cuir, dans laquelle on met des papiers. Cette métaphore indique que la pièce n'était ni montée ni jouée.
4. **émulation** : sentiment qui porte à égaler ou à surpasser quelqu'un.

graves messieurs qui l'ont tant répété me font l'honneur de lire cette préface, ils y verront au moins que j'ai cité bien juste ; et la bourgeoise intégrité que je mets à mes citations n'en fera que mieux ressortir la noble infidélité des leurs.

Ainsi, dans *Le Barbier de Séville*, je n'avais qu'ébranlé l'État ; dans ce nouvel essai, plus infâme et plus séditieux[1], je le renversais de fond en comble. Il n'y avait plus rien de sacré, si l'on permettait cet ouvrage. On abusait l'autorité par les plus insidieux rapports ; on cabalait[2] auprès des corps puissants ; on alarmait les dames timorées[3] ; on me faisait des ennemis sur le prie-Dieu des oratoires[4] ; et moi, selon les hommes et les lieux, je repoussais la basse intrigue par mon excessive patience, par la roideur[5] de mon respect, l'obstination de ma docilité ; par la raison, quand on voulait l'entendre.

Ce combat a duré quatre ans[6]. Ajoutez-les aux cinq du portefeuille : que reste-t-il des allusions qu'on s'efforce à voir dans l'ouvrage ? Hélas ! quand il fut composé, tout ce qui fleurit aujourd'hui n'avait pas même encore germé : c'était tout un autre univers.

Pendant ces quatre ans de débat, je ne demandais qu'un censeur ; on m'en accorda cinq ou six. Que virent-ils dans l'ouvrage, objet d'un tel déchaînement ? La plus badine[7] des intrigues. Un grand seigneur espagnol, amoureux d'une jeune fille qu'il veut séduire, et les efforts que cette fiancée, celui qu'elle doit épouser, et la femme du seigneur réunissent pour faire échouer dans son dessein un maître absolu, que son rang, sa fortune et sa prodigalité[8] rendent tout-puissant pour l'accomplir. Voilà tout, rien de plus. La pièce est sous vos yeux.

Notes

1. **séditieux** : en révolte contre une autorité établie.
2. **cabalait** : menait des intrigues.
3. **timorées** : craintives.
4. **oratoires** : chapelles.
5. **roideur** : raideur.
6. **quatre ans** : jusqu'en 1784.
7. **badine** : légère.
8. **prodigalité** : dépenses excessives.

D'où naissaient donc ces cris perçants ? De ce qu'au lieu de poursuivre un seul caractère vicieux, comme le joueur, l'ambitieux, l'avare, ou l'hypocrite, ce qui ne lui eût mis sur les bras qu'une seule classe d'ennemis, l'auteur a profité d'une composition légère, ou plutôt a formé son plan de façon à y faire entrer la critique d'une foule d'abus qui désolent la société. Mais comme ce n'est pas là ce qui gâte un ouvrage aux yeux du censeur éclairé, tous, en l'approuvant, l'ont réclamé pour le théâtre. Il a donc fallu l'y souffrir : alors les grands du monde ont vu jouer avec scandale

Cette pièce où l'on peint un insolent valet
Disputant sans pudeur son épouse à son maître.

M. GUDIN[1].

Oh ! que j'ai de regret de n'avoir pas fait de ce sujet moral une tragédie bien sanguinaire ! Mettant un poignard à la main de l'époux outragé, que je n'aurais pas nommé Figaro, dans sa jalouse fureur je lui aurais fait noblement poignarder le Puissant vicieux ; et comme il aurait vengé son honneur dans des vers carrés, bien ronflants, et que mon jaloux, tout au moins général d'armée, aurait eu pour rival quelque tyran bien horrible et régnant au plus mal sur un peuple désolé, tout cela, très loin de nos mœurs, n'aurait, je crois, blessé personne, on eût crié *bravo ! ouvrage bien moral !* Nous étions sauvés, moi et mon Figaro sauvage.

Mais ne voulant qu'amuser nos Français et non faire ruisseler les larmes de leurs épouses, de mon coupable amant j'ai fait un jeune seigneur de ce temps-là, prodigue, assez galant, même un peu libertin, à peu près comme les autres seigneurs de ce temps-là. Mais qu'oserait-on dire au théâtre d'un seigneur, sans les offenser tous, sinon de lui reprocher son trop de galanterie ? N'est-ce pas là le défaut le moins contesté par

Note

1. Gudin de La Bresnellerie, ami de Beaumarchais.

eux-mêmes ? J'en vois beaucoup, d'ici, rougir modestement (et c'est un noble effort) en convenant que j'ai raison.

Voulant donc faire le mien coupable, j'ai eu le respect généreux de ne lui prêter aucun des vices du peuple. Direz-vous que je ne le pouvais pas, que c'eût été blesser toutes les vraisemblances ? Concluez donc en faveur de ma pièce, puisque enfin je ne l'ai pas fait.

Le défaut même dont je l'accuse n'aurait produit aucun mouvement comique, si je ne lui avais gaiement opposé l'homme le plus dégourdi de sa nation, le *véritable* Figaro qui, tout en défendant Suzanne, sa propriété, se moque des projets de son maître, et s'indigne très plaisamment qu'il ose jouter[1] de ruse avec lui, maître passé dans ce genre d'escrime.

Ainsi, d'une lutte assez vive entre l'abus de la puissance, l'oubli des principes, la prodigalité, l'occasion, tout ce que la séduction a de plus entraînant, et le feu, l'esprit, les ressources que l'infériorité piquée au jeu peut opposer à cette attaque, il naît dans ma pièce un jeu plaisant d'intrigue, où l'*époux suborneur*, contrarié, lassé, harassé, toujours arrêté dans ses vues, est obligé, trois fois dans cette journée, de tomber aux pieds de sa femme, qui, bonne, indulgente et sensible, finit par lui pardonner : c'est ce qu'elles font toujours. Qu'a donc cette moralité de blâmable, messieurs ?

La trouvez-vous un peu badine pour le ton grave que je prends ? Accueillez-en une plus sévère qui blesse vos yeux dans l'ouvrage, quoique vous ne l'y cherchiez pas : c'est qu'un seigneur assez vicieux pour vouloir prostituer à ses caprices tout ce qui lui est subordonné, pour se jouer, dans ses domaines, de la pudicité[2] de toutes ses jeunes vassales, doit finir, comme celui-ci, par être la risée de ses valets. Et c'est ce que l'auteur a très fortement prononcé, lorsqu'en fureur, au cinquième acte, Almaviva, croyant confondre une femme infidèle, montre à

Notes

1. **jouter** : rivaliser.

2. **pudicité** : pudeur.

son jardinier un cabinet, en lui criant : *Entres-y, toi, Antonio ; conduis devant son juge l'infâme qui m'a déshonoré ;* et que celui-ci lui répond : *Il y a, parguenne, une bonne Providence ! Vous en avez tant fait dans le pays, qu'il faut bien aussi qu'à votre tour !*[1]...

Cette profonde moralité se fait sentir dans tout l'ouvrage ; et s'il convenait à l'auteur de démontrer aux adversaires qu'à travers sa forte leçon il a porté la considération pour la dignité du coupable plus loin qu'on ne devait l'attendre de la fermeté de son pinceau, je leur ferais remarquer que, croisé dans tous ses projets, le comte Almaviva se voit toujours humilié, sans être jamais avili[2].

En effet, si la Comtesse usait de ruse pour aveugler sa jalousie dans le dessein de le trahir, devenue coupable elle-même, elle ne pourrait mettre à ses pieds son époux sans le dégrader à nos yeux. La vicieuse intention de l'épouse brisant un lien respecté, l'on reprocherait justement à l'auteur d'avoir tracé des mœurs blâmables : car nos jugements sur les mœurs se rapportent toujours aux femmes ; on n'estime pas assez les hommes pour tant exiger d'eux sur ce point délicat[3]. Mais loin qu'elle ait ce vil projet, ce qu'il y a de mieux établi dans l'ouvrage est que nul ne veut faire une tromperie au Comte, mais seulement l'empêcher d'en faire à tout le monde. C'est la pureté des motifs qui sauve ici les moyens du reproche ; et de cela seul que la Comtesse ne veut que ramener son mari, toutes les confusions qu'il éprouve sont certainement très morales, aucune n'est avilissante.

Pour que cette vérité vous frappe davantage, l'auteur oppose à ce mari peu délicat, la plus vertueuse des femmes par goût et par principes.

Notes

1. Acte V, scène 14.
2. **avili** : dégradé.
3. **sur ce point délicat** : première marque d'un certain féminisme de Beaumarchais (voir la tirade de Marceline, scène 16 de l'acte III).

Abandonnée d'un époux trop aimé, quand l'expose-t-on à vos regards ? Dans le moment critique où sa bienveillance pour un aimable enfant, son filleul, peut devenir un goût dangereux, si elle permet au ressentiment qui l'appuie de prendre trop d'empire[1] sur elle. C'est pour mieux faire ressortir l'amour vrai du devoir, que l'auteur la met un moment aux prises avec un goût naissant qui le combat. Oh ! combien on s'est étayé de[2] ce léger mouvement dramatique pour nous accuser d'indécence ! On accorde à la tragédie que toutes les reines, les princesses, aient des passions bien allumées qu'elles combattent plus ou moins ; et l'on ne souffre pas que, dans la comédie, une femme ordinaire puisse lutter contre la moindre faiblesse ! Ô grande *influence de l'affiche* ! jugement sûr et conséquent ! Avec la différence du genre, on blâme ici ce qu'on approuvait là. Et cependant, en ces deux cas, c'est toujours le même principe : point de vertu sans sacrifice.

J'ose en appeler à vous, jeunes infortunées[3] que votre malheur attache à des Almaviva ! Distingueriez-vous toujours votre vertu de vos chagrins, si quelque intérêt[4] importun, tendant trop à les dissiper, ne vous avertissait enfin qu'il est temps de combattre pour elle ? Le chagrin de perdre un mari n'est pas ici ce qui nous touche, un regret aussi personnel est trop loin d'être une vertu. Ce qui nous plaît dans la Comtesse, c'est de la voir lutter franchement contre un goût naissant qu'elle blâme, et des ressentiments légitimes. Les efforts qu'elle fait alors pour ramener son infidèle époux, mettant dans le plus heureux jour les deux sacrifices pénibles de son goût et de sa colère, on n'a nul besoin d'y penser pour applaudir à son triomphe ; elle est un modèle de vertu, l'exemple de son sexe et l'amour du nôtre.

Notes

1. **empire** : influence, autorité morale.
2. **étayé de** : appuyé sur.
3. **infortunées** : malchanceuses.
4. **intérêt** : désir amoureux (sens fort).

Si cette métaphysique[1] de l'honnêteté des scènes, si ce principe avoué de toute décence théâtrale n'a point frappé nos juges à la représentation, c'est vainement que j'en étendrais ici le développement, les conséquences ; un tribunal d'iniquité[2] n'écoute point les défenses de l'accusé qu'il est chargé de perdre, et ma Comtesse n'est point traduite au parlement de la nation : c'est une commission qui la juge.

On a vu la légère esquisse de son aimable caractère dans la charmante pièce d'*Heureusement*[3]. Le goût naissant que la jeune femme éprouve pour son petit cousin l'officier, n'y parut blâmable à personne, quoique la tournure des scènes pût laisser à penser que la soirée eût fini d'autre manière, si l'époux ne fût pas rentré, comme dit l'auteur, *heureusement*. Heureusement aussi l'on n'avait pas le projet de calomnier cet auteur : chacun se livra de bonne foi à ce doux intérêt qu'inspire une jeune femme honnête et sensible, qui réprime ses premiers goûts ; et notez que, dans cette pièce, l'époux ne paraît qu'un peu sot ; dans la mienne, il est infidèle : ma Comtesse a plus de mérite.

Aussi, dans l'ouvrage que je défends, le plus véritable intérêt se porte-t-il sur la Comtesse ; le reste est dans le même esprit.

Pourquoi Suzanne la camariste[4], spirituelle, adroite et rieuse, a-t-elle aussi le droit de nous intéresser ? C'est qu'attaquée par un séducteur puissant, avec plus d'avantage qu'il n'en faudrait pour vaincre une fille de son état, elle n'hésite pas à confier les intentions du Comte aux deux personnes les plus intéressées à bien surveiller sa conduite : sa maîtresse et son fiancé. C'est que, dans tout son rôle, presque le plus long de la pièce, il n'y a pas une phrase, un mot qui ne respire la sagesse et l'atta-

Notes

1. **métaphysique** : c'est ici un examen théorique, inutilement compliqué.
2. **iniquité** : injustice.
3. ***Heureusement*** : comédie de Rochon de Chabannes (1762) qui inspira Beaumarchais pour les scènes entre la Comtesse et Chérubin.
4. **camariste** : femme de chambre (mot d'origine espagnole).

chement à ses devoirs : la seule ruse qu'elle se permette est en faveur de sa maîtresse, à qui son dévouement est cher, et dont tous les vœux sont honnêtes.

Pourquoi, dans ses libertés sur son maître, Figaro m'amuse-t-il au lieu de m'indigner ? C'est que, l'opposé des valets, il n'est pas, et vous le savez, le malhonnête homme de la pièce : en le voyant forcé, par son état, de repousser l'insulte avec adresse, on lui pardonne tout, dès qu'on sait qu'il ne ruse avec son seigneur que pour garantir ce qu'il aime et sauver sa propriété.

Donc, hors le Comte et ses agents, chacun fait dans la pièce à peu près ce qu'il doit. Si vous les croyez malhonnêtes parce qu'ils disent du mal les uns des autres, c'est une règle très fautive. Voyez nos honnêtes gens du siècle : on passe la vie à ne faire autre chose ! Il est même tellement reçu de déchirer sans pitié les absents, que moi, qui les défends toujours, j'entends murmurer très souvent : « Quel diable d'homme, et qu'il est contrariant ! il dit du bien de tout le monde ! »

Est-ce mon page[1], enfin, qui vous scandalise, et l'immoralité qu'on reproche au fond de l'ouvrage serait-elle dans l'accessoire ? Ô censeurs délicats, beaux esprits sans fatigue, inquisiteurs pour la morale, qui condamnez en un clin d'œil les réflexions de cinq années, soyez justes une fois, sans tirer à conséquence. Un enfant de treize ans, aux premiers battements du cœur, cherchant tout sans rien démêler, idolâtre, ainsi qu'on l'est à cet âge heureux, d'un objet céleste pour lui, dont le hasard fit sa marraine, est-il un sujet de scandale ? Aimé de tout le monde au château, vif, espiègle et brûlant comme tous les enfants spirituels, par son agitation extrême, il dérange dix fois sans le vouloir les coupables projets du Comte. Jeune adepte de la nature, tout ce qu'il voit a droit de l'agiter : peut-être il n'est plus un enfant, mais il n'est pas

Note

1. **page** : jeune noble au service d'un seigneur. Il s'agit de Chérubin.

encore un homme; et c'est le moment que j'ai choisi pour qu'il obtînt de l'intérêt, sans forcer personne à rougir. Ce qu'il éprouve innocemment, il l'inspire partout de même. Direz-vous qu'on l'aime d'amour? Censeurs, ce n'est pas là le mot. Vous êtes trop éclairés pour ignorer que l'amour, même le plus pur, a un motif intéressé : on ne l'aime donc pas encore; on sent qu'un jour on l'aimera. Et c'est ce que l'auteur a mis avec gaieté dans la bouche de Suzanne, quand elle dit à cet enfant : *Oh ! dans trois ou quatre ans, je prédis que vous serez le plus grand petit vaurien !...*[1]

Pour lui imprimer plus fortement le caractère de l'enfance, nous le faisons exprès tutoyer par Figaro. Supposez-lui deux ans de plus, quel valet dans le château prendrait ces libertés? Voyez-le à la fin de son rôle; à peine a-t-il un habit d'officier, qu'il porte la main à l'épée aux premières railleries du Comte, sur le quiproquo d'un soufflet. Il sera fier, notre étourdi! mais c'est un enfant, rien de plus. N'ai-je pas vu nos dames, dans les loges, aimer mon page à la folie? Que lui voulaient-elles? Hélas! rien : c'était de l'intérêt aussi; mais, comme celui de la Comtesse, un pur et naïf intérêt : un intérêt... sans intérêt.

Mais est-ce la personne du page, ou la conscience du seigneur, qui fait le tourment du dernier toutes les fois que l'auteur les condamne à se rencontrer dans la pièce? Fixez ce léger aperçu, il peut vous mettre sur la voie; ou plutôt apprenez de lui que cet enfant n'est amené que pour ajouter à la moralité de l'ouvrage, en vous montrant que l'homme le plus absolu chez lui, dès qu'il suit un projet coupable, peut être mis au désespoir par l'être le moins important, par celui qui redoute le plus de se rencontrer sur sa route.

Quand mon page aura dix-huit ans, avec le caractère vif et bouillant que je lui ai donné, je serai coupable à mon tour si je le montre sur la scène. Mais à treize ans, qu'inspire-t-il?

Note

1. Acte I, scène 7.

Quelque chose de sensible et doux, qui n'est amitié ni amour, et qui tient un peu de tous deux.

J'aurais de la peine à faire croire à l'innocence de ces impressions, si nous vivions dans un siècle moins chaste, dans un de ces siècles de calcul, où, voulant tout prématuré comme les fruits de leurs serres chaudes, les Grands mariaient leurs enfants à douze ans, et faisaient plier la nature, la décence et le goût aux plus sordides convenances, en se hâtant surtout d'arracher de ces êtres non formés des enfants encore moins formables, dont le bonheur n'occupait personne, et qui n'étaient que le prétexte d'un certain trafic d'avantages qui n'avait nul rapport à eux, mais uniquement à leur nom. Heureusement nous en sommes bien loin : et le caractère de mon page, sans conséquence pour lui-même, en a une relative au Comte, que le moraliste aperçoit, mais qui n'a pas encore frappé le grand commun de nos jugeurs.

Ainsi, dans cet ouvrage, chaque rôle important a quelque but moral. Le seul qui semble y déroger est le rôle de Marceline.

Coupable d'un ancien égarement dont son Figaro fut le fruit, elle devrait, dit-on, se voir au moins punie par la confusion de sa faute, lorsqu'elle reconnaît son fils. L'auteur eût pu en tirer une moralité plus profonde : dans les mœurs qu'il veut corriger, la faute d'une jeune fille séduite est celle des hommes et non la sienne. Pourquoi donc ne l'a-t-il pas fait ?

Il l'a fait, censeurs raisonnables ! Étudiez la scène suivante, qui faisait le nerf du troisième acte, et que les comédiens m'ont prié de retrancher[1], craignant qu'un morceau si sévère n'obscurcît la gaieté de l'action.

Quand Molière a bien humilié la coquette ou coquine du *Misanthrope* par la lecture publique de ses lettres à tous ses

Note

1. **retrancher** : les comédiens-français, qui jugeaient ce passage trop long (acte III, scène 16), demandèrent à ce qu'il soit supprimé.

amants[1], il la laisse avilie sous les coups qu'il lui a portés : il a raison ; qu'en ferait-il ? Vicieuse par goût et par choix, veuve aguerrie, femme de Cour, sans aucune excuse d'erreur, et fléau d'un fort honnête homme, il l'abandonne à nos mépris, et telle est sa moralité. Quant à moi, saisissant l'aveu naïf de Marceline au moment de la reconnaissance, je montrais cette femme humiliée, et Bartholo qui la refuse, et Figaro, leur fils commun, dirigeant l'attention publique sur les vrais fauteurs du désordre où l'on entraîne sans pitié toutes les jeunes filles du peuple douées d'une jolie figure.

Telle est la marche de la scène.

BRID'OISON, *parlant de Figaro, qui vient de reconnaître sa mère en Marceline.* C'est clair : i-il ne l'épousera pas.

BARTHOLO. Ni moi non plus.

MARCELINE. Ni vous ! et votre fils ? Vous m'aviez juré…

BARTHOLO. J'étais fou. Si pareils souvenirs engageaient, on serait tenu d'épouser tout le monde.

BRID'OISON. E-et si l'on y regardait de si près, pè-ersonne n'épouserait personne.

BARTHOLO. Des fautes si connues ! une jeunesse déplorable !

MARCELINE, *s'échauffant par degrés.* Oui, déplorable, et plus qu'on ne croit ! Je n'entends pas nier mes fautes, ce jour les a trop bien prouvées ! Mais qu'il est dur de les expier après trente ans d'une vie modeste ! J'étais née, moi, pour être sage, et je le suis devenue sitôt qu'on m'a permis d'user de ma raison. Mais dans l'âge des illusions, de l'inexpérience et des besoins, où les séducteurs nous assiègent, pendant que la misère nous poignarde, que peut opposer une enfant à tant d'ennemis ras-

Note

1. à tous ses amants : Molière, *Le Misanthrope* (acte V, scène 4). La *« coquette ou coquine »* est Célimène, *« ses amants »* désignent ses prétendants dans le langage moliéresque.

semblés ? Tel nous juge ici sévèrement, qui, peut-être, en sa vie a perdu dix infortunées !

FIGARO. Les plus coupables sont les moins généreux ; c'est la règle.

MARCELINE, *vivement.* Hommes plus qu'ingrats, qui flétrissez par le mépris les jouets de vos passions, vos victimes ! C'est vous qu'il faut punir des erreurs de notre jeunesse ; vous et vos magistrats si vains du droit de nous juger, et qui nous laissent enlever, par leur coupable négligence, tout honnête moyen de subsister. Est-il un seul état pour les malheureuses filles ? Elles avaient un droit naturel à toute la parure des femmes : on y laisse former mille ouvriers de l'autre sexe.

FIGARO, *en colère.* Ils font broder jusqu'aux soldats !

MARCELINE, *exaltée.* Dans les rangs même plus élevés, les femmes n'obtiennent de vous qu'une considération dérisoire ; leurrées de respects apparents, dans une servitude réelle ; traitées en mineures pour nos biens, punies en majeures pour nos fautes ! ah, sous tous les aspects, votre conduite avec nous fait horreur ou pitié !

FIGARO. Elle a raison !

LE COMTE, *à part.* Que trop raison !

BRID'OISON. Elle a, mon-on Dieu ! raison.

MARCELINE. Mais que nous font, mon fils, les refus d'un homme injuste ? Ne regarde pas d'où tu viens, vois où tu vas ; cela seul importe à chacun. Dans quelques mois, ta fiancée ne dépendra plus que d'elle-même ; elle t'acceptera, j'en réponds : vis entre une épouse, une mère tendres, qui te chériront à qui mieux mieux. Sois indulgent pour elles, heureux pour toi, mon fils ; gai, libre et bon pour tout le monde : il ne manquera rien à ta mère.

FIGARO. Tu parles d'or, maman, et je me tiens à ton avis. Qu'on est sot, en effet ! il y a des mille, mille ans que le monde roule, et dans cet océan de durée, où j'ai par hasard attrapé quelques chétifs trente ans qui ne reviendront plus, j'irais me tourmenter pour savoir à qui je les dois! tant pis pour qui s'en inquiète! Passer ainsi la vie à chamailler, c'est peser sur le collier sans relâche, comme les malheureux chevaux de la remonte des fleuves, qui ne reposent pas, même quand ils s'arrêtent, et qui tirent toujours, quoiqu'ils cessent de marcher. Nous attendrons.[1]

J'ai bien regretté ce morceau; et maintenant que la pièce est connue, si les comédiens avaient le courage de le restituer à ma prière, je pense que le public leur en saurait beaucoup de gré. Ils n'auraient plus même à répondre, comme je fus forcé de le faire à certains censeurs du beau monde, qui me reprochaient à la lecture, de les intéresser pour une femme de mauvaises mœurs : «Non, messieurs, je n'en parle pas pour excuser ses mœurs, mais pour vous faire rougir des vôtres sur le point le plus destructeur de toute honnêteté publique, *la corruption des jeunes personnes*; et j'avais raison de le dire, que vous trouvez ma pièce trop gaie, parce qu'elle est souvent trop sévère. Il n'y a que façon de s'entendre.

– Mais votre Figaro est un soleil tournant[2], qui brûle, en jaillissant, les manchettes de tout le monde. – Tout le monde est exagéré. Qu'on me sache gré du moins s'il ne brûle pas aussi les doigts de ceux qui croient s'y reconnaître : au temps qui court, on a beau jeu sur cette matière au théâtre. M'est-il permis de composer en auteur qui sort du collège? de toujours faire rire des enfants, sans jamais rien dire à des hommes? Et ne devez-vous pas me passer un peu de morale en faveur de ma gaieté, comme on passe aux Français un peu de folie en faveur de leur raison?»

Notes

1. Acte III, scène 16.

2. **soleil tournant** : élément de feu d'artifice.

Si je n'ai versé sur nos sottises qu'un peu de critique badine, ce n'est pas que je ne sache en former de plus sévères : quiconque a dit tout ce qu'il sait dans son ouvrage, y a mis plus que moi dans le mien. Mais je garde une foule d'idées qui me pressent pour un des sujets les plus moraux du théâtre, aujourd'hui sur mon chantier : *La Mère coupable*[1], et si le dégoût dont on m'abreuve me permet jamais de l'achever, mon projet étant d'y faire verser des larmes à toutes les femmes sensibles, j'élèverai mon langage à la hauteur de mes situations ; j'y prodiguerai les traits de la plus austère morale, et je tonnerai fortement sur les vices que j'ai trop ménagés. Apprêtez-vous donc bien, messieurs, à me tourmenter de nouveau : ma poitrine a déjà grondé ; j'ai noirci beaucoup de papier au service de votre colère.

Et vous, honnêtes indifférents qui jouissez de tout sans prendre parti sur rien ; jeunes personnes modestes et timides, qui vous plaisez à ma *Folle Journée* (et je n'entreprends sa défense que pour justifier votre goût), lorsque vous verrez dans le monde un de ces hommes tranchants critiquer vaguement la pièce, tout blâmer sans rien désigner, surtout la trouver indécente, examinez bien cet homme-là, sachez son rang, son état, son caractère, et vous connaîtrez sur-le-champ le mot qui l'a blessé dans l'ouvrage.

On sent bien que je ne parle pas de ces écumeurs littéraires[2] qui vendent leurs bulletins ou leurs affiches à tant de liards[3] le paragraphe. Ceux-là, comme l'abbé Bazile, peuvent calomnier : *ils médiraient, qu'on ne les croirait pas*[4].

Je parle moins encore de ces libellistes[5] honteux qui n'ont trouvé d'autre moyen de satisfaire leur rage, l'assassinat étant

Notes

1. *La Mère coupable* (1792), drame de Beaumarchais, qui forme une trilogie avec *Le Barbier de Séville* et *Le Mariage de Figaro*.
2. **écumeurs littéraires** : plagiaires.
3. **liards** : monnaie de cuivre qui valait le quart d'un sou.
4. *Le Barbier de Séville* (acte II, scène 9).
5. **libellistes** : auteurs de libelles, petits écrits diffamatoires.

trop dangereux, que de lancer, du cintre[1] de nos salles, des vers infâmes contre l'auteur, pendant que l'on jouait sa pièce[2]. Ils savent que je les connais ; si j'avais eu dessein de les nommer, ç'aurait été au ministère public[3] ; leur supplice est de l'avoir craint, il suffit à mon ressentiment. Mais on n'imaginera jamais jusqu'où ils ont osé élever les soupçons du public sur une aussi lâche épigramme[4] ! semblables à ces vils charlatans du Pont-Neuf, qui, pour accréditer leurs drogues, farcissent d'ordres[5], de cordons, le tableau qui leur sert d'enseigne.

Non, je cite nos importants, qui, blessés, on ne sait pourquoi, des critiques semées dans l'ouvrage, se chargent d'en dire du mal, sans cesser de venir aux noces.

C'est un plaisir assez piquant de les voir d'en bas au spectacle, dans le très plaisant embarras de n'oser montrer ni satisfaction ni colère ; s'avançant sur le bord des loges, prêts à se moquer de l'auteur, et se retirant aussitôt pour celer un peu de grimace ; emportés par un mot de la scène et soudainement rembrunis par le pinceau du moraliste, au plus léger trait de gaieté jouer tristement les étonnés, prendre un air gauche en faisant les pudiques, et regardant les femmes dans les yeux, comme pour leur reprocher de soutenir un tel scandale ; puis, aux grands applaudissements, lancer sur le public un regard méprisant, dont il est écrasé ; toujours prêts à lui dire, comme ce courtisan dont parle Molière, lequel, outré du succès de *L'École des femmes*, criait des balcons au public : *Ris donc, public, ris donc !*[6] En vérité, c'est un plaisir, et j'en ai joui bien des fois.

Notes

1. **cintre** : partie du théâtre située au-dessus de la scène, entre le décor et les combles.
2. **sa pièce** : à la cinquième représentation, des vers attaquant Beaumarchais en personne furent lancés du haut des loges.
3. **ministère public** : les tribunaux.
4. **épigramme** : petite pièce de vers qui se termine par un trait, généralement satirique.
5. **d'ordres** : de décorations. Ces charlatans sont des marchands de remèdes miracles qui se font passer pour des docteurs.
6. Molière, *Critique de L'École des femmes* (scène 5).

Celui-là m'en rappelle un autre. Le premier jour de *La Folle Journée*, on s'échauffait dans le foyer (même d'honnêtes plébéiens[1]) sur ce qu'ils nommaient spirituellement *mon audace.* Un petit vieillard sec et brusque, impatienté de tous ces cris, frappe le plancher de sa canne, et dit en s'en allant : *Nos Français sont comme les enfants, qui braillent quand on les éberne*[2]. Il avait du sens, ce vieillard ! Peut-être on pouvait mieux parler, mais pour mieux penser, j'en défie.

Avec cette intention de tout blâmer, on conçoit que les traits les plus sensés ont été pris en mauvaise part. N'ai-je pas entendu vingt fois un murmure descendre des loges à cette réponse de Figaro :

LE COMTE. Une réputation détestable !

FIGARO. Et si je vaux mieux qu'elle ! Y a-t-il beaucoup de seigneurs qui puissent en dire autant ?[3]

Je dis, moi, qu'il n'y en a point, qu'il ne saurait y en avoir, à moins d'une exception bien rare. Un homme obscur ou peu connu peut valoir mieux que sa réputation, qui n'est que l'opinion d'autrui. Mais de même qu'un sot en place en paraît une fois plus sot, parce qu'il ne peut plus rien cacher, de même un grand seigneur, l'homme élevé en dignités, que la fortune et sa naissance ont placé sur le grand théâtre, et qui en entrant dans le monde, eut toutes les préventions pour lui, vaut presque toujours moins que sa réputation, s'il parvient à la rendre mauvaise. Une assertion si simple et si loin du sarcasme devait-elle exciter le murmure ? Si son application paraît fâcheuse aux Grands peu soigneux de leur gloire, en quel sens fait-elle épigramme sur ceux qui méritent nos respects ? Et quelle maxime

Notes

1. **plébéiens** : gens du peuple.
2. ***éberne*** : du verbe *éberner* ou *ébrener*, « essuyer les fesses ». En français moderne, on dirait *torcher*.
3. Acte III, scène 5.

plus juste au théâtre peut servir de frein aux puissants, et tenir lieu de leçon à ceux qui n'en reçoivent point d'autres?

Non qu'il faille oublier (a dit un écrivain sévère, et je me plais à le citer parce que je suis de son avis), « non qu'il faille oublier, dit-il, ce qu'on doit aux rangs élevés : il est juste, au contraire, que l'avantage de la naissance soit le moins contesté de tous, parce que ce bienfait gratuit de l'hérédité, relatif aux exploits, vertus ou qualités des aïeux de qui le reçut, ne peut aucunement blesser l'amour-propre de ceux auxquels il fut refusé; parce que, dans une monarchie, si l'on ôtait les rangs intermédiaires, il y aurait trop loin du monarque aux sujets; bientôt on n'y verrait qu'un despote et des esclaves : le maintien d'une échelle graduée du laboureur au potentat[1] intéresse également les hommes de tous les rangs, et peut-être est le plus ferme appui de la constitution monarchique. »

Mais quel auteur parlait ainsi? qui faisait cette profession de foi sur la noblesse, dont on me suppose si loin? C'était Pierre-Augustin Caron de Beaumarchais, plaidant par écrit au Parlement[2] d'Aix, en 1778, une grande et sévère question qui décida bientôt de l'honneur d'un noble[3] et du sien. Dans l'ouvrage que je défends, on n'attaque point les États, mais les abus de chaque État : les gens seuls qui s'en rendent coupables ont intérêt à le trouver mauvais. Voilà les rumeurs expliquées : mais quoi donc! les abus sont-ils devenus si sacrés, qu'on n'en puisse attaquer aucun sans lui trouver vingt défenseurs?

Un avocat célèbre, un magistrat respectable, iront-ils donc s'approprier le plaidoyer d'un Bartholo, le jugement d'un Brid'oison? Ce mot de Figaro sur l'indigne abus des plaidoiries de nos jours *(C'est dégrader le plus noble institut[4])* a bien montré le cas que je fais du noble métier d'avocat; et mon respect

Notes

1. potentat : souverain absolu.
2. Parlement : cour de justice.
3. d'un noble : le comte de La Blache, avec qui Beaumarchais eut un procès.
4. Acte III, scène 15.

pour la magistrature ne sera pas plus suspecté quand on saura dans quelle école j'en ai recherché la leçon, quand on lira le morceau suivant, aussi tiré d'un moraliste, lequel parlant des magistrats, s'exprime en ces termes formels :

« Quel homme aisé voudrait, pour le plus modique honoraire, faire le métier cruel de se lever à quatre heures, pour aller au Palais tous les jours s'occuper, sous des formes prescrites, d'intérêts qui ne sont jamais les siens ? d'éprouver sans cesse l'ennui de l'importunité, le dégoût des sollicitations, le bavardage des plaideurs[1], la monotonie des audiences, la fatigue des délibérations, et la contention d'esprit[2] nécessaire aux prononcés des arrêts, s'il ne se croyait pas payé de cette vie laborieuse et pénible par l'estime et la considération publiques ? Et cette estime est-elle autre chose qu'un jugement, qui n'est même aussi flatteur pour les bons magistrats qu'en raison de sa rigueur excessive contre les mauvais ? »

Mais quel écrivain m'instruisait ainsi par ses leçons ? Vous allez croire encore que c'est Pierre-Augustin ; vous l'avez dit : c'est lui, en 1773, dans son quatrième Mémoire[3], en défendant jusqu'à la mort sa triste existence, attaquée par un soi-disant magistrat. Je respecte donc hautement ce que chacun doit honorer, et je blâme ce qui peut nuire.

« Mais dans cette *Folle Journée*, au lieu de saper les abus, vous vous donnez des libertés très répréhensibles au théâtre ; votre monologue surtout contient, sur les gens disgraciés, des traits qui passent la licence ! – Eh ! croyez-vous, messieurs, que j'eusse un talisman pour tromper, séduire, enchaîner la censure et l'autorité, quand je leur soumis mon ouvrage ? que je n'aie pas dû justifier ce que j'avais osé écrire ? » Que fais-je dire à Figaro, parlant à l'homme déplacé ? *Que les sottises imprimées n'ont d'importance qu'aux lieux où l'on en gêne le cours*[4]. Est-ce

Notes

1. **plaideurs** : personnes en procès.
2. **contention d'esprit** : concentration.
3. **quatrième Mémoire** : le dernier des *Mémoires* contre le conseiller Goëzman.
4. Acte V, scène 3.

donc là une vérité d'une conséquence dangereuse ? Au lieu de ces inquisitions puériles et fatigantes, et qui seules donnent de l'importance à ce qui n'en aurait jamais, si, comme en Angleterre, on était assez sage ici pour traiter les sottises avec ce mépris qui les tue, loin de sortir du vil fumier qui les enfante, elles y pourriraient en germant, et ne se propageraient point. Ce qui multiplie les libelles est la faiblesse de les craindre ; ce qui fait vendre les sottises est la sottise de les défendre.

Et comment conclut Figaro ? *Que sans la liberté de blâmer, il n'est point d'éloge flatteur ; et qu'il n'y a que les petits hommes qui redoutent les petits écrits*[1]. Sont-ce là des hardiesses coupables, ou bien des aiguillons de gloire ? des moralités insidieuses, ou des maximes réfléchies, aussi justes qu'encourageantes ?

Supposez-les le fruit des souvenirs. Lorsque, satisfait du présent, l'auteur veille pour l'avenir, dans la critique du passé, qui peut avoir droit de s'en plaindre ? Et si, ne désignant ni temps, ni lieu, ni personnes, il ouvre la voie au théâtre à des réformes désirables, n'est-ce pas aller à son but ?

La Folle Journée explique donc comment, dans un temps prospère, sous un roi juste et des ministres modérés, l'écrivain peut tonner sur les oppresseurs sans craindre de blesser personne. C'est pendant le règne d'un bon prince qu'on écrit sans danger l'histoire des méchants rois ; et plus le gouvernement est sage, est éclairé, moins la liberté de dire est en presse[2] : chacun y faisant son devoir, on n'y craint pas les allusions ; nul homme en place ne redoutant ce qu'il est forcé d'estimer, on n'affecte point alors d'opprimer chez nous cette même littérature qui fait notre gloire au-dehors et nous y donne une sorte de primauté que nous ne pouvons tirer d'ailleurs.

En effet, à quel titre y prétendrions-nous ? Chaque peuple tient à son culte et chérit son gouvernement. Nous ne sommes pas restés plus braves que ceux qui nous ont battus à leur tour.

Notes

1. Acte V, scène 3.

2. **en presse** : opprimée.

Nos mœurs plus douces, mais non meilleures, n'ont rien qui nous élève au-dessus d'eux. Notre littérature seule, estimée de toutes les nations, étend l'empire de la langue française et nous obtient de l'Europe entière une prédilection avouée qui justifie, en l'honorant, la protection que le gouvernement lui accorde.

Et comme chacun cherche toujours le seul avantage qui lui marque, c'est alors qu'on peut voir dans nos académies l'homme de la Cour siéger avec les gens de lettres ; les talents personnels et la considération héritée se disputer ce noble objet, et les archives académiques se remplir presque également de papiers et de parchemins.

Revenons à *La Folle Journée*.

Un monsieur de beaucoup d'esprit, mais qui l'économise un peu trop, me disait un soir au spectacle : « Expliquez-moi donc, je vous prie, pourquoi dans votre pièce on trouve autant de phrases négligées qui ne sont pas de votre style ? – De mon style, monsieur ? Si par malheur j'en avais un, je m'efforcerais de l'oublier quand je fais une comédie, ne connaissant rien d'insipide au théâtre comme ces fades camaïeux[1] où tout est bleu, où tout est rose, où tout est l'auteur, quel qu'il soit. »

Lorsque mon sujet me saisit, j'évoque tous mes personnages et les mets en situation : « Songe à toi, Figaro, ton maître va te deviner. Sauvez-vous vite, Chérubin, c'est le Comte que vous touchez. – Ah ! Comtesse, quelle imprudence avec un époux si violent ! » Ce qu'ils diront, je n'en sais rien, c'est ce qu'ils feront qui m'occupe. Puis, quand ils sont bien animés, j'écris sous leur dictée rapide, sûr qu'ils ne me tromperont pas ; que je reconnaîtrai Bazile, lequel n'a pas l'esprit de Figaro, qui n'a pas le ton noble du Comte, qui n'a pas la sensibilité de la Comtesse, qui n'a pas la gaieté de Suzanne, qui n'a pas

Note

1. **camaïeux** : peintures dans lesquelles on emploie différents tons d'une seule couleur.

l'espièglerie du page, et surtout aucun d'eux la sublimité de Brid'oison. Chacun y parle son langage : eh! que le dieu du naturel les préserve d'en parler d'autre! Ne nous attachons donc qu'à l'examen de leurs idées, et non à rechercher si j'ai dû leur prêter mon style.

Quelques malveillants ont voulu jeter de la défaveur sur cette phrase de Figaro : *Sommes-nous des soldats qui tuent et se font tuer pour des intérêts qu'ils ignorent? Je veux savoir, moi, pourquoi je me fâche!*[1] À travers le nuage d'une conception indigeste, ils ont feint d'apercevoir *que je répands une lumière décourageante sur l'état pénible du soldat; et il y a des choses qu'il ne faut jamais dire.* Voilà dans toute sa force l'argument de la méchanceté; reste à en prouver la bêtise.

Si, comparant la dureté du service à la modicité de la paye[2], ou discutant tel autre inconvénient de la guerre et comptant la gloire pour rien, je versais de la défaveur sur ce plus noble des affreux métiers, on me demanderait justement compte d'un mot indiscrètement échappé. Mais du soldat au colonel, au général exclusivement, quel imbécile homme de guerre a jamais eu la prétention qu'il dût pénétrer les secrets du cabinet, pour lesquels il fait la campagne? C'est de cela seul qu'il s'agit dans la phrase de Figaro. Que ce fou-là se montre, s'il existe; nous l'enverrons étudier sous le philosophe Babouc[3], lequel éclaircit disertement[4] ce point de discipline militaire.

En raisonnant sur l'usage que l'homme fait de sa liberté dans les occasions difficiles, Figaro pouvait également opposer à sa situation tout état qui exige une obéissance implicite, et le cénobite[5] zélé dont le devoir est de tout croire sans jamais rien examiner, comme le guerrier valeureux, dont la gloire est de tout affronter sur des ordres non motivés, *de tuer et se faire tuer*

Notes

1. Acte V, scène 12.
2. **modicité de la paye** : faible salaire.
3. **le philosophe Babouc** : héros du conte *Le Monde comme il va* de Voltaire (1748).
4. **disertement** : de façon aisée et avec élégance.
5. **cénobite** : moine qui vit en communauté.

pour des intérêts qu'il ignore. Le mot de Figaro ne dit donc rien, sinon qu'un homme libre de ses actions doit agir sur d'autres principes que ceux dont le devoir est d'obéir aveuglément.

Qu'aurait-ce été, Bon Dieu ! si j'avais fait usage d'un mot qu'on attribue au grand Condé[1], et que j'entends louer à outrance par ces mêmes logiciens qui déraisonnent sur ma phrase ? À les croire, le grand Condé montra la plus noble présence d'esprit lorsque, arrêtant Louis XIV prêt à pousser son cheval dans le Rhin, il dit à ce monarque : *Sire, avez-vous besoin du bâton de maréchal ?*

Heureusement on ne prouve nulle part que ce grand homme ait dit cette grande sottise. C'eût été dire au roi, devant toute son armée : « Vous moquez-vous donc, Sire, de vous exposer dans un fleuve ? Pour courir de pareils dangers, il faut avoir besoin d'avancement ou de fortune ! »

Ainsi l'homme le plus vaillant, le plus grand général du siècle aurait compté pour rien l'honneur, le patriotisme et la gloire ! Un misérable calcul d'intérêt eût été, selon lui, le seul principe de la bravoure ! Il eût dit là un affreux mot, et si j'en avais pris le sens pour l'enfermer dans quelque trait, je mériterais le reproche qu'on fait gratuitement au mien.

Laissons donc les cerveaux fumeux louer ou blâmer au hasard, sans se rendre compte de rien ; s'extasier sur une sottise qui n'a pu jamais être dite, et proscrire un mot juste et simple, qui ne montre que du bon sens.

Un autre reproche assez fort, mais dont je n'ai pu me laver, est d'avoir assigné pour retraite à la Comtesse un certain couvent d'Ursulines[2]. *Ursulines !* a dit un seigneur, joignant les mains avec éclat. *Ursulines !* a dit une dame, en se renver-

Notes

1. Louis II, prince de Condé (1621-1686), s'illustra contre les Espagnols, à la bataille de Rocroi (1643).

2. Ursulines : couvent fondé au XVIIe siècle, qui accueille les femmes qui ont commis l'adultère et qui ont été répudiées par leur mari. L'allusion qu'y fait la Comtesse (acte II, scène 19) ne sembla pas innocente aux détracteurs de Beaumarchais.

sant de surprise sur un jeune Anglais de sa loge. « *Ursulines !* ah ! milord ! si vous entendiez le français !… – Je sens, je sens beaucoup, madame, dit le jeune homme en rougissant. – C'est qu'on n'a jamais mis au théâtre aucune femme aux *Ursulines* ! Abbé, parlez-nous donc ! L'abbé (toujours appuyée sur l'Anglais), comment trouvez-vous Ursulines ? – Fort indécent », répond l'abbé, sans cesser de lorgner Suzanne. Et tout le beau monde a répété : *Ursulines est fort indécent*. Pauvre auteur ! on te croit jugé, quand chacun songe à son affaire. En vain j'essayais d'établir que, dans l'événement de la scène, moins la Comtesse a dessein de se cloîtrer, plus elle doit le feindre et faire croire à son époux que sa retraite est bien choisie : ils ont proscrit mes *Ursulines* !

Dans le plus fort de la rumeur, moi, bon homme, j'avais été jusqu'à prier une des actrices qui font le charme de ma pièce de demander aux mécontents à quel autre couvent de filles ils estimaient qu'il fût décent que l'on fît entrer la Comtesse ? À moi, cela m'était égal ; je l'aurais mise où l'on aurait voulu : aux *Augustines*, aux *Célestines*, aux *Clairettes*, aux *Visitandines*, même aux *Petites Cordelières*[1], tant je tiens peu aux *Ursulines*. Mais on agit si durement !

Enfin, le bruit croissant toujours, pour arranger l'affaire avec douceur, j'ai laissé le mot *Ursulines* à la place où je l'avais mis : chacun alors content de soi, de tout l'esprit qu'il avait montré, s'est apaisé sur *Ursulines*, et l'on a parlé d'autre chose.

Je ne suis point, comme l'on voit, l'ennemi de mes ennemis. En disant bien du mal de moi, ils n'en ont point fait à ma pièce ; et s'ils sentaient seulement autant de joie à la déchirer[2] que j'eus de plaisir à la faire, il n'y aurait personne d'affligé. Le malheur est qu'ils ne rient point ; et ils ne rient point à ma pièce, parce qu'on ne rit point à la leur. Je connais plusieurs

Notes

1. ***Augustines*, […] *Petites Cordelières*** : noms de différents couvents de femmes.

2. **déchirer** : critiquer violemment.

amateurs qui sont même beaucoup maigris depuis le succès du *Mariage* : excusons donc l'effet de leur colère.

À des moralités d'ensemble et de détail, répandues dans les flots d'une inaltérable gaieté ; à un dialogue assez vif, dont la facilité nous cache le travail, si l'auteur a joint une intrigue aisément filée, où l'art se dérobe sous l'art, qui se noue et se dénoue sans cesse, à travers une foule de situations comiques, de tableaux piquants et variés qui soutiennent, sans la fatiguer, l'attention du public pendant les trois heures et demie que dure le même spectacle (essai que nul homme de lettres n'avait encore osé tenter !), que reste-t-il à faire à de pauvres méchants que tout cela irrite ? Attaquer, poursuivre l'auteur par des injures verbales, manuscrites, imprimées : c'est ce qu'on a fait sans relâche. Ils ont même épuisé jusqu'à la calomnie, pour tâcher de me perdre dans l'esprit de tout ce qui influe en France sur le repos d'un citoyen. Heureusement que mon ouvrage est sous les yeux de la nation, qui depuis dix grands mois le voit, le juge et l'apprécie. Le laisser jouer tant qu'il fera plaisir est la seule vengeance que je me sois permise. Je n'écris point ceci pour les lecteurs actuels : le récit d'un mal trop connu touche peu ; mais dans quatre-vingts ans il portera son fruit. Les auteurs de ce temps-là compareront leur sort au nôtre, et nos enfants sauront à quel prix on pouvait amuser leurs pères.

Allons au fait ; ce n'est pas tout cela qui blesse. Le vrai motif qui se cache, et qui dans les replis du cœur produit tous les autres reproches, est renfermé dans ce quatrain :

Pourquoi ce Figaro qu'on va tant écouter
Est-il avec fureur déchiré par les sots ?
Recevoir, prendre et demander,
Voilà le secret en trois mots[1] *!*

Note

1. ***en trois mots*** : les deux derniers vers de ce quatrain sont la définition que donne Figaro du « *métier de courtisan* » (acte II, scène 2).

En effet, Figaro parlant du métier de courtisan, le définit dans ces termes sévères. Je ne puis le nier, je l'ai dit. Mais reviendrai-je sur ce point ? Si c'est un mal, le remède serait pire : il faudrait poser méthodiquement ce que je n'ai fait qu'indiquer ; revenir à montrer qu'il n'y a point de synonyme, en français, entre *l'homme de la Cour, l'homme de Cour,* et *le courtisan par métier.*

Il faudrait répéter qu'*homme de la Cour* peint seulement un noble état ; qu'il s'entend de l'homme de qualité, vivant avec la noblesse et l'éclat que son rang lui impose ; que si cet *homme de la Cour* aime le bien par goût, sans intérêt, si loin de jamais nuire à personne, il se fait estimer de ses maîtres, aimer de ses égaux et respecter des autres ; alors cette acceptation reçoit un nouveau lustre[1], et j'en connais plus d'un que je nommerais avec plaisir, s'il en était question.

Il faudrait montrer qu'*homme de Cour,* en bon français, est moins l'énoncé d'un état que le résumé d'un caractère adroit, liant[2], mais réservé ; pressant la main de tout le monde en glissant chemin à travers ; menant finement son intrigue avec l'air de toujours servir ; ne se faisant point d'ennemis, mais donnant près d'un fossé, dans l'occasion, de l'épaule au meilleur ami, pour assurer sa chute et le remplacer sur la crête ; laissant à part tout préjugé qui pourrait ralentir sa marche ; souriant à ce qui lui déplaît, et critiquant ce qu'il approuve, selon les hommes qui l'écoutent ; dans les liaisons utiles de sa femme ou de sa maîtresse, ne voyant que ce qu'il doit voir, enfin…

Prenant tout, pour le faire court,
En véritable homme de Cour[3].

LA FONTAINE.

Cette acception n'est pas aussi défavorable que celle du *courtisan par métier,* et c'est l'homme dont parle Figaro.

Notes

1. **lustre** : éclat.
2. **liant** : aimable.
3. ***Prenant tout*** **[…] homme de Cour** : vers 242-243 de *Joconde*, un conte en vers de La Fontaine.

Mais quand j'étendrais la définition de ce dernier ; quand parcourant tous les possibles, je le montrerais avec son maintien équivoque, haut et bas à la fois ; rampant avec orgueil, ayant toutes les prétentions sans en justifier une ; se donnant l'air du *protègement*[1] pour se faire chef de parti ; dénigrant tous les concurrents qui balanceraient son crédit ; faisant un métier lucratif de ce qui ne devrait qu'honorer ; vendant ses maîtresses à son maître ; lui faisant payer ses plaisirs, etc., etc., et quatre pages d'etc., il faudrait toujours revenir au distique[2] de Figaro :

Recevoir, prendre et demander,
Voilà le secret en trois mots.

Pour ceux-ci, je n'en connais point ; il y en eut, dit-on, sous Henri III, sous d'autres rois encore ; mais c'est l'affaire de l'historien, et, quant à moi, je suis d'avis que les vicieux du siècle en sont comme les saints ; qu'il faut cent ans pour les canoniser. Mais puisque j'ai promis la critique de ma pièce, il faut enfin que je la donne.

En général son grand défaut est *que je ne l'ai point faite en observant le monde ; qu'elle ne peint rien de ce qui existe, et ne rappelle jamais l'image de la société où l'on vit ; que ses mœurs, basses et corrompues, n'ont pas même le mérite d'être vraies*[3]. Et c'est ce qu'on lisait dernièrement dans un beau discours imprimé, composé par un homme de bien, auquel il n'a manqué qu'un peu d'esprit pour être un écrivain médiocre. Mais médiocre ou non, moi qui ne fis jamais usage de cette allure oblique et torse[4] avec laquelle un sbire[5], qui n'a pas l'air de vous regarder, vous donne du stylet[6] au flanc, je suis de l'avis de celui-ci. Je conviens

Notes

1. ***protègement*** : l'homme de Cour se donne des airs de protecteur pour rallier des gens à sa cause (néologisme).
2. **distique** : strophe de deux vers.
3. ***que je ne l'ai point faite* [...] *vraies*** : discours de l'académicien Suard, adversaire farouche de Beaumarchais (15 juin 1784).
4. **torse** : tordue.
5. **sbire** : homme de main.
6. **stylet** : poignard très fin.

qu'à la vérité la génération passée ressemblait beaucoup à ma pièce ; que la génération future lui ressemblera beaucoup aussi ; mais que pour la génération présente, elle ne lui ressemble aucunement ; que je n'ai jamais rencontré ni mari suborneur[1], ni seigneur libertin, ni courtisan avide, ni juge ignorant ou passionné[2], ni avocat injuriant, ni gens médiocres avancés, ni traducteur bassement jaloux. Et que si des âmes pures, qui ne s'y reconnaissent point du tout, s'irritent contre ma pièce et la déchirent sans relâche, c'est uniquement par respect pour leurs grands-pères et sensibilité pour leurs petits-enfants. J'espère, après cette déclaration, qu'on me laissera bien tranquille ; ET J'AI FINI.

Notes

1. **suborneur** : qui emploie des promesses pour tromper et se livrer à l'adultère.

2. **passionné** : sans impartialité.

CARACTÈRES ET HABILLEMENTS DE LA PIÈCE

LE COMTE ALMAVIVA doit être joué très noblement, mais avec grâce et liberté. La corruption du cœur ne doit rien ôter au *bon ton* de ses manières. Dans les mœurs *de ce temps-là* les grands traitaient en badinant toute entreprise sur les femmes. Ce rôle est d'autant plus pénible à bien rendre que le personnage est toujours sacrifié. Mais, joué par un comédien excellent (M. Molé[1]), il a fait ressortir tous les rôles et assuré le succès de la pièce.

Son vêtement des premier et second actes est un habit de chasse avec des bottines à mi-jambe, de l'ancien costume espagnol. Du troisième acte jusqu'à la fin, un habit superbe de ce costume.

LA COMTESSE, agitée de deux sentiments contraires, ne doit montrer qu'une sensibilité réprimée, ou une colère très modérée ; rien surtout qui dégrade, aux yeux du spectateur, son caractère aimable et vertueux. Ce rôle, un des plus difficiles de la pièce, a fait infiniment d'honneur au grand talent de Mlle Saint-Val cadette[2].

Son vêtement des premier, second et quatrième actes est une lévite[3] commode, et nul ornement sur la tête : elle est chez elle et censée incommodée. Au cinquième acte, elle a l'habillement et la haute coiffure de Suzanne.

FIGARO. L'on ne peut trop recommander à l'acteur qui jouera ce rôle de bien se pénétrer de son esprit, comme l'a fait M. Dazincourt[4]. S'il y voyait autre chose que de la raison assaisonnée de gaieté et de saillies[5], surtout s'il y mettait la moindre

Notes

1. **M. Molé** : acteur de la Comédie-Française qui jouait traditionnellement les « pères nobles ».
2. **Mlle Saint-Val cadette** : actrice de la Comédie-Française qui jouait les grands rôles féminins.
3. **lévite** : longue robe d'intérieur, boutonnée sur le devant.
4. **M. Dazincourt** : comédien-français qui jouait les valets.
5. **saillies** : traits d'esprit brillants et imprévus.

charge, il avilirait un rôle que le premier comique du théâtre, M. Préville[1], a jugé devoir honorer le talent de tout comédien qui saurait en saisir les nuances multipliées et pourrait s'élever à son entière conception.
Son vêtement comme dans *Le Barbier de Séville.*

SUZANNE. Jeune personne adroite, spirituelle et rieuse, mais non de cette gaieté presque effrontée de nos soubrettes corruptrices ; son joli caractère est dessiné dans la préface, et c'est là que l'actrice qui n'a point vu Mlle Contat[2] doit l'étudier pour le bien rendre.
Son vêtement des quatre premiers actes est un juste[3] blanc à basquines[4], très élégant, la jupe de même, avec une toque appelée depuis par nos marchandes *à la Suzanne*. Dans la fête du quatrième acte, le Comte lui pose sur la tête une toque à long voile, à hautes plumes et à rubans blancs. Elle porte au cinquième acte la lévite de sa maîtresse, et nul ornement sur la tête.

MARCELINE est une femme d'esprit, née un peu vive, mais dont les fautes et l'expérience ont réformé le caractère. Si l'actrice qui le joue s'élève avec une fierté bien placée à la hauteur très morale qui suit la reconnaissance du troisième acte, elle ajoutera beaucoup à l'intérêt de l'ouvrage.
Son vêtement est celui des duègnes[5] espagnoles, d'une couleur modeste, un bonnet noir sur la tête.

Notes

1. M. Préville : grand acteur comique et doyen de la Comédie-Française depuis 1778.
2. Mlle Contat : actrice de la Comédie-Française qui jouait les rôles d'ingénues, c'est-à-dire de jeunes filles naïves.
3. juste : corsage moulant.
4. basquines : parties d'un vêtement qui, partant de la taille, recouvrent les hanches.
5. duègnes : gouvernantes ou femmes âgées qui étaient chargées, en Espagne, de veiller sur une jeune fille, une jeune femme de noble condition (emploi de comédie).

ANTONIO ne doit montrer qu'une demi-ivresse, qui se dissipe par degrés, de sorte qu'au cinquième acte on ne s'en aperçoive presque plus.
Son vêtement est celui d'un paysan espagnol, où les manches pendent par-derrière ; un chapeau et des souliers blancs.

FANCHETTE est une enfant de douze ans, très naïve. Son petit habit est un juste brun avec des ganses[1] et des boutons d'argent, la jupe de couleur tranchante[2], et une toque noire à plumes sur la tête. Il sera celui des autres paysannes de la noce.

CHÉRUBIN. Ce rôle ne peut être joué, comme il l'a été, que par une jeune et très jolie femme ; nous n'avons point à nos théâtres de très jeune homme assez formé pour en bien sentir les finesses. Timide à l'excès devant la Comtesse, ailleurs un charmant polisson ; un désir inquiet et vague est le fond de son caractère. Il s'élance à la puberté, mais sans projet, sans connaissances, et tout entier à chaque événement ; enfin il est ce que toute mère, au fond du cœur, voudrait peut-être que fût son fils, quoiqu'elle dût beaucoup en souffrir.
Son riche vêtement, aux premier et second actes, est celui d'un page de Cour espagnol, blanc et brodé d'argent ; le léger manteau bleu sur l'épaule, et un chapeau chargé de plumes. Au quatrième acte, il a le corset, la jupe et la toque des jeunes paysannes qui l'amènent. Au cinquième acte, un habit uniforme d'officier, une cocarde et une épée.

BARTHOLO. Le caractère et l'habit comme dans *Le Barbier de Séville* ; il n'est ici qu'un rôle secondaire.

BAZILE. Caractère et vêtement comme dans *Le Barbier de Séville* ; il n'est aussi qu'un rôle secondaire.

Notes

1. **ganses** : cordons.

2. **tranchante** : qui tranche sur le reste du vêtement du point de vue de la couleur.

BRID'OISON doit avoir cette bonne et franche assurance des bêtes qui n'ont plus leur timidité. Son bégaiement n'est qu'une grâce de plus qui doit être à peine sentie, et l'acteur se tromperait lourdement et jouerait à contresens s'il y cherchait le plaisant de son rôle. Il est tout entier dans l'opposition de la gravité de son état au ridicule du caractère ; et moins l'acteur le chargera, plus il montrera de vrai talent.
Son habit est une robe de juge espagnol moins ample que celle de nos procureurs, presque une soutane ; une grosse perruque, une gonille ou rabat[1] espagnol au cou, et une longue baguette blanche à la main.

DOUBLE-MAIN. Vêtu comme le juge, mais la baguette blanche plus courte.

L'HUISSIER ou ALGUAZIL[2]. Habit, manteau, épée de Crispin[3], mais portée à son côté sans ceinture de cuir. Point de bottines, une chaussure noire, une perruque blanche naissante et longue à mille boucles, une courte baguette blanche.

GRIPE-SOLEIL. Habit de paysan, les manches pendantes ; veste de couleur tranchée, chapeau blanc.

UNE JEUNE BERGÈRE. Son vêtement comme celui de Fanchette.

PÉDRILLE. En veste, gilet, ceinture, fouet, et bottes de poste, une résille sur la tête, chapeau de courrier.

PERSONNAGES MUETS, les uns en habits de juges, d'autres en habits de paysans, les autres en habits de livrée[4].

Notes

1. **gonille ou rabat** : morceau d'étoffe que portent au cou les gens de robe et d'église.

2. **Alguazil** : synonyme d'*huissier*.

3. **Crispin** : valet de comédie italienne.

4. **livrée** : tenue de valet.

PLACEMENT DES ACTEURS

Pour faciliter les jeux du théâtre, on a eu l'attention d'écrire au commencement de chaque scène le nom des personnages dans l'ordre où le spectateur les voit. S'ils font quelque mouvement grave dans la scène, il est désigné par un nouvel ordre de noms, écrit en marge à l'instant qu'il arrive. Il est important de conserver les bonnes positions théâtrales ; le relâchement dans la tradition donnée par les premiers acteurs en produit bientôt un total dans le jeu des pièces, qui finit par assimiler les troupes négligentes aux plus faibles comédiens de société.

PERSONNAGES

LE COMTE ALMAVIVA, grand corrégidor[1] d'Andalousie.
LA COMTESSE, sa femme.
FIGARO, valet de chambre du Comte, et concierge du château.
SUZANNE, première camariste[2] de la Comtesse, et fiancée de Figaro.
MARCELINE, femme de charge[3].
ANTONIO, jardinier du château, oncle de Suzanne et père de Fanchette.
FANCHETTE, fille d'Antonio.
CHÉRUBIN, premier page[4] du Comte.
BARTHOLO, médecin de Séville.
BAZILE, maître de clavecin de la Comtesse.
DON GUSMAN BRID'OISON, lieutenant du siège[5].
DOUBLE-MAIN, greffier[6], secrétaire de don Gusman.
UN HUISSIER-AUDIENCIER.
GRIPE-SOLEIL, jeune pastoureau[7].
UNE JEUNE BERGÈRE.
PÉDRILLE, piqueur[8] du Comte.

Notes

1. **corrégidor** : premier officier de justice d'une ville espagnole.
2. **camariste** : femme de chambre.
3. **femme de charge** : intendante de la maison.
4. **page** : jeune noble au service d'un seigneur.
5. **lieutenant du siège** : officier de justice.
6. **greffier** : officier public de justice.
7. **pastoureau** : petit berger.
8. **piqueur** : valet qui s'occupe des chevaux.

PERSONNAGES MUETS

TROUPE DE VALETS.
TROUPE DE PAYSANNES.
TROUPE DE PAYSANS.

La scène est au château d'Aguas-Frescas[1], *à trois lieues de Séville.*

Note

1. ***Aguas-Frescas*** : « les Eaux-Fraîches ».

Acte I

Le théâtre représente une chambre à demi démeublée ; un grand fauteuil de malade est au milieu. Figaro, avec une toise[1]*, mesure le plancher. Suzanne attache à sa tête, devant une glace, le petit bouquet de fleurs d'orange, appelé chapeau de la mariée.*

SCÈNE 1

FIGARO, SUZANNE

FIGARO – Dix-neuf pieds[2] sur vingt-six.

SUZANNE – Tiens, Figaro, voilà mon petit chapeau ; le trouves-tu mieux ainsi ?

FIGARO *lui prend les mains* – Sans comparaison, ma charmante. Oh ! que ce joli bouquet virginal[3], élevé sur la tête d'une belle fille, est doux, le matin des noces, à l'œil amoureux d'un époux !…

Notes

1. *toise* : instrument pour mesurer ; la toise est une ancienne mesure française de longueur valant 1,949 m.

2. **pieds** : ancienne mesure de longueur d'environ 33 cm. La pièce fait 6 m sur 8 m.

3. **virginal** : d'une jeune fille vierge.

SUZANNE *se retire* – Que mesures-tu donc là, mon fils[1] ?

FIGARO – Je regarde, ma petite Suzanne, si ce beau lit que Monseigneur nous donne aura bonne grâce ici.

SUZANNE – Dans cette chambre ?

FIGARO – Il nous la cède.

SUZANNE – Et moi, je n'en veux point.

FIGARO – Pourquoi ?

SUZANNE – Je n'en veux point.

FIGARO – Mais encore ?

SUZANNE – Elle me déplaît.

FIGARO – On dit une raison.

SUZANNE – Si je n'en veux pas dire ?

FIGARO – Oh ! quand elles sont sûres de nous !

SUZANNE – Prouver que j'ai raison serait accorder que je puis avoir tort. Es-tu mon serviteur, ou non ?

FIGARO – Tu prends de l'humeur contre la chambre du château la plus commode, et qui tient le milieu des deux appartements. La nuit, si Madame est incommodée, elle sonnera de son côté ; zeste[2] ! en deux pas tu es chez elle. Monseigneur veut-il quelque chose ? il n'a qu'à tinter du sien ; crac ! en trois sauts me voilà rendu.

SUZANNE – Fort bien ! Mais quand il aura *tinté* le matin, pour te donner quelque bonne et longue commission, zeste ! en deux pas, il est à ma porte, et crac ! en trois sauts...

FIGARO – Qu'entendez-vous par ces paroles ?

SUZANNE – Il faudrait m'écouter tranquillement.

FIGARO – Eh, qu'est-ce qu'il y a ? Bon Dieu !

Notes

1. mon fils : terme affectueux.

2. zeste : interjection qui souligne la rapidité de l'action.

SUZANNE – Il y a, mon ami, que, las de courtiser les beautés des environs, M. le comte Almaviva veut rentrer au château, mais non pas chez sa femme ; c'est sur la tienne, entends-tu, qu'il a jeté ses vues, auxquelles il espère que ce logement ne nuira pas[1]. Et c'est ce que le loyal Bazile, honnête agent de ses plaisirs et mon noble[2] maître à chanter, me répète chaque jour en me donnant leçon.

FIGARO – Bazile ! ô mon mignon ! si jamais volée de bois vert, appliquée sur une échine, a dûment redressé la moelle épinière à quelqu'un…

SUZANNE – Tu croyais, bon garçon ! que cette dot qu'on me donne était pour les beaux yeux de ton mérite ?

FIGARO – J'avais assez fait[3] pour l'espérer.

SUZANNE – Que les gens d'esprit sont bêtes !

FIGARO – On le dit.

SUZANNE – Mais c'est qu'on ne veut pas le croire !

FIGARO – On a tort.

SUZANNE – Apprends qu'il la destine à obtenir de moi secrètement certain quart d'heure, seul à seule, qu'un ancien droit du seigneur[4]… Tu sais s'il était triste[5] !

FIGARO – Je le sais tellement, que si monsieur le Comte, en se mariant, n'eût pas aboli ce droit honteux, jamais je ne t'eusse épousée dans ses domaines.

Notes

1. **ne nuira pas** : litote pour *sera profitable*.
2. **loyal […], honnête […] noble** : termes ironiques. Bazile, présent dans *Le Barbier de Séville*, n'est pas un individu très fréquentable !
3. **J'avais assez fait** : allusion au *Barbier de Séville* où Figaro aide le comte Almaviva, en déjouant la surveillance de Bartholo, à conquérir Rosine qui devient la Comtesse dans la présente pièce.
4. **droit du seigneur** : droit de cuissage par lequel le seigneur pouvait coucher avec la jeune épouse de son serviteur avant ce dernier.
5. **triste** : affligeant.

SUZANNE – Eh bien ! s'il l'a détruit, il s'en repent ; et c'est de ta fiancée qu'il veut le racheter en secret aujourd'hui.

FIGARO, *se frottant la tête* – Ma tête s'amollit de surprise ; et mon front fertilisé[1]...

SUZANNE – Ne le frotte donc pas !

FIGARO – Quel danger ?

SUZANNE, *riant* – S'il y venait un petit bouton... Des gens superstitieux...

FIGARO – Tu ris, friponne[2] ! Ah ! s'il y avait moyen d'attraper ce grand trompeur, de le faire donner dans un bon piège, et d'empocher son or[3] !

SUZANNE – De l'intrigue et de l'argent ; te voilà dans ta sphère.

FIGARO – Ce n'est pas la honte qui me retient.

SUZANNE – La crainte ?

FIGARO – Ce n'est rien d'entreprendre une chose dangereuse, mais d'échapper au péril en la menant à bien : car d'entrer chez quelqu'un la nuit, de lui souffler[4] sa femme et d'y recevoir cent coups de fouet pour la peine, il n'est rien plus aisé ; mille sots coquins[5] l'ont fait. Mais...

On sonne de l'intérieur.

SUZANNE – Voilà Madame éveillée ; elle m'a bien recommandé d'être la première à lui parler le matin de mes noces.

FIGARO – Y a-t-il encore quelque chose là-dessous ?

SUZANNE – Le berger dit que cela porte bonheur aux épouses délaissées. Adieu, mon petit Fi, Fi, Figaro. Rêve à notre affaire.

FIGARO – Pour m'ouvrir l'esprit, donne un petit baiser.

Notes

1. mon front fertilisé : traditionnellement, les maris cocus sont représentés avec des cornes au front.

2. friponne : personne malhonnête.

3. son or : la dot promise à Suzanne.

4. souffler : voler.

5. coquins : malhonnêtes.

SUZANNE – À mon amant[1] aujourd'hui ? Je t'en souhaite ! Et qu'en dirait demain mon mari ?

Figaro l'embrasse.

SUZANNE – Hé bien ! hé bien !

FIGARO – C'est que tu n'as pas d'idée de mon amour.

SUZANNE, *se défripant* – Quand cesserez-vous, importun, de m'en parler du matin au soir ?

FIGARO, *mystérieusement* – Quand je pourrai te le prouver du soir jusqu'au matin.

On sonne une seconde fois.

SUZANNE, *de loin, les doigts unis sur sa bouche* – Voilà votre baiser, monsieur ; je n'ai plus rien à vous.

FIGARO *court après elle* – Oh ! mais ce n'est pas ainsi que vous l'avez reçu…

Note

1. **amant :** personne aimée. On trouve ce même sens dans les comédies de Molière.

Une exposition jubilatoire

Lecture analytique de l'extrait (l. 1, p. 59, à l. 98, p. 63)

L'exposition

L'exposition correspond au premier mouvement d'une pièce. Ce mouvement est destiné à donner aux spectateurs les informations nécessaires à la compréhension de l'intrigue : temps et lieu, identité des personnages et liens entre eux, nature de la situation.

UNE INTRIGUE DE COMÉDIE : UN JEU PROPOSÉ AU SPECTATEUR

1. Quels indices, dans les didascalies* et le dialogue, peuvent vous permettre d'identifier le genre de la pièce et d'en comprendre les enjeux ? Étudiez le lieu, les meubles et les objets évoqués.

*** *Didascalies :* indications scéniques fournies par l'auteur.**

2. Quelle est la quête de Figaro ? Qui semblent être ses opposants et son adjuvant ? Quelle difficulté Figaro rencontre-t-il dans le fait d'affronter un noble ?

3. Quels effets provoquent le rire chez le spectateur ? Montrez que l'influence de la farce est, ici, dépassée par un comique plus fin lié à l'humour des personnages.

L'art de l'exposition

Pour qu'une exposition soit efficace, il faut qu'elle soit claire. Mais ce souci d'informer le spectateur, en paraissant artificiel, peut nuire au plaisir de la comédie. Pour faire passer ces informations sans ennuyer, l'auteur dispose de plusieurs astuces : faire rire le public ou montrer une tension, une dispute entre les personnages. Le spectateur est ainsi plongé dans un univers fictif et oublie les « ficelles » de l'exposition.

LA VIVACITÉ DE LA SCÈNE OU LE PLAISIR DE LA COMÉDIE

4 Sur quel rythme se déroule cette première scène ? Quels éléments permettent de créer ce rythme particulier ? Observez, notamment, l'enchaînement des répliques et l'usage des points de suspension.

5 Quelles relations Figaro entretient-il avec Suzanne ? Par quels états émotionnels passe-t-il ? Expliquez ces changements d'humeur.

Le personnage type

Le « type » de la comédie est construit autour de plusieurs éléments : un nom propre, une identité sociale, un costume qui permet son identification immédiate, un langage, un caractère que le spectateur connaît. Ainsi, le personnage d'Arlequin, issu de la *commedia dell'arte*, est reconnaissable d'emblée à son costume constitué, principalement, de losanges multicolores ; les traits permanents de son caractère sont l'inventivité, la ruse, la capacité à résoudre toutes les situations, l'humour, mais aussi la paresse, la gourmandise et la recherche d'argent.

FIGARO : DU « TYPE » AU « MENEUR DE JEU »

6 De quel « type » s'inspire Beaumarchais pour son personnage ? Appuyez-vous, pour répondre, sur les répliques de Suzanne, sur ce que vous percevez du caractère de Figaro et sur le langage qu'il emploie.

7 Quels éléments, au contraire, viennent enrichir notre vision de ce personnage ? En quoi Figaro ne se réduit-il pas à un seul « type » ?

8 À quels « types » de la comédie correspondent les autres personnages présents ou cités dans cet extrait ? Associez un adjectif à leur rôle respectif.

10 Observez le document 1 et décrivez les personnages de Figaro et Suzanne. En quoi, selon vous, leur mise en scène est-elle résolument moderne ? Pourquoi ce choix, selon-vous ?

Cf. document 1.

11 Dans cette première scène, il est question d'abus de confiance, de manipulation, de subordination, de jalousie, de « droit de cuissage ». Pour autant, éprouvez-vous de l'agressivité ou de l'inquiétude en lisant cette scène ? Pourquoi ?

SCÈNE 2

FIGARO, *seul.*

La charmante fille! toujours riante, verdissante[1], pleine de gaieté, d'esprit, d'amour et de délices! mais sage! *(Il marche vivement en se frottant les mains.)* Ah, Monseigneur! mon cher Monseigneur! vous voulez m'en donner… à garder[2]? Je cherchais aussi pourquoi, m'ayant nommé concierge, il m'emmène à son ambassade et m'établit courrier de dépêches. J'entends, Monsieur le Comte; trois promotions à la fois : vous, compagnon ministre; moi, casse-cou politique, et Suzon, dame du lieu, l'ambassadrice de poche, et puis fouette courrier! Pendant que je galoperais d'un côté, vous feriez faire de l'autre à ma belle un joli chemin! Me crottant, m'échinant pour la gloire de votre famille; vous, daignant concourir à l'accroissement de la mienne! Quelle douce réciprocité! Mais, Monseigneur, il y a de l'abus. Faire à Londres, en même temps, les affaires de votre maître et celles de votre valet! représenter à la fois le roi et moi dans une Cour étrangère, c'est trop de moitié, c'est trop. – Pour toi, Bazile! fripon, mon cadet! je veux t'apprendre à clocher devant les boiteux[3]; je veux… Non, dissimulons avec eux pour les enferrer[4] l'un par l'autre. Attention sur la journée, monsieur Figaro! D'abord avancer l'heure de votre petite fête, pour épouser plus sûrement; écarter une Marceline qui de vous est friande en diable; empocher l'or et les présents; donner le change aux petites passions de Monsieur le Comte; étriller[5] rondement monsieur du Bazile et…

Notes

1. **verdissante** : métaphore végétale. Suzanne est une « belle plante ».
2. **m'en donner… à garder** : me tromper.
3. **clocher devant les boiteux** : jouer au plus fort.
4. **les enferrer** : les piéger.
5. **étriller** : malmener, battre.

SCÈNE 3

MARCELINE, BARTHOLO, FIGARO

FIGARO *s'interrompt* – Hééée[1], voilà le gros docteur, la fête sera complète. Hé, bonjour, cher docteur de mon cœur. Est-ce ma noce avec Suzon qui vous attire au château ?

BARTHOLO, *avec dédain* – Ah ! mon cher monsieur, point du tout !

FIGARO – Cela serait bien généreux !

BARTHOLO – Certainement, et par trop sot.

FIGARO – Moi qui eus le malheur de troubler la vôtre[2] !

BARTHOLO – Avez-vous autre chose à nous dire ?

FIGARO – On n'aura pas pris soin de votre mule[3] !

BARTHOLO, *en colère* – Bavard enragé ! laissez-nous.

FIGARO – Vous vous fâchez, docteur ? Les gens de votre état sont bien durs ! Pas plus de pitié des pauvres animaux... en vérité... que si c'étaient des hommes ! Adieu, Marceline : avez-vous toujours envie de plaider contre moi ?

Pour n'aimer pas, faut-il qu'on se haïsse ?[4]

Je m'en rapporte au docteur.

BARTHOLO – Qu'est-ce que c'est ?

FIGARO – Elle vous le contera de reste[5].

Il sort.

Notes

1. **Hééée :** effet comique de l'enchaînement avec le *« et »* en suspens de la scène précédente.
2. **la vôtre :** Figaro a nui aux amours de Bartholo dans *Le Barbier de Séville*.
3. **votre mule :** autre allusion au *Barbier de Séville*, où Figaro a appliqué un cataplasme sur les yeux de la mule aveugle de Bartholo.
4. Citation de *Nanine ou le Préjugé vaincu* (III, 6), comédie de Voltaire.
5. **de reste :** plus qu'il ne faut. Figaro se moque ici des bavardages de Marceline.

SCÈNE 4

MARCELINE, BARTHOLO

BARTHOLO *le regarde aller* – Ce drôle est toujours le même ! Et à moins qu'on ne l'écorche vif, je prédis qu'il mourra dans la peau du plus fier insolent…

MARCELINE *le retourne* – Enfin, vous voilà donc, éternel docteur ! toujours si grave et compassé[1] qu'on pourrait mourir en attendant vos secours, comme on s'est marié jadis, malgré vos précautions[2].

BARTHOLO – Toujours amère et provocante ! Eh bien, qui rend donc ma présence au château si nécessaire ? Monsieur le Comte a-t-il eu quelque accident ?

MARCELINE – Non, docteur.

BARTHOLO – La Rosine, sa trompeuse Comtesse, est-elle incommodée, Dieu merci ?

MARCELINE – Elle languit[3].

BARTHOLO – Et de quoi ?

MARCELINE – Son mari la néglige.

BARTHOLO, *avec joie* – Ah, le digne époux qui me venge !

MARCELINE – On ne sait comment définir le Comte ; il est jaloux et libertin[4].

BARTHOLO – Libertin par ennui, jaloux par vanité ; cela va sans dire.

MARCELINE – Aujourd'hui, par exemple, il marie notre Suzanne à son Figaro, qu'il comble en faveur de cette union…

Notes

1. **compassé** : affecté, guindé.
2. **précautions** : Bartholo, maladivement jaloux, tenait Rosine enfermée, mais elle a fini par lui échapper.
3. **languit** : est dans un état prolongé d'affaiblissement physique ou d'abattement moral. C'est une maladie typiquement féminine.
4. **libertin** : s'adonne sans retenue aux plaisirs charnels, et est déréglé dans sa conduite.

BARTHOLO – Que Son Excellence a rendue nécessaire[1] !

MARCELINE – Pas tout à fait; mais dont Son Excellence voudrait égayer en secret l'événement avec l'épousée…

BARTHOLO – De monsieur Figaro ? C'est un marché qu'on peut conclure avec lui.

MARCELINE – Bazile assure que non.

BARTHOLO – Cet autre maraud[2] loge ici ? C'est une caverne[3] ! Eh, qu'y fait-il ?

MARCELINE – Tout le mal dont il est capable. Mais le pis que j'y trouve est cette ennuyeuse passion qu'il a pour moi depuis si longtemps.

BARTHOLO – Je me serais débarrassé vingt fois de sa poursuite.

MARCELINE – De quelle manière ?

BARTHOLO – En l'épousant.

MARCELINE – Railleur fade et cruel, que ne vous débarrassez-vous de la mienne à ce prix ? Ne le devez-vous pas ? Où est le souvenir de vos engagements ? Qu'est devenu celui de notre petit Emmanuel, ce fruit d'un amour oublié, qui devait nous conduire à des noces ?

BARTHOLO, *ôtant son chapeau* – Est-ce pour écouter ces sornettes que vous m'avez fait venir de Séville ? Et cet accès d'hymen[4] qui vous reprend si vif…

MARCELINE – Eh bien ! n'en parlons plus. Mais, si rien n'a pu vous porter à la justice de m'épouser, aidez-moi donc du moins à en épouser un autre.

BARTHOLO – Ah ! volontiers : parlons. Mais quel mortel abandonné du ciel et des femmes ?…

Notes

1. **nécessaire** : persiflage de Bartholo. Il insinue que Suzanne serait enceinte du Comte.

2. **maraud** : personne qui ne mérite que le mépris.

3. **une caverne** : un repaire de brigands.

4. **hymen** : mariage.

MARCELINE – Eh ! qui pourrait-ce être, docteur, sinon le beau, le gai, l'aimable Figaro ?

BARTHOLO – Ce fripon-là ?

MARCELINE – Jamais fâché, toujours en belle humeur ; donnant le présent à la joie, et s'inquiétant de l'avenir tout aussi peu que du passé ; sémillant[1], généreux ! généreux…

BARTHOLO – Comme un voleur.

MARCELINE – Comme un seigneur. Charmant enfin ; mais c'est le plus grand monstre !

BARTHOLO – Et sa Suzanne ?

MARCELINE – Elle ne l'aurait pas, la rusée, si vous vouliez m'aider, mon petit docteur, à faire valoir un engagement que j'ai de lui.

BARTHOLO – Le jour de son mariage ?

MARCELINE – On en rompt de plus avancés : et si je ne craignais d'éventer un petit secret des femmes !…

BARTHOLO – En ont-elles pour le médecin du corps ?

MARCELINE – Ah ! vous savez que je n'en ai pas pour vous. Mon sexe[2] est ardent, mais timide : un certain charme a beau nous attirer vers le plaisir, la femme la plus aventurée[3] sent en elle une voix qui lui dit : Sois belle si tu peux, sage si tu veux ; mais sois considérée, il le faut. Or, puisqu'il faut être au moins considérée, que toute femme en sent l'importance, effrayons d'abord la Suzanne[4] sur la divulgation des offres qu'on lui fait[5].

BARTHOLO – Où cela mènera-t-il ?

MARCELINE – Que la honte la prenant au collet, elle continuera de refuser le Comte, lequel, pour se venger, appuiera

Notes

1. **sémillant** : très vif et gai.
2. **Mon sexe** : le sexe féminin, les femmes.
3. **aventurée** : audacieuse.
4. **la Suzanne** : l'article est péjoratif.
5. **effrayons […] fait** : rendons publique l'attirance du Comte pour Suzanne.

l'opposition que j'ai faite à son mariage ; alors le mien devient certain.

BARTHOLO – Elle a raison. Parbleu ! c'est un bon tour que de faire épouser ma vieille gouvernante au coquin qui fit enlever ma jeune maîtresse.

MARCELINE, *vite* – Et qui croit ajouter à ses plaisirs en trompant mes espérances.

BARTHOLO, *vite* – Et qui m'a volé dans le temps cent écus que j'ai sur le cœur.

MARCELINE – Ah ! quelle volupté !...

BARTHOLO – De punir un scélérat[1]...

MARCELINE – De l'épouser, docteur, de l'épouser !

SCÈNE 5

MARCELINE, BARTHOLO, SUZANNE

SUZANNE, *un bonnet de femme de chambre avec un large ruban dans la main, une robe de femme sur le bras* – L'épouser, l'épouser ! Qui donc ? Mon Figaro ?

MARCELINE, *aigrement* – Pourquoi non ? Vous l'épousez bien !

BARTHOLO, *riant* – Le bon argument de femme en colère ! Nous parlions, belle Suzon, du bonheur qu'il aura de vous posséder.

MARCELINE – Sans compter Monseigneur, dont on ne parle pas.

SUZANNE, *une révérence* – Votre servante, Madame ; il y a toujours quelque chose d'amer dans vos propos.

Note

1. **scélérat** : criminel.

MARCELINE, *une révérence* – Bien la vôtre, Madame ; où donc est l'amertume ? N'est-il pas juste qu'un libéral[1] seigneur partage un peu la joie qu'il procure[2] à ses gens ?

SUZANNE – Qu'il procure ?

MARCELINE – Oui, Madame.

SUZANNE – Heureusement, la jalousie de Madame est aussi connue que ses droits sur Figaro sont légers.

MARCELINE – On eût pu les rendre plus forts en les cimentant à la façon de Madame.

SUZANNE – Oh ! cette façon, Madame, est celle des dames savantes.

MARCELINE – Et l'enfant ne l'est pas du tout ! Innocente comme un vieux juge[3] !

BARTHOLO, *attirant Marceline* – Adieu, jolie fiancée de notre Figaro.

MARCELINE, *une révérence* – L'accordée[4] secrète de Monseigneur.

SUZANNE, *une révérence* – Qui vous estime beaucoup, Madame.

MARCELINE, *une révérence* – Me fera-t-elle aussi l'honneur de me chérir un peu, Madame ?

SUZANNE, *une révérence* – À cet égard, Madame n'a rien à désirer.

MARCELINE, *une révérence* – C'est une si jolie personne que Madame !

SUZANNE, *une révérence* – Eh ! mais assez pour désoler Madame.

MARCELINE, *une révérence* – Surtout bien respectable !

Notes

1. **libéral** : généreux.
2. **procure** : jeu de mots sur le sens premier du verbe. Il s'agit de satisfaire quelqu'un en agissant à sa place.
3. **Innocente comme un vieux juge** : c'est-à-dire « extrêmement rusée ».
4. **accordée** : liée par un accord. Marceline sous-entend que Suzanne et le Comte se sont entendus pour tromper Figaro.

SUZANNE, *une révérence* – C'est aux duègnes[1] à l'être.

MARCELINE, *outrée* – Aux duègnes ! aux duègnes ![2]

BARTHOLO, *l'arrêtant* – Marceline !

MARCELINE – Allons, docteur, car je n'y tiendrais pas. Bonjour[3], Madame.

Une révérence.

SCÈNE 6

SUZANNE, *seule.*

Allez, Madame ! allez, pédante[4] ! je crains aussi peu vos efforts que je méprise vos outrages. – Voyez cette vieille sibylle[5] ! parce qu'elle a fait quelques études et tourmenté la jeunesse de Madame, elle veut tout dominer au château ! *(Elle jette la robe qu'elle tient sur une chaise.)* Je ne sais plus ce que je venais prendre.

SCÈNE 7

SUZANNE, CHÉRUBIN

CHÉRUBIN, *accourant* – Ah ! Suzon, depuis deux heures j'épie le moment de te trouver seule. Hélas ! tu te maries, et moi je vais partir.

Notes

1. **duègnes** : gouvernantes ou femmes âgées qui étaient chargées, en Espagne, de veiller sur une jeune fille, une jeune femme de noble condition.
2. Dans *Le Barbier de Séville*, Marceline était effectivement la duègne de Rosine. Cet échange mordant rappelle celui qui a lieu entre Célimène et Arsinoé, dans *Le Misanthrope* de Molière (III, 4).
3. **Bonjour** : au revoir.
4. **pédante** : qui fait étalage de son savoir, prétentieuse.
5. **sibylle** : à l'origine, femme inspirée de l'Antiquité romaine qui transmettait les oracles des dieux. Au XVIIIe siècle, c'est un synonyme de « pédante ».

SUZANNE – Comment mon mariage éloigne-t-il du château le premier page[1] de Monseigneur ?

CHÉRUBIN, *piteusement* – Suzanne, il[2] me renvoie.

SUZANNE *le contrefait* – Chérubin, quelle sottise !

CHÉRUBIN – Il m'a trouvé hier au soir chez ta cousine Fanchette, à qui je faisais répéter son petit rôle d'innocente[3], pour la fête de ce soir : il s'est mis dans une fureur en me voyant ! – *Sortez*, m'a-t-il dit, *petit*... Je n'ose pas prononcer devant une femme le gros mot qu'il a dit : *Sortez, et demain vous ne coucherez pas au château*. Si Madame, si ma belle marraine[4] ne parvient pas à l'apaiser, c'est fait, Suzon, je suis à jamais privé du bonheur de te voir.

SUZANNE – De me voir ! moi ? c'est mon tour ! Ce n'est donc plus pour ma maîtresse que vous soupirez en secret ?

CHÉRUBIN – Ah ! Suzon, qu'elle est noble et belle ! mais qu'elle est imposante[5] !

SUZANNE – C'est-à-dire que je ne le suis pas, et qu'on peut oser avec moi...

CHÉRUBIN – Tu sais trop bien, méchante, que je n'ose pas oser. Mais que tu es heureuse ! à tous moments la voir, lui parler, l'habiller le matin et la déshabiller le soir, épingle à épingle... Ah ! Suzon ! je donnerais... Qu'est-ce que tu tiens donc là ?

SUZANNE, *raillant* – Hélas ! l'heureux bonnet et le fortuné ruban qui renferment la nuit les cheveux de cette belle marraine...

CHÉRUBIN, *vivement* – Son ruban de nuit ! donne-le-moi, mon cœur.

Notes

1. **page** : jeune noble placé au service d'un seigneur.
2. **il** : Monseigneur, c'est-à-dire le Comte.
3. **innocente** : ingénue, emploi théâtral. Situation ironique : Fanchette ne devait pas se trouver dans une situation innocente avec Chérubin.
4. **ma belle marraine** : la Comtesse.
5. **imposante** : inspirant le respect.

SUZANNE, *le retirant* – Eh ! que non pas ! *Son cœur !* Comme il est familier donc ! Si ce n'était pas un morveux sans conséquence… *(Chérubin arrache le ruban.)* Ah ! le ruban !

CHÉRUBIN *tourne autour du grand fauteuil* – Tu diras qu'il est égaré, gâté[1] ; qu'il est perdu. Tu diras tout ce que tu voudras.

SUZANNE *tourne après lui* – Oh ! dans trois ou quatre ans, je prédis que vous serez le plus grand petit vaurien !… Rendez-vous le ruban ?

Elle veut le reprendre.

CHÉRUBIN *tire une romance*[2] *de sa poche* – Laisse, ah ! laisse-le-moi, Suzon ; je te donnerai ma romance ; et pendant que le souvenir de ta belle maîtresse attristera tous mes moments, le tien y versera le seul rayon de joie qui puisse encore amuser[3] mon cœur.

SUZANNE *arrache la romance* – Amuser votre cœur, petit scélérat ! vous croyez parler à votre Fanchette. On vous surprend chez elle, et vous soupirez pour Madame ; et vous m'en contez[4] à moi, par-dessus le marché !

CHÉRUBIN, *exalté* – Cela est vrai, d'honneur[5] ! Je ne sais plus ce que je suis ; mais, depuis quelque temps, je sens ma poitrine agitée ; mon cœur palpite au seul aspect d'une femme ; les mots *amour* et *volupté* le font tressaillir et le troublent. Enfin le besoin de dire à quelqu'un *Je vous aime*, est devenu pour moi si pressant que je le dis tout seul, en courant dans le parc, à ta maîtresse, à toi, aux arbres, aux nuages, au vent qui les emporte avec mes paroles perdues. Hier je rencontrai Marceline…

SUZANNE, *riant* – Ah ! ah ! ah ! ah !

Notes

1. **gâté** : abîmé.
2. ***romance*** : chanson sur un sujet tendre et touchant, de caractère facile.
3. **amuser** : distraire.
4. **m'en contez** : à la fois « contez fleurette » et « racontez des mensonges ».
5. **d'honneur** : sur l'honneur, parole d'honneur.

CHÉRUBIN – Pourquoi non ? elle est femme ! elle est fille[1] ! Une fille ! une femme ! ah que ces noms sont doux ! qu'ils sont intéressants[2] !

SUZANNE – Il devient fou !

CHÉRUBIN – Fanchette est douce ; elle m'écoute au moins ; tu ne l'es pas, toi !

SUZANNE – C'est bien dommage ; écoutez donc Monsieur !

Elle veut arracher le ruban.

CHÉRUBIN *tourne en fuyant* – Ah ! ouiche[3] ! on ne l'aura, vois-tu, qu'avec ma vie. Mais si tu n'es pas contente du prix, j'y joindrai mille baisers.

Il lui donne chasse à son tour.

SUZANNE *tourne en fuyant* – Mille soufflets, si vous approchez. Je vais m'en plaindre à ma maîtresse ; et loin de supplier pour vous, je dirai moi-même à Monseigneur : C'est bien fait, Monseigneur ; chassez-nous ce petit voleur ; renvoyez à ses parents un petit mauvais sujet qui se donne les airs d'aimer Madame, et qui veut toujours m'embrasser par contrecoup.

CHÉRUBIN *voit le Comte entrer : il se jette derrière le fauteuil avec effroi* – Je suis perdu !

SUZANNE – Quelle frayeur ?[4]

Notes

1. **fille** : célibataire.
2. **intéressants** : qui excitent l'intérêt, c'est-à-dire le désir au XVIIIe siècle, dans le langage amoureux.
3. **ouiche** : interjection familière qui exprime un refus.
4. Comme l'indique la didascalie de la scène suivante, Suzanne n'a pas encore vu le Comte et ne comprend pas le soudain effroi de Chérubin.

SCÈNE 8

SUZANNE, LE COMTE, CHÉRUBIN, *caché*.

SUZANNE *aperçoit le Comte* – Ah !…

Elle s'approche du fauteuil pour masquer Chérubin.

LE COMTE *s'avance* – Tu es émue, Suzon ! tu parlais seule, et ton petit cœur paraît dans une agitation… bien pardonnable, au reste, un jour comme celui-ci.

SUZANNE, *troublée* – Monseigneur, que me voulez-vous ? Si l'on vous trouvait avec moi…

LE COMTE – Je serais désolé qu'on m'y surprît ; mais tu sais tout l'intérêt[1] que je prends à toi. Bazile ne t'a pas laissé ignorer mon amour. Je n'ai rien qu'un instant pour t'expliquer mes vues[2] ; écoute.

Il s'assied dans le fauteuil.

SUZANNE, *vivement* – Je n'écoute rien.

LE COMTE *lui prend la main* – Un seul mot. Tu sais que le roi m'a nommé son ambassadeur à Londres. J'emmène avec moi Figaro ; je lui donne un excellent poste ; et, comme le devoir d'une femme est de suivre son mari…

SUZANNE – Ah ! si j'osais parler !

LE COMTE *la rapproche de lui* – Parle, parle, ma chère ; use aujourd'hui d'un droit que tu prends sur moi pour la vie.

SUZANNE, *effrayée* – Je n'en veux point, Monseigneur, je n'en veux point. Quittez-moi, je vous prie.

LE COMTE – Mais dis auparavant[3].

SUZANNE, *en colère* – Je ne sais plus ce que je disais.

LE COMTE – Sur le devoir des femmes.

Notes

1. **intérêt** : désir.
2. **vues** : intentions.
3. **dis auparavant** : parle d'abord.

SUZANNE – Eh bien ! lorsque Monseigneur enleva la sienne de chez le docteur, et qu'il l'épousa par amour ; lorsqu'il abolit pour elle un certain affreux droit du seigneur…

LE COMTE, *gaiement* – Qui faisait bien de la peine aux filles ! Ah ! Suzette ! ce droit charmant ! Si tu venais en jaser[1] sur la brune[2] au jardin, je mettrais un tel prix à cette légère faveur…

BAZILE *parle en dehors* – Il n'est pas chez lui, Monseigneur[3].

LE COMTE *se lève* – Quelle est cette voix ?

SUZANNE – Que je suis malheureuse !

LE COMTE – Sors, pour qu'on n'entre pas.

SUZANNE, *troublée* – Que je vous laisse ici ?

BAZILE *crie en dehors* – Monseigneur était chez Madame, il en est sorti ; je vais voir.

LE COMTE – Et pas un lieu pour se cacher ! Ah ! derrière ce fauteuil… assez mal ; mais renvoie-le bien vite.

Suzanne lui barre le chemin ; il la pousse doucement, elle recule, et se met ainsi entre lui et le petit page ; mais, pendant que le Comte s'abaisse et prend sa place, Chérubin tourne et se jette effrayé sur le fauteuil à genoux et s'y blottit. Suzanne prend la robe qu'elle apportait, en couvre le page, et se met devant le fauteuil.

SCÈNE 9

LE COMTE *et* CHÉRUBIN *cachés*, SUZANNE, BAZILE

BAZILE – N'auriez-vous pas vu Monseigneur, mademoiselle ?

SUZANNE, *brusquement* – Hé ! pourquoi l'aurais-je vu ? Laissez-moi.

Notes

1. jaser : parler.
2. la brune : moment où le jour baisse.
3. Monseigneur : Monseigneur n'est pas chez lui (répétition du sujet en fin de phrase).

BAZILE *s'approche* – Si vous étiez plus raisonnable, il n'y aurait rien d'étonnant à ma question. C'est Figaro qui le cherche.

SUZANNE – Il cherche donc l'homme qui lui veut le plus de mal après vous ?

LE COMTE, *à part* – Voyons un peu comme il me sert.

BAZILE – Désirer du bien à une femme, est-ce vouloir du mal à son mari ?

SUZANNE – Non, dans vos affreux principes, agent de corruption !

BAZILE – Que vous demande-t-on ici que vous n'alliez prodiguer à un autre ? Grâce à la douce cérémonie, ce qu'on vous défendait hier, on vous le prescrira demain.

SUZANNE – Indigne !

BAZILE – De toutes les choses sérieuses le mariage étant la plus bouffonne, j'avais pensé…

SUZANNE, *outrée* – Des horreurs ! Qui vous permet d'entrer ici ?

BAZILE – Là, là, mauvaise ! Dieu vous apaise ! Il n'en sera que ce que vous voulez ; mais ne croyez pas non plus que je regarde monsieur Figaro comme l'obstacle qui nuit à Monseigneur ; et sans le petit page…

SUZANNE, *timidement* – Don[1] Chérubin ?

BAZILE *la contrefait* – *Cherubino di amore*[2], qui tourne autour de vous sans cesse, et qui ce matin encore rôdait ici pour y entrer, quand je vous ai quittée. Dites que cela n'est pas vrai ?

SUZANNE – Quelle imposture ! Allez-vous-en, méchant homme !

BAZILE – On est un méchant homme, parce qu'on y voit clair. N'est-ce pas pour vous aussi cette romance dont il fait mystère ?

Notes

1. **Don** : titre de noblesse espagnole. Un page est toujours noble.

2. ***Cherubino di amore*** : Chérubin d'amour (italien).

SUZANNE, *en colère* – Ah ! oui, pour moi !…

BAZILE – À moins qu'il ne l'ait composée pour Madame ! En effet, quand il sert à table, on dit qu'il la regarde avec des yeux !… Mais, peste, qu'il ne s'y joue pas[1] ! Monseigneur est *brutal* sur l'article[2].

SUZANNE, *outrée* – Et vous bien scélérat d'aller semant de pareils bruits pour perdre un malheureux enfant tombé dans la disgrâce de son maître.

BAZILE – L'ai-je inventé ? Je le dis, parce que tout le monde en parle.

LE COMTE *se lève* – Comment, tout le monde en parle !

SUZANNE – Ah ciel !

BAZILE – Ha ! ha !

LE COMTE – Courez, Bazile, et qu'on le chasse.

BAZILE – Ah ! que je suis fâché d'être entré !

SUZANNE, *troublée* – Mon Dieu ! Mon Dieu !

LE COMTE, *à Bazile* – Elle est saisie[3]. Asseyons-la dans ce fauteuil.

SUZANNE *le repousse vivement* – Je ne veux pas m'asseoir. Entrer ainsi librement, c'est indigne !

LE COMTE – Nous sommes deux avec toi, ma chère. Il n'y a plus le moindre danger !

BAZILE – Moi je suis désolé de m'être égayé sur le page, puisque vous l'entendiez. Je n'en usais ainsi que pour pénétrer ses sentiments, car au fond…

Notes

1. qu'il ne s'y joue pas : qu'il ne s'y risque pas.
2. sur l'article : sur le sujet. Le Comte est très jaloux.
3. est saisie : est frappée d'effroi, de douleur, d'étonnement.

Le Comte – Cinquante pistoles[1], un cheval, et qu'on le renvoie à ses parents.

Bazile – Monseigneur, pour un badinage[2] ?

Le Comte – Un petit libertin[3] que j'ai surpris encore hier avec la fille du jardinier.

Bazile – Avec Fanchette ?

Le Comte – Et dans sa chambre.

Suzanne, *outrée* – Où Monseigneur avait sans doute affaire aussi !

Le Comte, *gaiement* – J'en aime assez la remarque.

Bazile – Elle est d'un bon augure[4].

Le Comte, *gaiement* – Mais non ! j'allais chercher ton oncle Antonio, mon ivrogne de jardinier, pour lui donner des ordres. Je frappe, on est longtemps à m'ouvrir ; ta cousine a l'air empêtré[5] ; je prends un soupçon, je lui parle, et tout en causant j'examine. Il y avait derrière la porte une espèce de rideau, de portemanteau, de je ne sais pas quoi, qui couvrait des hardes[6] ; sans faire semblant de rien, je vais doucement, doucement lever ce rideau[7] *(pour imiter le geste, il lève la robe du fauteuil)*, et je vois… *(Il aperçoit le page.)* Ah !…

Bazile – Ha ! ha !

Le Comte – Ce tour-ci vaut l'autre.

Bazile – Encore mieux.

Notes

1. **pistoles** : monnaie d'or ancienne, de valeur variable. À l'origine, monnaie espagnole et italienne.
2. **un badinage** : une plaisanterie légère.
3. **libertin** : personne qui s'adonne sans retenue aux plaisirs charnels, et est déréglé dans sa conduite.
4. **d'un bon augure** : phrase à double sens. Elle peut à la fois signifier que Suzanne interprète bien, comme un augure, les signes, c'est-à-dire les sous-entendus, mais également que sa perspicacité peu innocente laisse présager au Comte de doux moments.
5. **empêtré** : gêné.
6. **hardes** : vêtements (ce n'est pas un terme péjoratif).
7. *« Suzanne. Chérubin dans le fauteuil. Le Comte. Bazile. » (Note de Beaumarchais.)*

LE COMTE, *à Suzanne* – À merveille, mademoiselle : à peine fiancée, vous faites de ces apprêts[1] ? C'était pour recevoir mon page que vous désiriez d'être seule ? Et vous, monsieur, qui ne changez point de conduite, il vous manquait de vous adresser, sans respect pour votre marraine, à sa première camariste[2], à la femme de votre ami ! Mais je ne souffrirai pas que Figaro, qu'un homme que j'estime et que j'aime soit victime d'une pareille tromperie. Était-il avec vous, Bazile ?

SUZANNE, *outrée* – Il n'y a ni tromperie ni victime ; il était là lorsque vous me parliez.

LE COMTE, *emporté* – Puisses-tu mentir en le disant ! Son plus cruel ennemi n'oserait lui souhaiter ce malheur.

SUZANNE – Il me priait d'engager Madame à vous demander sa grâce. Votre arrivée l'a si fort troublé qu'il s'est masqué de ce fauteuil.

LE COMTE, *en colère* – Ruse d'enfer ! Je m'y suis assis en entrant.

CHÉRUBIN – Hélas ! Monseigneur, j'étais tremblant derrière.

LE COMTE – Autre fourberie ! Je viens de m'y placer moi-même.

CHÉRUBIN – Pardon, mais c'est alors que je me suis blotti dedans.

LE COMTE, *plus outré* – C'est donc une couleuvre que ce petit… serpent-là ! Il nous écoutait !

CHÉRUBIN – Au contraire, Monseigneur, j'ai fait ce que j'ai pu pour ne rien entendre[3].

LE COMTE – Ô perfidie ! *(À Suzanne.)* Tu n'épouseras pas Figaro.

Notes

1. **apprêts** : préparatifs. La valeur du pronom démonstratif *ces* est péjorative.
2. **camariste** : femme de chambre.
3. **entendre** : jeu de mots. *Entendre* signifie à la fois « percevoir par l'ouïe » et « comprendre ».

BAZILE – Contenez-vous, on vient.

LE COMTE, *tirant Chérubin du fauteuil et le mettant sur ses pieds* – Il resterait là devant toute la terre !

SCÈNE 10

CHÉRUBIN, SUZANNE, FIGARO, LA COMTESSE,
LE COMTE, FANCHETTE, BAZILE.
Beaucoup de valets, paysannes, paysans vêtus de blanc.

FIGARO, *tenant une toque de femme, garnie de plumes blanches et de rubans blancs, parle à la Comtesse* – Il n'y a que vous, Madame, qui puissiez nous obtenir cette faveur.

LA COMTESSE – Vous le voyez, monsieur le Comte, ils me supposent un crédit que je n'ai point, mais comme leur demande n'est pas déraisonnable...

LE COMTE, *embarrassé* – Il faudrait qu'elle le fût beaucoup...

FIGARO, *bas à Suzanne* – Soutiens bien mes efforts.

SUZANNE, *bas à Figaro* – Qui ne mèneront à rien.

FIGARO, *bas* – Va toujours.

LE COMTE, *à Figaro* – Que voulez-vous ?

FIGARO – Monseigneur, vos vassaux[1], touchés de l'abolition d'un certain droit fâcheux que votre amour pour Madame...

LE COMTE – Hé bien, ce droit n'existe plus. Que veux-tu dire ?...

FIGARO, *malignement* – Qu'il est bien temps que la vertu d'un si bon maître éclate ; elle m'est d'un tel avantage aujourd'hui que je désire être le premier à la célébrer à mes noces.

Note
1. **vassaux** : serviteurs.

LE COMTE, *plus embarrassé* – Tu te moques, ami ! L'abolition d'un droit honteux n'est que l'acquit[1] d'une dette envers l'honnêteté. Un Espagnol peut vouloir conquérir la beauté par des soins[2] ; mais en exiger le premier, le plus doux emploi, comme une servile redevance[3], ah ! c'est la tyrannie d'un Vandale[4], et non le droit avoué d'un noble Castillan[5].

FIGARO, *tenant Suzanne par la main* – Permettez donc que cette jeune créature, de qui votre sagesse a préservé l'honneur, reçoive de votre main, publiquement, la toque virginale[6], ornée de plumes et de rubans blancs, symbole de la pureté de vos intentions ; adoptez-en la cérémonie pour tous les mariages, et qu'un quatrain chanté en chœur rappelle à jamais le souvenir…

LE COMTE, *embarrassé* – Si je ne savais pas qu'amoureux, poète et musicien sont trois titres d'indulgence pour toutes les folies…

FIGARO – Joignez-vous à moi, mes amis !

TOUS ENSEMBLE – Monseigneur ! Monseigneur !

SUZANNE, *au comte* – Pourquoi fuir un éloge que vous méritez si bien ?

LE COMTE, *à part* – La perfide[7] !

FIGARO – Regardez-la donc, Monseigneur. Jamais plus jolie fiancée ne montrera mieux la grandeur de votre sacrifice.

SUZANNE – Laisse là ma figure, et ne vantons que sa vertu.

LE COMTE, *à part* – C'est un jeu que tout ceci.

Notes

1. **l'acquit** : la reconnaissance écrite d'un paiement.
2. **soins** : attentions galantes.
3. **servile redevance** : dette que l'inférieur doit au supérieur.
4. **Vandale** : envahisseur germain qui a la réputation de détruire et de mutiler les objets de valeur.
5. **Castillan** : habitant de la Castille, région espagnole, cœur du royaume.
6. **virginale** : d'une jeune fille vierge.
7. **perfide** : déloyale.

LA COMTESSE – Je me joins à eux, monsieur le Comte ; et cette cérémonie me sera toujours chère, puisqu'elle doit son motif à l'amour charmant que vous aviez pour moi.

LE COMTE – Que j'ai toujours, Madame ; et c'est à ce titre que je me rends.

TOUS ENSEMBLE – Vivat[1] !

LE COMTE, *à part* – Je suis pris. *(Haut.)* Pour que la cérémonie eût un peu plus d'éclat, je voudrais seulement qu'on la remît à tantôt. *(À part.)* Faisons vite chercher Marceline.

FIGARO, *à Chérubin* – Eh bien, espiègle, vous n'applaudissez pas ?

SUZANNE – Il est au désespoir ; Monseigneur le renvoie.

LA COMTESSE – Ah ! Monsieur, je demande sa grâce.

LE COMTE – Il ne la mérite point.

LA COMTESSE – Hélas ! il est si jeune !

LE COMTE – Pas tant que vous le croyez.

CHÉRUBIN, *tremblant* – Pardonner généreusement n'est pas le droit du seigneur auquel vous avez renoncé en épousant Madame.

LA COMTESSE – Il n'a renoncé qu'à celui qui vous affligeait tous.

SUZANNE – Si Monseigneur avait cédé le droit de pardonner, ce serait sûrement le premier qu'il voudrait racheter en secret.

LE COMTE, *embarrassé* – Sans doute.

LA COMTESSE – Eh ! pourquoi le racheter ?

CHÉRUBIN, *au Comte* – Je fus léger dans ma conduite, il est vrai, Monseigneur ; mais jamais la moindre indiscrétion dans mes paroles…

LE COMTE, *embarrassé* – Eh bien, c'est assez…

Note

1. **Vivat** : qu'il vive (subjonctif latin) ; interjection qui exprime les applaudissements.

FIGARO – Qu'entend-il[1] ?

LE COMTE, *vivement* – C'est assez, c'est assez. Tout le monde exige son pardon, je l'accorde ; et j'irai plus loin : je lui donne une compagnie dans ma légion.

TOUS ENSEMBLE – Vivat !

LE COMTE – Mais c'est à condition qu'il partira sur-le-champ pour joindre[2] en Catalogne[3].

FIGARO – Ah ! Monseigneur, demain.

LE COMTE *insiste* – Je le veux.

CHÉRUBIN – J'obéis.

LE COMTE – Saluez votre marraine, et demandez sa protection.

Chérubin met un genou en terre devant la Comtesse, et ne peut parler.

LA COMTESSE, *émue* – Puisqu'on ne peut vous garder seulement aujourd'hui, partez, jeune homme. Un nouvel état vous appelle ; allez le remplir dignement. Honorez votre bienfaiteur. Souvenez-vous de cette maison, où votre jeunesse a trouvé tant d'indulgence. Soyez soumis, honnête et brave ; nous prendrons part à vos succès.

Chérubin se relève et retourne à sa place.

LE COMTE – Vous êtes bien émue, Madame !

LA COMTESSE – Je ne m'en défends pas. Qui sait le sort d'un enfant jeté dans une carrière aussi dangereuse ? Il est allié de mes parents ; et de plus, il est mon filleul.

LE COMTE, *à part* – Je vois que Bazile avait raison. *(Haut.)* Jeune homme, embrassez Suzanne... pour la dernière fois.

FIGARO – Pourquoi cela, Monseigneur ? Il viendra passer ses hivers. Baise-moi donc aussi, capitaine ! *(Il l'embrasse.)* Adieu, mon petit Chérubin. Tu vas mener un train de vie bien

Notes

1. **Qu'entend-il** : que veut-il dire.
2. **joindre** : rejoindre son régiment.
3. **Catalogne** : région du Nord-Est de l'Espagne. L'action se déroule en Andalousie, au sud.

différent, mon enfant : dame! tu ne rôderas plus tout le jour au quartier des femmes, plus d'échaudés[1], de goûters à la crème; plus de main-chaude[2] ou de colin-maillard. De bons soldats, morbleu! basanés, mal vêtus; un grand fusil bien lourd : tourne à droite, tourne à gauche, en avant, marche à la gloire, et ne va pas broncher en chemin, à moins qu'un bon coup de feu…

SUZANNE – Fi donc, l'horreur!

LA COMTESSE – Quel pronostic!

LE COMTE – Où est donc Marceline? Il est bien singulier qu'elle ne soit pas des vôtres!

FANCHETTE – Monseigneur, elle a pris le chemin du bourg, par le petit sentier de la ferme.

LE COMTE – Et elle en reviendra?…

BAZILE – Quand il plaira à Dieu.

FIGARO – S'il Lui plaisait qu'il ne Lui plût jamais…

FANCHETTE – Monsieur le Docteur lui donnait le bras.

LE COMTE, *vivement* – Le docteur est ici?

BAZILE – Elle s'en est d'abord[3] emparée…

LE COMTE, *à part* – Il ne pouvait venir plus à propos.

FANCHETTE – Elle avait l'air bien échauffée; elle parlait tout haut en marchant, puis elle s'arrêtait, et faisait comme ça de grands bras[4]… et monsieur le Docteur lui faisait comme ça de la main, en l'apaisant : elle paraissait si courroucée[5]! elle nommait mon cousin Figaro.

LE COMTE *lui prend le menton* – Cousin… futur.

Notes

1. **échaudés** : petits beignets plongés dans l'eau bouillante.
2. **main-chaude** : jeu de société.
3. **d'abord** : tout de suite.
4. **de grands bras** : de grands gestes avec les bras.
5. **courroucée** : en colère.

FANCHETTE, *montrant Chérubin* – Monseigneur, nous avez-vous pardonné d'hier ?...

LE COMTE *interrompt* – Bonjour[1], bonjour, petite.

FIGARO – C'est son chien d'amour qui la berce ; elle aurait troublé notre fête.

LE COMTE, *à part* – Elle la troublera, je t'en réponds. *(Haut.)* Allons, Madame, entrons. Bazile, vous passerez chez moi.

SUZANNE, *à Figaro* – Tu me rejoindras, mon fils ?

FIGARO, *bas à Suzanne* – Est-il bien enfilé[2] ?

SUZANNE, *bas* – Charmant garçon !

Ils sortent tous.

SCÈNE 11

CHÉRUBIN, FIGARO, BAZILE

Pendant qu'on sort, Figaro les arrête tous deux et les ramène.

FIGARO – Ah çà, vous autres ! la cérémonie adoptée, ma fête de ce soir en est la suite ; il faut bravement nous recorder[3] : ne faisons point comme ces acteurs qui ne jouent jamais si mal que le jour où la critique est le plus éveillée. Nous n'avons point de lendemain qui nous excuse, nous. Sachons bien nos rôles aujourd'hui.

BAZILE, *malignement* – Le mien est plus difficile que tu ne crois.

FIGARO, *faisant, sans qu'il le voie, le geste de le rosser*[4] – Tu es loin de savoir tout le succès qu'il te vaudra.

CHÉRUBIN – Mon ami, tu oublies que je pars.

FIGARO – Et toi, tu voudrais bien rester !

CHÉRUBIN – Ah ! si je le voudrais !

Notes

1. **Bonjour** : au revoir.
2. **enfilé** : trompé.
3. **nous recorder** : répéter notre rôle.
4. ***rosser*** : battre.

FIGARO – Il faut ruser. Point de murmure à ton départ. Le manteau de voyage à l'épaule ; arrange ouvertement ta trousse[1], et qu'on voie ton cheval à la grille ; un temps de galop jusqu'à la ferme ; reviens à pied par les derrières[2]. Monseigneur te croira parti ; tiens-toi seulement hors de sa vue ; je me charge de l'apaiser après la fête.

CHÉRUBIN – Mais Fanchette qui ne sait pas son rôle !

BAZILE – Que diable lui apprenez-vous donc, depuis huit jours que vous ne la quittez pas ?

FIGARO – Tu n'as rien à faire aujourd'hui : donne-lui, par grâce, une leçon.

BAZILE – Prenez garde, jeune homme, prenez garde ! Le père n'est pas satisfait ; la fille a été souffletée[3] ; elle n'étudie pas avec vous : Chérubin ! Chérubin ! vous lui causerez des chagrins ! *Tant va la cruche à l'eau !…*

FIGARO – Ah ! voilà notre imbécile avec ses vieux proverbes ! Hé bien, pédant, que dit la sagesse des nations ? *Tant va la cruche à l'eau, qu'à la fin…*

BAZILE – Elle s'emplit[4].

FIGARO, *en s'en allant* – Pas si bête, pourtant, pas si bête !

Notes

1. **trousse** : sacoche de selle.
2. **derrières** : issues de derrière, portes de derrière.
3. **souffletée** : giflée.
4. **Elle s'emplit** : métaphore pour traduire les risques qu'encourt Fanchette – à savoir une grossesse !

Acte II

Le théâtre représente une chambre à coucher superbe, un grand lit en alcôve[1]*, une estrade au-devant. La porte pour entrer s'ouvre et se ferme à la troisième coulisse à droite ; celle d'un cabinet, à la première coulisse à gauche. Une porte dans le fond va chez les femmes. Une fenêtre s'ouvre de l'autre côté.*

SCÈNE 1

SUZANNE, LA COMTESSE *entrent par la porte à droite.*

LA COMTESSE *se jette dans une bergère*[2] – Ferme la porte, Suzanne, et conte-moi tout dans le plus grand détail.

SUZANNE – Je n'ai rien caché à Madame.

LA COMTESSE – Quoi ! Suzon, il voulait te séduire ?

SUZANNE – Oh ! que non ! Monseigneur n'y met pas tant de façon avec sa servante : il voulait m'acheter.

LA COMTESSE – Et le petit page[3] était présent ?

Notes

1. ***alcôve*** : renfoncement ménagé dans une chambre pour y placer le lit.
2. ***bergère*** : fauteuil large et profond, dont le siège est garni d'un coussin.
3. **page** : jeune noble au service d'un seigneur.

SUZANNE – C'est-à-dire caché derrière le grand fauteuil. Il venait me prier de vous demander sa grâce.

LA COMTESSE – Eh! pourquoi ne pas s'adresser à moi-même? est-ce que je l'aurais refusé[1], Suzon?

SUZANNE – C'est ce que j'ai dit : mais ses regrets de partir, et surtout de quitter Madame! *Ah! Suzon, qu'elle est noble et belle! mais qu'elle est imposante!*

LA COMTESSE – Est-ce que j'ai cet air-là, Suzon? Moi qui l'ai toujours protégé.

SUZANNE – Puis il a vu votre ruban de nuit que je tenais : il s'est jeté dessus...

LA COMTESSE, *souriant* – Mon ruban?... Quelle enfance[2]!

SUZANNE – J'ai voulu le lui ôter; Madame, c'était un lion; ses yeux brillaient... *Tu ne l'auras qu'avec ma vie*, disait-il en forçant sa petite voix douce et grêle[3].

LA COMTESSE, *rêvant* – Eh bien, Suzon?

SUZANNE – Eh bien, Madame, est-ce qu'on peut faire finir ce petit démon-là? Ma marraine par-ci, je voudrais bien par l'autre et parce qu'il n'oserait seulement baiser la robe de Madame, il voudrait toujours m'embrasser, moi.

LA COMTESSE, *rêvant* – Laissons... laissons ces folies... Enfin, ma pauvre Suzanne, mon époux a fini par le dire...?

SUZANNE – Que si je ne voulais pas l'entendre[4], il allait protéger Marceline.

LA COMTESSE *se lève et se promène en se servant fortement de l'éventail* – Il ne m'aime plus du tout.

SUZANNE – Pourquoi tant de jalousie?

Notes

1. **refusé** : au XVIIIe siècle, ce verbe peut recevoir comme complément d'objet direct un nom de personne.

2. **enfance** : enfantillage.

3. **grêle** : aiguë et faible.

4. **l'entendre** : le comprendre.

LA COMTESSE – Comme tous les maris, ma chère ! uniquement par orgueil. Ah ! je l'ai trop aimé ! je l'ai lassé de mes tendresses et fatigué de mon amour ; voilà mon seul tort avec lui. Mais je n'entends pas que cet honnête aveu te nuise, et tu épouseras Figaro. Lui seul peut nous y aider : viendra-t-il ?

SUZANNE – Dès qu'il verra partir la chasse.

LA COMTESSE, *se servant de l'éventail* – Ouvre un peu la croisée[1] sur le jardin. Il fait une chaleur ici !...

SUZANNE – C'est que Madame parle et marche avec action[2].

Elle va ouvrir la croisée du fond.

LA COMTESSE, *rêvant longtemps* – Sans cette constance à me fuir... Les hommes sont bien coupables !

SUZANNE *crie de la fenêtre* – Ah ! voilà Monseigneur qui traverse à cheval le grand potager, suivi de Pédrille, avec deux, trois, quatre lévriers.

LA COMTESSE – Nous avons du temps devant nous. *(Elle s'assied.)* On frappe, Suzon ?

SUZANNE *court ouvrir en chantant* – Ah ! c'est mon Figaro ! ah ! c'est mon Figaro !

SCÈNE 2

FIGARO, SUZANNE, LA COMTESSE, *assise.*

SUZANNE – Mon cher ami, viens donc ! Madame est dans une impatience !...

FIGARO – Et toi, ma petite Suzanne ? – Madame n'en doit prendre aucune. Au fait, de quoi s'agit-il ? d'une misère. Monsieur le Comte trouve notre jeune femme aimable, il voudrait en faire sa maîtresse ; et c'est bien naturel.

Notes

1. **croisée** : fenêtre.

2. **action** : animation.

SUZANNE – Naturel ?

FIGARO – Puis il m'a nommé courrier de dépêches, et Suzon conseiller d'ambassade. Il n'y a pas là d'étourderie.

SUZANNE – Tu finiras ?

FIGARO – Et parce que Suzanne, ma fiancée, n'accepte pas le diplôme[1], il va favoriser les vues de Marceline. Quoi de plus simple encore ? Se venger de ceux qui nuisent à nos projets en renversant les leurs, c'est ce que chacun fait, ce que nous allons faire nous-mêmes. Hé bien, voilà tout pourtant.

LA COMTESSE – Pouvez-vous, Figaro, traiter si légèrement un dessein qui nous coûte à tous le bonheur ?

FIGARO – Qui dit cela, Madame ?

SUZANNE – Au lieu de t'affliger de nos chagrins…

FIGARO – N'est-ce pas assez que je m'en occupe ? Or, pour agir aussi méthodiquement que lui, tempérons d'abord son ardeur de nos possessions[2], en l'inquiétant sur les siennes.

LA COMTESSE – C'est bien dit ; mais comment ?

FIGARO – C'est déjà fait, Madame ; un faux avis donné sur vous…

LA COMTESSE – Sur moi ? La tête vous tourne !

FIGARO – Oh ! c'est à lui qu'elle doit tourner.

LA COMTESSE – Un homme aussi jaloux !…

FIGARO – Tant mieux ; pour tirer parti des gens de ce caractère, il ne faut qu'un peu leur fouetter le sang ; c'est ce que les femmes entendent si bien ! Puis les tient-on fâchés tout rouge, avec un brin d'intrigue on les mène où l'on veut, par

Notes

1. **diplôme** : son nouveau titre de maîtresse du Comte (ironique).

2. **nos possessions** : ce qui nous appartient, c'est-à-dire Suzanne.

le nez, dans le Guadalquivir[1]. Je vous[2] ai fait rendre[3] à Bazile un billet inconnu[4], lequel avertit Monseigneur qu'un galant doit chercher à vous voir aujourd'hui pendant le bal.

LA COMTESSE – Et vous vous jouez ainsi de la vérité sur le compte d'une femme d'honneur!...

FIGARO – Il y en a peu, Madame, avec qui je l'eusse osé, crainte de rencontrer juste[5].

LA COMTESSE – Il faudra que je l'en remercie!

FIGARO – Mais dites-moi s'il n'est pas charmant de lui avoir taillé ses morceaux de la journée[6], de façon qu'il passe à rôder, à jurer après sa dame, le temps qu'il destinait à se complaire avec la nôtre? Il est déjà tout dérouté : galopera[7]-t-il celle-ci? surveillera-t-il celle-là? Dans son trouble d'esprit, tenez, tenez, le voilà qui court la plaine, et force un lièvre qui n'en peut mais[8]. L'heure du mariage arrive en poste[9], il n'aura pas pris de parti contre, et jamais il n'osera s'y opposer devant Madame.

SUZANNE – Non; mais Marceline, le bel esprit, osera le faire, elle.

FIGARO – Brrrr! Cela m'inquiète bien, ma foi! Tu feras dire à Monseigneur que tu te rendras sur la brune[10] au jardin.

SUZANNE – Tu comptes sur celui-là[11]?

Notes

1. **Guadalquivir** : fleuve d'Espagne qui passe à Séville.
2. **vous** : datif éthique. La Comtesse ne prend pas part à l'action, mais est celle à qui s'adresse Figaro.
3. **rendre** : remettre.
4. **inconnu** : anonyme.
5. **crainte de rencontrer juste** : de peur que ce mensonge ne soit la vérité.
6. **taillé ses morceaux de la journée** : organisé son emploi du temps.
7. **galopera** : *galoper* est ici transitif.
8. **qui n'en peut mais** : qui n'y peut rien.
9. **en poste** : à la vitesse des chevaux de poste, très rapidement.
10. **la brune** : moment où le jour baisse.
11. **celui-là** : cette ruse-là.

FIGARO – Oh dame ! écoutez donc ; les gens qui ne veulent rien faire de rien n'avancent rien et ne sont bons à rien. Voilà mon mot.

SUZANNE – Il est joli !

LA COMTESSE – Comme son idée. Vous consentiriez qu'elle s'y rendît ?

FIGARO – Point du tout. Je fais endosser un habit de Suzanne à quelqu'un : surpris par nous au rendez-vous, le Comte pourra-t-il s'en dédire[1] ?

SUZANNE – À qui mes habits ?

FIGARO – Chérubin.

LA COMTESSE – Il est parti.

FIGARO – Non pas pour moi. Veut-on me laisser faire ?

SUZANNE – On peut s'en fier à lui pour mener une intrigue.

FIGARO – Deux, trois, quatre à la fois ; bien embrouillées, qui se croisent. J'étais né pour être courtisan.

SUZANNE – On dit que c'est un métier si difficile !

FIGARO – Recevoir, prendre et demander ; voilà le secret en trois mots.

LA COMTESSE – Il a tant d'assurance qu'il finit par m'en inspirer.

FIGARO – C'est mon dessein.

SUZANNE – Tu disais donc ?

FIGARO – Que pendant l'absence de Monseigneur je vais vous envoyer le Chérubin ; coiffez-le, habillez-le ; je le renferme et l'endoctrine[2] ; et puis dansez, Monseigneur.

Il sort.

Notes

1. **s'en dédire** : dire le contraire.

2. **l'endoctrine** : lui apprends ce qu'il a à faire.

SCÈNE 3

SUZANNE, LA COMTESSE, *assise.*

LA COMTESSE, *tenant sa boîte à mouches*[1] – Mon Dieu, Suzon, comme je suis faite[2] !... Ce jeune homme qui va venir !...

SUZANNE – Madame ne veut donc pas qu'il en réchappe[3] ?

LA COMTESSE *rêve devant sa petite glace* – Moi ?... Tu verras comme je vais le gronder.

SUZANNE – Faisons-lui chanter sa romance[4].

Elle la met sur la Comtesse.

LA COMTESSE – Mais c'est qu'en vérité mes cheveux sont dans un désordre...

SUZANNE, *riant* – Je n'ai qu'à reprendre ces deux boucles, Madame le grondera bien mieux.

LA COMTESSE, *revenant à elle* – Qu'est-ce que vous dites donc, mademoiselle ?

SCÈNE 4

CHÉRUBIN, *l'air honteux*, SUZANNE, LA COMTESSE, *assise.*

SUZANNE – Entrez, monsieur l'officier ; on est visible.

CHÉRUBIN *avance en tremblant* – Ah ! que ce nom m'afflige, Madame ! il m'apprend qu'il faut quitter les lieux... une marraine si... bonne !...

SUZANNE – Et si belle !

CHÉRUBIN, *avec un soupir* – Ah ! oui.

Notes

1. ***mouches*** : petites rondelles de taffetas noir imitant des grains de beauté que les dames se collaient sur le visage ou sur le décolleté, par coquetterie.
2. **faite** : arrangée.
3. **en réchappe** : lieu commun de la galanterie. Chérubin va être foudroyé par la beauté de la Comtesse.
4. **romance** : poème d'inspiration populaire et sentimentale.

SUZANNE *le contrefait – Ah ! oui.* Le bon jeune homme ! avec ses longues paupières hypocrites. Allons, bel oiseau bleu[1], chantez la romance à Madame.

LA COMTESSE *la déplie* – De qui… dit-on qu'elle est ?

SUZANNE – Voyez la rougeur du coupable : en a-t-il un pied[2] sur les joues ?

CHÉRUBIN – Est-ce qu'il est défendu… de chérir…

SUZANNE *lui met le poing sous le nez* – Je dirai tout, vaurien !

LA COMTESSE – Là… chante-t-il ?

CHÉRUBIN – Oh ! Madame, je suis si tremblant !…

SUZANNE, *en riant* – Et gnian, gnian, gnian, gnian, gnian, gnian, gnian ; dès que[3] Madame le veut, modeste auteur ! Je vais l'accompagner.

LA COMTESSE – Prends ma guitare.

La Comtesse, assise, tient le papier pour suivre. Suzanne est derrière son fauteuil, et prélude en regardant la musique par-dessus sa maîtresse. Le petit page est devant elle, les yeux baissés. Ce tableau est juste la belle estampe, d'après Vanloo[4], appelée La Conversation espagnole.

ROMANCE

AIR : *Marlbroug s'en va-t-en guerre*

PREMIER COUPLET

Mon coursier hors d'haleine,
(Que mon cœur, mon cœur a de peine !)

Notes

1. oiseau bleu : conte de Mme d'Aulnoy (1650-1705). L'amoureux, métamorphosé en oiseau bleu, vient chanter son amour désespéré à sa belle. Rappelons que Chérubin porte un manteau bleu.

2. un pied (de rouge) : se dit d'une couche épaisse de fard. La rougeur de Chérubin est ici toute naturelle ; il est très intimidé.

3. dès que : du moment que.

4. Charles André (dit Carle) Van Loo, peintre français (1705-1765). *Cf.* document 3 (verso de couverture).

J'errais de plaine en plaine,
Au gré du destrier.

DEUXIÈME COUPLET

Au gré du destrier,
Sans varlet, n'écuyer[1];
Là près d'une fontaine[2],
(Que mon cœur, mon cœur a de peine !)
Songeant à ma marraine,
Sentais mes pleurs couler.

TROISIÈME COUPLET

Sentais mes pleurs couler,
Prêt à me désoler,
Je gravais sur un frêne
(Que mon cœur, mon cœur a de peine !)
Sa lettre sans la mienne ;
Le Roi vint à passer.

QUATRIÈME COUPLET

Le Roi vint à passer,
Ses barons, son clergier[3].
« Beau page, dit la reine,
(Que mon cœur, mon cœur a de peine !)
Qui vous met à la gêne[4] ?
Qui vous fait tant plorer[5] ?

Notes

1. **Sans varlet, n'écuyer** : sans valet ni écuyer.
2. *« Au spectacle, on a commencé la romance à ce vers, en disant "Auprès d'une fontaine". » (Note de Beaumarchais.)*
3. **clergier** : clergé.
4. **gêne** : torture.
5. **plorer** : pleurer.

CINQUIÈME COUPLET

Qui vous fait tant plorer ?
Nous faut le déclarer.
– Madame et Souveraine,
(Que mon cœur, mon cœur a de peine !)
J'avais une marraine,
Que toujours adorai[1].

SIXIÈME COUPLET

Que toujours adorai ;
Je sens que j'en mourrai.
– Beau page, dit la reine,
(Que mon cœur, mon cœur a de peine !)
N'est-il qu'une marraine ?
Je vous en servirai.

SEPTIÈME COUPLET

Je vous en servirai ;
Mon page vous ferai ;
Puis à ma jeune Hélène,
(Que mon cœur, mon cœur a de peine !)
Fille d'un capitaine,
Un jour vous marierai.

HUITIÈME COUPLET

Un jour vous marierai.
– Nenni, n'en faut parler !
Je veux, traînant ma chaîne,
(Que mon cœur, mon cœur a de peine !)
Mourir de cette peine,
Mais non m'en consoler. »

Note

1. *« Ici la Comtesse arrête le page en fermant le papier. Le reste ne se chante pas au théâtre. »* (Note de Beaumarchais.)

LA COMTESSE – Il y a de la naïveté[1]… du sentiment même.

SUZANNE *va poser la guitare sur un fauteuil*[2] – Oh ! pour du sentiment, c'est un jeune homme qui… Ah çà, monsieur l'officier, vous a-t-on dit que pour égayer la soirée nous voulons savoir d'avance si un de mes habits vous ira passablement ?

LA COMTESSE – J'ai peur que non.

SUZANNE *se mesure avec lui* – Il est de ma grandeur. Ôtons d'abord le manteau.

Elle le détache.

LA COMTESSE – Et si quelqu'un entrait ?

SUZANNE – Est-ce que nous faisons du mal donc ? Je vais fermer la porte ; *(elle court)* mais c'est la coiffure que je veux voir.

LA COMTESSE – Sur ma toilette, une baigneuse[3] à moi.

Suzanne entre dans le cabinet dont la porte est au bord du théâtre.

SCÈNE 5

CHÉRUBIN, LA COMTESSE, *assise.*

LA COMTESSE – Jusqu'à l'instant du bal le Comte ignorera que vous soyez au château. Nous lui dirons après que le temps d'expédier votre brevet[4] nous a fait naître l'idée…

CHÉRUBIN *le lui montrant* – Hélas ! Madame, le voici ! Bazile me l'a remis de sa part.

LA COMTESSE – Déjà ? L'on a craint d'y perdre une minute. *(Elle lit.)* Ils se sont tant pressés, qu'ils ont oublié d'y mettre son cachet[5].

Elle le lui rend.

Notes

1. **de la naïveté :** du naturel.
2. *« Chérubin. Suzanne. La Comtesse. » (Note de Beaumarchais.)*
3. **une baigneuse :** un bonnet plissé.
4. **brevet :** copie de l'acte qui vient de nommer Chérubin officier.
5. **cachet :** le sceau du Comte doit authentifier le brevet.

SCÈNE 6

CHÉRUBIN, LA COMTESSE, SUZANNE

SUZANNE *entre avec un grand bonnet* – Le cachet, à quoi ?

LA COMTESSE – À son brevet.

SUZANNE – Déjà ?

LA COMTESSE – C'est ce que je disais. Est-ce là ma baigneuse ?

SUZANNE *s'assied près de la Comtesse* – Et la plus belle de toutes. *(Elle chante avec des épingles dans sa bouche :)*

Tournez-vous donc envers ici,
Jean de Lyra, mon bel ami[1].

(Chérubin se met à genoux. Elle le coiffe.) Madame, il est charmant !

LA COMTESSE – Arrange son collet[2] d'un air un peu plus féminin.

SUZANNE *l'arrange* – Là... Mais voyez donc ce morveux, comme il est joli en fille ! j'en suis jalouse, moi ! *(Elle lui prend le menton.)* Voulez-vous bien n'être pas joli comme ça ?

LA COMTESSE – Qu'elle est folle ! il faut relever la manche, afin que l'amadis[3] prenne mieux... *(Elle le retrousse.)* Qu'est-ce qu'il a donc au bras ? Un ruban !

SUZANNE – Et un ruban à vous. Je suis bien aise que Madame l'ait vu. Je lui avais dit que je le dirais, déjà ! Oh ! si Monseigneur n'était pas venu, j'aurais bien repris le ruban ; car je suis presque aussi forte que lui.

LA COMTESSE – Il y a du sang !

Elle détache le ruban.

Notes

1. Suzanne chante sur l'air de *Tournez-vous par ici* (1781), extrait de *L'Infante de Zamora* (texte de N. Framery, musique de Paisiello).

2. **collet** : partie de vêtement qui entoure le cou.

3. **amadis** : manche de robe qu'on serre et boutonne aux poignets.

Chérubin, dessin d'Émile Bayard pour une édition des œuvres complètes de Beaumarchais (1876).

CHÉRUBIN, *honteux* – Ce matin, comptant partir, j'arrangeais la gourmette[1] de mon cheval ; il a donné de la tête, et la bossette[2] m'a effleuré le bras.

LA COMTESSE – On n'a jamais mis un ruban…

SUZANNE – Et surtout un ruban volé. Voyons donc ce que la bossette… la courbette… la cornette du cheval… Je n'entends rien à tous ces noms-là. Ah ! qu'il a le bras blanc ! c'est comme une femme ! plus blanc que le mien ! Regardez donc, Madame !

Elle les compare.

LA COMTESSE, *d'un ton glacé* – Occupez-vous plutôt de m'avoir du taffetas gommé[3] dans ma toilette.

Suzanne lui pousse la tête en riant ; il tombe sur les deux mains. Elle entre dans le cabinet au bord du théâtre.

SCÈNE 7

CHÉRUBIN, *à genoux*, LA COMTESSE, *assise.*

LA COMTESSE *reste un moment sans parler, les yeux sur son ruban. Chérubin la dévore de ses regards* – Pour mon ruban, monsieur… comme c'est celui dont la couleur m'agrée le plus… j'étais fort en colère de l'avoir perdu.

Notes

1. **gourmette** : petite chaînette fixée de chaque côté du mors d'un cheval et passant sous la mâchoire inférieure.

2. **bossette** : ornement en saillie des deux côtés du mors.

3. **taffetas gommé** : tissu qui sert à panser les plaies.

SCÈNE 8

CHÉRUBIN, *à genoux*, LA COMTESSE, *assise*, SUZANNE

SUZANNE, *revenant* – Et la ligature à son bras ?

Elle remet à la Comtesse du taffetas gommé et des ciseaux.

LA COMTESSE – En allant lui chercher tes hardes[1], prends le ruban d'un autre bonnet.

Suzanne sort par la porte du fond, en emportant le manteau du page.

SCÈNE 9

CHÉRUBIN, *à genoux*, LA COMTESSE, *assise.*

CHÉRUBIN, *les yeux baissés* – Celui qui m'est ôté m'aurait guéri en moins de rien.

LA COMTESSE – Par quelle vertu ? *(Lui montrant le taffetas.)* Ceci vaut mieux.

CHÉRUBIN, *hésitant* – Quand un ruban... a serré la tête... ou touché la peau d'une personne...

LA COMTESSE, *coupant la phrase* – ... étrangère, il devient bon pour les blessures ? J'ignorais cette propriété. Pour l'éprouver, je garde celui-ci qui vous a serré le bras. À la première égratignure... de mes femmes, j'en ferai l'essai.

CHÉRUBIN, *pénétré* – Vous le gardez, et moi je pars.

LA COMTESSE – Non pour toujours.

CHÉRUBIN – Je suis si malheureux !

LA COMTESSE, *émue* – Il pleure à présent ! C'est ce vilain Figaro avec son pronostic !

Note

1. **hardes** : vêtements.

CHÉRUBIN, *exalté* – Ah ! je voudrais toucher au terme qu'il m'a prédit ! Sûr de mourir à l'instant, peut-être ma bouche oserait…

LA COMTESSE *l'interrompt et lui essuie les yeux avec son mouchoir* – Taisez-vous, taisez-vous, enfant ! Il n'y a pas un brin de raison dans tout ce que vous dites. *(On frappe à la porte ; elle élève la voix.)* Qui frappe ainsi chez moi ?

***La Romance de Chérubin*, lithographie de Fragonard.**

Une comédie du désir

Lecture analytique de l'extrait (l. 242, p. 102, à l. 310, p. 106)

Le costume

Dans la société du XVIIIe siècle, le costume est un emblème de puissance ou d'impuissance. Il permet donc d'exprimer une identité. Dans le cadre d'un travestissement, le costume permet, au contraire, de la voiler.

Une scène de travestissement et de duperie

1. Pourquoi Chérubin se retrouve-t-il en compagnie de Suzanne dans les appartements de la Comtesse ?

2. Qu'est-ce qui évoque le « théâtre dans le théâtre* » dans ces scènes ?

3. Quelles relations Suzanne et la Comtesse entretiennent-elles ?

*** *Théâtre dans le théâtre* : procédé par lequel des personnages jouent, sur scène, d'autres personnages.**

Les objets au théâtre

Les objets peuvent acquérir une fonction comique, une fonction symbolique ou une fonction dramatique. Dans ce dernier cas, l'objet crée une péripétie dans l'intrigue.

Une scène à l'érotisme diffus

4. Quelle est la fonction du ruban de la Comtesse ? Que représente-t-il pour chacun des personnages ? Après avoir pris connaissance de la suite de l'intrigue, expliquez pourquoi la Comtesse souhaite l'échanger.

5. Quels autres éléments participent à l'érotisme diffus des quatre scènes ?

Une scène galante

6) Que représente, pour Chérubin, le brevet évoqué au début de la scène 6 ?

7) Pourquoi la Comtesse interrompt-elle Chérubin dans la scène 9 ? Que s'apprêtait à dire le jeune homme ?

8) Chérubin a pu être qualifié de *« Don Juan adolescent »*. Compte tenu de ce que vous savez du personnage (*cf.* notamment la scène 7 de l'acte I, page 74), êtes-vous d'accord avec cette affirmation ?

9) Que pensez-vous du comportement de la Comtesse à l'égard du jeune page ? Peut-on, selon vous, parler de « coquetterie » ?

10) Observez les documents 2 et 3. Quel personnage identifiez-vous à Chérubin ? Quels aspects de l'adolescent sont mis en valeur dans chacun des documents ?

Cf. documents 2 et 3.

11) Face au pouvoir du Comte, quels sont, selon vous, le rôle de la ruse et celui du désir ?

SCÈNE 10

CHÉRUBIN, LA COMTESSE, LE COMTE, *en dehors.*

LE COMTE, *en dehors* – Pourquoi donc enfermée ?

LA COMTESSE, *troublée, se lève* – C'est mon époux ! grands dieux ! *(À Chérubin qui s'est levé aussi.)* Vous sans manteau, le col et les bras nus ! seul avec moi ! cet air de désordre, un billet reçu, sa jalousie !...

LE COMTE, *en dehors* – Vous n'ouvrez pas ?

LA COMTESSE – C'est que... je suis seule.

LE COMTE, *en dehors* – Seule ! Avec qui parlez-vous donc ?

LA COMTESSE, *cherchant* – ... Avec vous sans doute.

CHÉRUBIN, *à part* – Après les scènes d'hier et de ce matin, il me tuerait sur la place !

Il court au cabinet de toilette, y entre, et tire la porte sur lui.

SCÈNE 11

LA COMTESSE, *seule, en ôte la clef, et court ouvrir au Comte.*

Ah ! quelle faute ! quelle faute !

SCÈNE 12

LE COMTE, LA COMTESSE

LE COMTE, *un peu sévère* – Vous n'êtes pas dans l'usage de vous enfermer !

LA COMTESSE, *troublée* – Je... je chiffonnais[1]... oui, je chiffonnais avec Suzanne ; elle est passée un moment chez elle.

Note

1. **je chiffonnais** : j'essayais des toilettes.

LE COMTE *l'examine* – Vous avez l'air et le ton bien altérés !

LA COMTESSE – Cela n'est pas étonnant... pas étonnant du tout... je vous assure... nous parlions de vous... Elle est passée, comme je vous dis...

LE COMTE – Vous parliez de moi !... Je suis ramené par l'inquiétude ; en montant à cheval, un billet qu'on m'a remis, mais auquel je n'ajoute aucune foi[1], m'a... pourtant agité.

LA COMTESSE – Comment, Monsieur ?... quel billet ?

LE COMTE – Il faut avouer, Madame, que vous ou moi sommes entourés d'êtres... bien méchants ! On me donne avis que, dans la journée, quelqu'un que je crois absent doit chercher à vous entretenir.

LA COMTESSE – Quel que soit cet audacieux, il faudra qu'il pénètre ici ; car mon projet est de ne pas quitter ma chambre de tout le jour.

LE COMTE – Ce soir, pour la noce de Suzanne ?

LA COMTESSE – Pour rien au monde ; je suis très incommodée.

LE COMTE – Heureusement le docteur est ici. *(Le page fait tomber une chaise dans le cabinet.)* Quel bruit entends-je ?

LA COMTESSE, *plus troublée* – Du bruit ?

LE COMTE – On a fait tomber un meuble.

LA COMTESSE – Je... je n'ai rien entendu, pour moi.

LE COMTE – Il faut que vous soyez furieusement préoccupée !

LA COMTESSE – Préoccupée ! de quoi ?

LE COMTE – Il y a quelqu'un dans ce cabinet, Madame.

LA COMTESSE – Hé... qui voulez-vous qu'il y ait, Monsieur ?

LE COMTE – C'est moi qui vous le demande ; j'arrive.

LA COMTESSE – Hé mais... Suzanne apparemment qui range.

Note

1. **auquel je n'ajoute aucune foi :** que je ne crois pas.

LE COMTE – Vous avez dit qu'elle était passée chez elle !

LA COMTESSE – Passée… ou entrée là ; je ne sais lequel[1].

LE COMTE – Si c'est Suzanne, d'où vient le trouble où je vous vois ?

LA COMTESSE – Du trouble pour ma camariste[2] ?

LE COMTE – Pour votre camariste, je ne sais ; mais pour du trouble, assurément.

LA COMTESSE – Assurément, Monsieur, cette fille vous trouble et vous occupe beaucoup plus que moi.

LE COMTE, *en colère* – Elle m'occupe à tel point, Madame, que je veux la voir à l'instant.

LA COMTESSE – Je crois, en effet, que vous le voulez souvent ; mais voilà bien les soupçons les moins fondés…

SCÈNE 13

LE COMTE, LA COMTESSE, SUZANNE,
entre avec des hardes et pousse la porte du fond.

LE COMTE – Ils en seront plus aisés à détruire. *(Il parle au cabinet.)* Sortez, Suzon, je vous l'ordonne !

Suzanne s'arrête auprès de l'alcôve dans le fond.

LA COMTESSE – Elle est presque nue, Monsieur ; vient-on troubler ainsi des femmes dans leur retraite ? Elle essayait des hardes que je lui donne en la mariant ; elle s'est enfuie quand elle vous a entendu.

LE COMTE – Si elle craint tant de se montrer, au moins elle peut parler. *(Il se tourne vers la porte du cabinet.)* Répondez-moi, Suzanne ; êtes-vous dans ce cabinet ?

Notes

1. **lequel** : laquelle de ces deux suppositions.

2. **camariste** : femme de chambre.

Suzanne, restée au fond, se jette dans l'alcôve et s'y cache.

LA COMTESSE, *vivement, tournée vers le cabinet* – Suzon, je vous défends de répondre. *(Au Comte.)* On n'a jamais poussé si loin la tyrannie !

LE COMTE *s'avance vers le cabinet* – Oh ! bien, puisqu'elle ne parle pas, vêtue ou non, je la verrai.

LA COMTESSE *se met au-devant* – Partout ailleurs je ne puis l'empêcher… mais j'espère aussi que chez moi…

LE COMTE – Et moi j'espère savoir dans un moment quelle est cette Suzanne mystérieuse. Vous demander la clef serait, je le vois, inutile ; mais il est un moyen sûr de jeter en dedans cette légère porte. Holà ! quelqu'un !

LA COMTESSE – Attirer vos gens, et faire un scandale public d'un soupçon qui nous rendrait la fable[1] du château ?

LE COMTE – Fort bien, Madame. En effet, j'y suffirai ; je vais à l'instant prendre chez moi ce qu'il faut… *(Il marche pour sortir et revient.)* Mais, pour que tout reste au même état, voudrez-vous bien m'accompagner sans scandale et sans bruit, puisqu'il[2] vous déplaît tant ?… Une chose aussi simple, apparemment, ne me sera pas refusée !

LA COMTESSE, *troublée* – Eh ! monsieur, qui songe à vous contrarier ?

LE COMTE – Ah ! j'oubliais la porte qui va chez vos femmes ; il faut que je la ferme aussi, pour que vous soyez pleinement justifiée.

Il va fermer la porte du fond et en ôte la clef.

LA COMTESSE, *à part* – Ô ciel ! étourderie funeste !

LE COMTE, *revenant à elle* – Maintenant que cette chambre est close, acceptez mon bras, je vous prie ; *(il élève la voix)* et

Notes

1. nous rendrait la fable : nous rendrait la risée, l'objet de moqueries.

2. il : cela, c'est-à-dire le scandale et le bruit.

quant à la Suzanne du cabinet, il faudra qu'elle ait la bonté de m'attendre ; et le moindre mal qui puisse lui arriver à mon retour…

LA COMTESSE – En vérité, Monsieur, voilà bien la plus odieuse aventure…

Le Comte l'emmène et ferme la porte à la clef.

SCÈNE 14

SUZANNE, CHÉRUBIN

SUZANNE *sort de l'alcôve, accourt vers le cabinet et parle à travers la serrure* – Ouvrez, Chérubin, ouvrez vite, c'est Suzanne ; ouvrez et sortez.

CHÉRUBIN *sort*[1] – Ah ! Suzon, quelle horrible scène !

SUZANNE – Sortez, vous n'avez pas une minute.

CHÉRUBIN, *effrayé* – Eh ! par où sortir ?

SUZANNE – Je n'en sais rien, mais sortez.

CHÉRUBIN – S'il n'y a pas d'issue ?

SUZANNE – Après la rencontre de tantôt, il vous écraserait, et nous serions perdues. Courez conter à Figaro…

CHÉRUBIN – La fenêtre du jardin n'est peut-être pas bien haute.

Il court y regarder.

SUZANNE, *avec effroi* – Un grand étage ! impossible ! Ah ! ma pauvre maîtresse ! Et mon mariage, ô Ciel !

CHÉRUBIN *revient* – Elle donne sur la melonnière[2] ; quitte à gâter[3] une couche ou deux…

Notes

1. *« Chérubin. Suzanne. » (Note de Beaumarchais.)*

2. **melonnière** : endroit réservé à la culture du melon.

3. **gâter** : abîmer.

SUZANNE *le retient et s'écrie* – Il va se tuer !

CHÉRUBIN, *exalté* – Dans un gouffre allumé, Suzon ! oui, je m'y jetterais plutôt que de lui nuire… Et ce baiser va me porter bonheur.

Il l'embrasse et court sauter par la fenêtre.

SCÈNE 15

SUZANNE, *seule, un cri de frayeur.*

Ah !… *(Elle tombe assise un moment. Elle va péniblement regarder à la fenêtre et revient.)* Il est déjà bien loin. Oh ! le petit garnement ! Aussi leste[1] que joli ! Si celui-là manque de femmes… Prenons sa place au plus tôt. *(En entrant dans le cabinet.)* Vous pouvez à présent, monsieur le Comte, rompre la cloison, si cela vous amuse ; au diantre[2] qui répond un mot !

Elle s'y enferme.

SCÈNE 16

LE COMTE, LA COMTESSE *rentrent dans la chambre.*

LE COMTE, *une pince à la main qu'il jette sur le fauteuil* – Tout est bien comme je l'ai laissé. Madame, en m'exposant à briser cette porte, réfléchissez aux suites : encore une fois, voulez-vous l'ouvrir ?

LA COMTESSE – Eh ! Monsieur, quelle horrible rumeur peut altérer ainsi les égards entre deux époux ? Si l'amour vous

Notes

1. **leste** : léger, agile.

2. **au diantre** : au diable. *Diantre* est un juron déformé de *diable*. (Jurer est blasphématoire.)

dominait au point de vous inspirer ces fureurs, malgré leur déraison, je les excuserais ; j'oublierais peut-être, en faveur du motif, ce qu'elles ont d'offensant pour moi. Mais la seule vanité peut-elle jeter dans ces excès un galant homme ?

LE COMTE – Amour ou vanité, vous ouvrirez la porte ; ou je vais à l'instant…

LA COMTESSE, *au devant* – Arrêtez, Monsieur, je vous prie ! Me croyez-vous capable de manquer à ce que je me dois ?

LE COMTE – Tout ce qu'il vous plaira, Madame ; mais je verrai qui est dans ce cabinet.

LA COMTESSE, *effrayée* – Eh bien, Monsieur, vous le verrez. Écoutez-moi… tranquillement.

LE COMTE – Ce n'est donc pas Suzanne ?

LA COMTESSE, *timidement* – Au moins n'est-ce pas non plus une personne… dont vous deviez rien redouter… Nous disposions une plaisanterie… bien innocente, en vérité, pour ce soir… et je vous jure…

LE COMTE – Et vous me jurez ?…

LA COMTESSE – Que nous n'avions pas plus dessein de vous offenser l'un que l'autre.

LE COMTE, *vite* – L'un que l'autre ? C'est un homme.

LA COMTESSE – Un enfant, Monsieur.

LE COMTE – Eh ! qui donc ?

LA COMTESSE – À peine osé-je le nommer !

LE COMTE, *furieux* – Je le tuerai.

LA COMTESSE – Grands dieux !

LE COMTE – Parlez donc !

LA COMTESSE – Ce jeune… Chérubin…

LE COMTE – Chérubin ! l'insolent ! Voilà mes soupçons et le billet expliqués.

LA COMTESSE, *joignant les mains* – Ah ! Monsieur ! gardez de penser...

LE COMTE, *frappant du pied, à part* – Je trouverai partout ce maudit page ! *(Haut.)* Allons, Madame, ouvrez ; je sais tout maintenant. Vous n'auriez pas été si émue en le congédiant ce matin, il serait parti quand je l'ai ordonné ; vous n'auriez pas mis tant de fausseté dans votre conte de Suzanne, il ne se serait pas si soigneusement caché, s'il n'y avait rien de criminel.

LA COMTESSE – Il a craint de vous irriter en se montrant.

LE COMTE, *hors de lui, et criant tourné vers le cabinet* – Sors donc, petit malheureux !

LA COMTESSE *le prend à bras-le-corps, en l'éloignant* – Ah ! Monsieur, Monsieur, votre colère me fait trembler pour lui. N'en croyez pas un injuste soupçon, de grâce ! et que le désordre où vous l'allez trouver...

LE COMTE – Du désordre !

LA COMTESSE – Hélas, oui ! Prêt à s'habiller en femme, une coiffure à moi sur la tête, en veste et sans manteau, le col ouvert, les bras nus : il allait essayer...

LE COMTE – Et vous vouliez garder votre chambre ! Indigne épouse ! ah ! vous la garderez... longtemps ; mais il faut avant que j'en chasse un insolent, de manière à ne plus le rencontrer nulle part.

LA COMTESSE *se jette à genoux, les bras élevés* – Monsieur le Comte, épargnez un enfant ; je ne me consolerais pas d'avoir causé...

LE COMTE – Vos frayeurs aggravent son crime.

LA COMTESSE – Il n'est pas coupable, il partait : c'est moi qui l'ai fait appeler.

LE COMTE, *furieux* – Levez-vous. Ôtez-vous… Tu[1] es bien audacieuse d'oser me parler pour un autre[2] !

LA COMTESSE – Eh bien ! je m'ôterai, Monsieur, je me lèverai ; je vous remettrai même la clef du cabinet : mais, au nom de votre amour…

LE COMTE – De mon amour, perfide[3] !

LA COMTESSE *se lève et lui présente la clef* – Promettez-moi que vous laisserez aller cet enfant sans lui faire aucun mal ; et puisse, après, tout votre courroux[4] tomber sur moi, si je ne vous convaincs pas…

LE COMTE, *prenant la clef* – Je n'écoute plus rien.

LA COMTESSE *se jette sur une bergère, un mouchoir sur les yeux* – Oh ! Ciel ! il va périr !

LE COMTE *ouvre la porte et recule* – C'est Suzanne !

Notes

1. **Tu :** le passage au tutoiement est insultant. Le Comte a perdu tout respect pour sa femme.

2. **me parler pour un autre :** prendre la défense d'un autre.

3. **perfide :** déloyale.

4. **courroux :** grande colère.

Une scène de ménage

Lecture analytique de l'extrait (l. 442, p. 114, à l. 521, p. 117)

LE PORTRAIT D'UN TYRAN DOMESTIQUE

1. Quel est le thème de l'altercation entre les époux ? Que se reprochent-ils mutuellement ?

2. Quel type de rapport le Comte entretient-il avec sa femme ? Observez la manière dont il s'adresse à elle.

Le futur de l'indicatif

• Ce temps permet de présenter une action comme certaine dans l'avenir. Il peut ainsi témoigner de la détermination de celui qui l'emploie.
• Le futur peut également remplacer un impératif. Il a alors valeur d'ordre.

3. Étudiez les didascalies. Qu'est-ce qui fait du Comte un personnage excessif ?

4. Dans quel genre théâtral peut-on rencontrer le type de personnage incarné ici par le Comte ? Correspond-il à ce que l'on attend d'un homme de Cour ?

5. À quel personnage va la sympathie du spectateur ? Pourquoi ?

La comédie de mœurs

La comédie de mœurs s'appuie sur les travers des personnages. Alors que le héros tragique n'est « ni tout à fait bon ni tout à fait mauvais », le personnage comique possède, lui, des torts évidents que la comédie se charge de ridiculiser. *« Castigat ridendo mores »* – elle « corrige les mœurs par le rire » – est, d'ailleurs, une ancienne devise de la comédie.

La méprise d'un jaloux ridicule

6 De quelles informations dispose le spectateur dont ne disposent pas les personnages ? Quel est l'effet produit ?

7 À divers égards, cette scène de dispute entre le Comte et sa femme se révèle violente. Quels éléments maintiennent, malgré tout, le comique ?

La satire

La satire désigne un texte littéraire ayant comme fonction le combat par la moquerie. La satire cherche à condamner un comportement ou une pratique contemporaine par la déconsidération et le ridicule.

8 Observez les documents 4 et 5. Quelles différences remarquez-vous dans le traitement du personnage de la Comtesse (costume, gestuelle, placement sur scène…) ? En quoi cela infléchit-il le sens de chaque représentation ?

9 Montrez que cette scène présente une satire de la noblesse masculine.

Cf. documents 4 et 5.

SCÈNE 17

LA COMTESSE, LE COMTE, SUZANNE

SUZANNE *sort en riant* – Je le tuerai, je le tuerai ! Tuez-le donc, ce méchant page.

LE COMTE, *à part* – Ah ! quelle école[1] ! *(Regardant la Comtesse qui est restée stupéfaite.)* Et vous aussi, vous jouez l'étonnement ?… Mais peut-être elle n'y est pas seule.

Il entre.

SCÈNE 18

LA COMTESSE, *assise*, SUZANNE

SUZANNE *accourt à sa maîtresse* – Remettez-vous, Madame ; il est bien loin ; il a fait un saut…

LA COMTESSE – Ah ! Suzon ! je suis morte !

SCÈNE 19

LA COMTESSE, *assise*, SUZANNE, LE COMTE

LE COMTE *sort du cabinet d'un air confus. Après un court silence* – Il n'y a personne, et pour le coup j'ai tort. Madame… vous jouez fort bien la comédie.

SUZANNE, *gaiement* – Et moi, Monseigneur ?

La Comtesse, son mouchoir sur la bouche, pour se remettre, ne parle pas.[2]

LE COMTE *s'approche* – Quoi ! Madame, vous plaisantiez ?

Notes

1. **école** : faute commise au jeu du trictrac. Ici, « quelle erreur ».

2. « *Suzanne. La Comtesse, assise. Le Comte.* » *(Note de Beaumarchais.)*

LA COMTESSE, *se remettant un peu* – Et pourquoi non, Monsieur ?

LE COMTE – Quel affreux badinage[1] ! et par quel motif, je vous prie ?...

LA COMTESSE – Vos folies méritent-elles de la pitié ?

LE COMTE – Nommer folies ce qui touche à l'honneur !

LA COMTESSE, *assurant son ton par degrés* – Me suis-je unie à vous pour être éternellement dévouée[2] à l'abandon et à la jalousie, que vous seul osez concilier ?

LE COMTE – Ah ! Madame, c'est sans ménagements.

SUZANNE – Madame n'avait qu'à vous laisser appeler les gens.

LE COMTE – Tu as raison, et c'est à moi de m'humilier... Pardon, je suis d'une confusion !...

SUZANNE – Avouez, Monseigneur, que vous la méritez un peu !

LE COMTE – Pourquoi donc ne sortais-tu pas lorsque je t'appelais ? Mauvaise !

SUZANNE – Je me rhabillais de mon mieux, à grand renfort d'épingles ; et Madame, qui me le défendait, avait bien ses raisons pour le faire.

LE COMTE – Au lieu de rappeler mes torts, aide-moi plutôt à l'apaiser.

LA COMTESSE – Non, Monsieur ; un pareil outrage ne se couvre point[3]. Je vais me retirer aux Ursulines[4], et je vois trop qu'il en est temps.

Notes

1. **badinage :** plaisanterie.
2. **dévouée :** vouée.
3. **ne se couvre point :** ne se répare pas.
4. **Ursulines :** couvent parisien dont la réputation était scandaleuse. Le choix de la Comtesse ne sembla pas très opportun aux ligues de vertu de l'époque (*cf.* la préface).

LE COMTE – Le pourriez-vous sans quelques regrets ?

SUZANNE – Je suis sûre, moi, que le jour du départ serait la veille des larmes.

LA COMTESSE – Eh ! quand cela serait, Suzon ? j'aime mieux le regretter que d'avoir la bassesse de lui pardonner ; il m'a trop offensée.

LE COMTE – Rosine !...

LA COMTESSE – Je ne la suis plus, cette Rosine que vous avez tant poursuivie ! Je suis la pauvre comtesse Almaviva, la triste femme délaissée, que vous n'aimez plus.

SUZANNE – Madame !

LE COMTE, *suppliant* – Par pitié !

LA COMTESSE – Vous n'en aviez aucune pour moi.

LE COMTE – Mais aussi ce billet... Il m'a tourné le sang !

LA COMTESSE – Je n'avais pas consenti qu'on l'écrivît.

LE COMTE – Vous le saviez ?

LA COMTESSE – C'est cet étourdi de Figaro...

LE COMTE – Il en était ?

LA COMTESSE – ... qui l'a remis à Bazile.

LE COMTE – Qui m'a dit le tenir d'un paysan. Ô perfide chanteur, lame à deux tranchants ! C'est toi qui payeras pour tout le monde.

LA COMTESSE – Vous demandez pour vous un pardon que vous refusez aux autres : voilà bien les hommes ! Ah ! si jamais je consentais à pardonner en faveur de l'erreur où vous a jeté ce billet, j'exigerais que l'amnistie fût générale.

LE COMTE – Eh bien ! de tout mon cœur, Comtesse. Mais comment réparer une faute aussi humiliante ?

LA COMTESSE *se lève* – Elle l'était pour tous deux.

LE COMTE – Ah! dites pour moi seul. Mais je suis encore à concevoir[1] comment les femmes prennent si vite et si juste l'air et le ton des circonstances. Vous rougissiez, vous pleuriez, votre visage était défait… D'honneur, il l'est encore.

LA COMTESSE, *s'efforçant de sourire* – Je rougissais… du ressentiment de vos soupçons. Mais les hommes sont-ils assez délicats pour distinguer l'indignation d'une âme honnête outragée, d'avec la confusion qui naît d'une accusation méritée?

LE COMTE, *souriant* – Et ce page en désordre, en veste et presque nu…

LA COMTESSE, *montrant Suzanne* – Vous le voyez devant vous. N'aimez-vous pas mieux l'avoir trouvé que l'autre? En général vous ne haïssez pas de rencontrer celui-ci.

LE COMTE, *riant plus fort* – Et ces prières, ces larmes feintes…

LA COMTESSE – Vous me faites rire, et j'en ai peu d'envie.

LE COMTE – Nous croyons valoir quelque chose en politique, et nous ne sommes que des enfants. C'est vous, c'est vous, Madame, que le roi devrait envoyer en ambassade à Londres! Il faut que votre sexe ait fait une étude bien réfléchie de l'art de se composer[2] pour réussir à ce point!

LA COMTESSE – C'est toujours vous qui nous y forcez.

SUZANNE – Laissez-nous prisonniers sur parole, et vous verrez si nous sommes gens d'honneur.

LA COMTESSE – Brisons là[3], monsieur le Comte. J'ai peut-être été trop loin; mais mon indulgence en un cas aussi grave doit au moins m'obtenir la vôtre.

LE COMTE – Mais vous répéterez que vous me pardonnez.

LA COMTESSE – Est-ce que je l'ai dit, Suzon?

SUZANNE – Je ne l'ai pas entendu, Madame.

Notes

1. **concevoir** : tenter de comprendre.
2. **se composer** : feindre une attitude.
3. **Brisons là** : arrêtons là.

Le Comte – Eh bien ! que ce mot vous échappe.

La Comtesse – Le méritez-vous donc, ingrat ?

Le Comte – Oui, par mon repentir.

Suzanne – Soupçonner un homme dans le cabinet de Madame !

Le Comte – Elle m'en a si sévèrement puni !

Suzanne – Ne pas s'en fier à elle, quand elle dit que c'est sa camariste !

Le Comte – Rosine, êtes-vous donc implacable ?

La Comtesse – Ah ! Suzon, que je suis faible ! quel exemple je te donne ! *(Tendant la main au Comte.)* On ne croira plus à la colère des femmes.

Suzanne – Bon, Madame, avec eux ne faut-il pas toujours en venir là ?

Le Comte baise ardemment la main de sa femme.

SCÈNE 20

Suzanne, Figaro, La Comtesse, Le Comte

Figaro, *arrivant tout essoufflé* – On disait Madame incommodée. Je suis vite accouru… je vois avec joie qu'il n'en est rien.

Le Comte, *sèchement* – Vous êtes fort attentif.

Figaro – Et c'est mon devoir. Mais puisqu'il n'en est rien, Monseigneur, tous vos jeunes vassaux[1] des deux sexes sont en bas avec les violons et les cornemuses, attendant, pour m'accompagner, l'instant où vous permettrez que je mène ma fiancée…

Le Comte – Et qui surveillera la Comtesse au château ?

Note

1. **vassaux** : serviteurs.

FIGARO – La veiller! elle n'est pas malade.

LE COMTE – Non; mais cet homme absent qui doit l'entretenir?

FIGARO – Quel homme absent?

LE COMTE – L'homme du billet que vous avez remis à Bazile.

FIGARO – Qui dit cela?

LE COMTE – Quand je ne le saurais pas d'ailleurs, fripon[1], ta physionomie qui t'accuse me prouverait déjà que tu mens.

FIGARO – S'il est ainsi, ce n'est pas moi qui mens, c'est ma physionomie.

SUZANNE – Va, mon pauvre Figaro, n'use pas ton éloquence en défaites[2], nous avons tout dit.

FIGARO – Et quoi dit? Vous me traitez comme un Bazile!

SUZANNE – Que tu avais écrit le billet de tantôt pour faire accroire[3] à Monseigneur, quand il entrerait, que le petit page était dans ce cabinet, où je me suis enfermée.

LE COMTE – Qu'as-tu à répondre?

LA COMTESSE – Il n'y a plus rien à cacher, Figaro; le badinage est consommé.

FIGARO, *cherchant à deviner* – Le badinage... est consommé?

LE COMTE – Oui, consommé. Que dis-tu là-dessus?

FIGARO – Moi! je dis... que je voudrais bien qu'on en pût dire autant de mon mariage; et si vous l'ordonnez...

LE COMTE – Tu conviens donc enfin du billet?

FIGARO – Puisque Madame le veut, que Suzanne le veut, que vous le voulez vous-même, il faut bien que je le veuille aussi; mais à votre place, en vérité, Monseigneur, je ne croirais pas un mot de tout ce que nous vous disons.

Notes

1. **fripon** : escroc, personne malhonnête.
2. **en défaites** : en vain.
3. **faire accroire** : faire croire.

LE COMTE – Toujours mentir contre l'évidence ! À la fin, cela m'irrite.

LA COMTESSE, *en riant* – Eh ! ce pauvre garçon ! pourquoi voulez-vous, Monsieur, qu'il dise une fois la vérité ?

FIGARO, *bas à Suzanne* – Je l'avertis de son danger ; c'est tout ce qu'un honnête homme peut faire.

SUZANNE, *bas* – As-tu vu le petit page ?

FIGARO, *bas* – Encore tout froissé[1].

SUZANNE, *bas* – Ah ! pécaïre[2] !

LA COMTESSE – Allons, monsieur le Comte, ils brûlent de s'unir : leur impatience est naturelle ! Entrons pour la cérémonie.

LE COMTE, *à part* – Et Marceline, Marceline… *(Haut.)* Je voudrais être… au moins vêtu[3].

LA COMTESSE – Pour nos gens ! Est-ce que je le suis ?

SCÈNE 21

FIGARO, SUZANNE, LA COMTESSE, LE COMTE, ANTONIO

ANTONIO, *demi-gris[4], tenant un pot de giroflées écrasées* – Monseigneur ! Monseigneur !

LE COMTE – Que me veux-tu, Antonio ?

ANTONIO – Faites donc une fois griller les croisées qui donnent sur mes couches. On jette toutes sortes de choses par ces fenêtres ; et tout à l'heure encore on vient d'en jeter un homme.

LE COMTE – Par ces fenêtres ?

Notes

1. **froissé** : meurtri.
2. **pécaïre** : exclamation méridionale exprimant la pitié ou l'attendrissement.
3. **vêtu** : bien habillé.
4. ***demi-gris*** : à moitié saoul.

Antonio et ses giroflées, dessin d'Émile Bayard (1876).

ANTONIO – Regardez comme on arrange mes giroflées !

SUZANNE, *bas à Figaro* – Alerte, Figaro, alerte !

FIGARO – Monseigneur, il est gris dès le matin.

ANTONIO – Vous n'y êtes pas. C'est un petit reste d'hier. Voilà comme on fait des jugements… ténébreux.

LE COMTE, *avec feu* – Cet homme ! cet homme ! où est-il ?

ANTONIO – Où il est ?

LE COMTE – Oui.

ANTONIO – C'est ce que je dis. Il faut me le trouver, déjà. Je suis votre domestique ; il n'y a que moi qui prends soin de votre jardin ; il y tombe un homme ; et vous sentez… que ma réputation en est effleurée.

SUZANNE, *bas à Figaro* – Détourne, détourne !

FIGARO – Tu boiras donc toujours ?

ANTONIO – Et si je ne buvais pas, je deviendrais enragé.

LA COMTESSE – Mais en[1] prendre ainsi sans besoin…

ANTONIO – Boire sans soif et faire l'amour en tout temps, Madame, il n'y a que ça qui nous distingue des autres bêtes.

LE COMTE, *vivement* – Réponds-moi donc ou je vais te chasser.

ANTONIO – Est-ce que je m'en irais ?

LE COMTE – Comment donc ?

ANTONIO, *se touchant le front* – Si vous n'avez pas assez de ça pour garder un bon domestique, je ne suis pas assez bête, moi, pour renvoyer un si bon maître.

LE COMTE *le secoue avec colère* – On a, dis-tu, jeté un homme par cette fenêtre ?

ANTONIO – Oui, Mon Excellence ; tout à l'heure, en veste blanche, et qui s'est enfui, jarni[2], courant…

Notes

1. **en** : du vin.

2. **jarni** : juron.

LE COMTE, *impatienté* – Après ?

ANTONIO – J'ai bien voulu courir après ; mais je me suis donné, contre la grille, une si fière gourde[1] à la main, que je ne peux plus remuer ni pied, ni patte, de ce doigt-là.

Levant le doigt.

LE COMTE – Au moins, tu reconnaîtrais l'homme ?

ANTONIO – Oh ! que oui-da !… si je l'avais vu pourtant !

SUZANNE, *bas à Figaro* – Il ne l'a pas vu.

FIGARO – Voilà bien du train pour un pot de fleurs ! combien te faut-il, pleurard, avec ta giroflée ? Il est inutile de chercher, Monseigneur, c'est moi qui ai sauté.

LE COMTE – Comment ? c'est vous !

ANTONIO – *Combien te faut-il, pleurard ?* Votre corps a donc bien grandi depuis ce temps-là ; car je vous ai trouvé beaucoup plus moindre, et plus fluet !

FIGARO – Certainement ; quand on saute, on se pelotonne…

ANTONIO – M'est avis que c'était plutôt… qui dirait, le gringalet de page.

LE COMTE – Chérubin, tu veux dire ?

FIGARO – Oui, revenu tout exprès, avec son cheval, de la porte de Séville, où peut-être il est déjà.

ANTONIO – Oh ! non, je ne dis pas ça, je ne dis pas ça ; je n'ai pas vu sauter de cheval, car je le dirais de même.

LE COMTE – Quelle patience !

FIGARO – J'étais dans la chambre des femmes, en veste blanche : il fait un chaud !… J'attendais là ma Suzannette, quand j'ai ouï tout à coup la voix de Monseigneur et le grand bruit qui se faisait ! je ne sais quelle crainte m'a saisi à l'occasion de ce billet ; et, s'il faut avouer ma bêtise, j'ai sauté sans réflexion

Note

1. **gourde** : coup qui engourdit.

sur les couches, où je me suis même un peu foulé le pied droit.

Il frotte son pied.

ANTONIO – Puisque c'est vous, il est juste de vous rendre ce brimborion[1] de papier qui a coulé de votre veste, en tombant.

LE COMTE *se jette dessus* – Donne-le-moi.

Il ouvre le papier et le referme.

FIGARO, *à part* – Je suis pris.

LE COMTE, *à Figaro* – La frayeur ne vous aura pas fait oublier ce que contient ce papier, ni comment il se trouvait dans votre poche ?

FIGARO, *embarrassé, fouille dans ses poches et en tire des papiers* – Non sûrement… Mais c'est que j'en ai tant. Il faut répondre à tout… *(Il regarde un des papiers.)* Ceci ? ah ! c'est une lettre de Marceline, en quatre pages ; elle est belle !… Ne serait-ce pas la requête de ce pauvre braconnier en prison ?… Non, la voici… J'avais l'état des meubles du petit château dans l'autre poche…

Le Comte rouvre le papier qu'il tient.

LA COMTESSE, *bas à Suzanne* – Ah ! dieux ! Suzon, c'est le brevet d'officier.

SUZANNE, *bas à Figaro* – Tout est perdu, c'est le brevet.

LE COMTE *replie le papier* – Eh bien ! l'homme aux expédients[2], vous ne devinez pas !

ANTONIO, *s'approchant de Figaro* – Monseigneur dit si vous ne devinez pas ?

Notes

1. brimborion : petit objet de peu de valeur.

2. expédients : moyens qui permettent de se tirer momentanément d'embarras. Figaro est ici assimilé à Ulysse, le héros rusé de l'*Odyssée* d'Homère, que l'on appelle « l'homme aux mille expédients ».

FIGARO *le repousse* – Fi donc[1], vilain[2], qui me parle dans le nez !

LE COMTE – Vous ne vous rappelez pas ce que ce peut être ?

FIGARO – A, a, a, ah ! *povero[3] !* ce sera le brevet de ce malheureux enfant, qu'il m'avait remis, et que j'ai oublié de lui rendre. O, o, o, oh ! étourdi que je suis ! que fera-t-il sans son brevet ? Il faut courir…

LE COMTE – Pourquoi vous l'aurait-il remis ?

FIGARO, *embarrassé* – Il… désirait qu'on y fît quelque chose.

LE COMTE *regarde son papier* – Il n'y manque rien.

LA COMTESSE, *bas à Suzanne* – Le cachet.

SUZANNE, *bas à Figaro* – Le cachet manque.

LE COMTE, *à Figaro* – Vous ne répondez pas ?

FIGARO – C'est… qu'en effet, il y manque peu de chose. Il dit que c'est l'usage.

LE COMTE – L'usage ! l'usage ! l'usage de quoi ?

FIGARO – D'y apposer le sceau de vos armes. Peut-être aussi que cela ne valait pas la peine.

LE COMTE *rouvre le papier et le chiffonne de colère* – Allons, il est écrit que je ne saurai rien. *(À part.)* C'est ce Figaro qui les mène, et je ne m'en vengerais pas !

Il veut sortir avec dépit.

FIGARO, *l'arrêtant* – Vous sortez sans ordonner mon mariage ?

Notes

1. **Fi donc** : expression qui marque le mépris.

2. **vilain** : paysan rustre.

3. ***povero*** : pauvre (italien).

SCÈNE 22

BAZILE, BARTHOLO, MARCELINE, FIGARO, LE COMTE, GRIPE-SOLEIL, LA COMTESSE, SUZANNE, ANTONIO ; *valets du Comte, ses vassaux.*

MARCELINE, *au Comte* – Ne l'ordonnez pas, Monseigneur ! Avant de lui faire grâce, vous nous devez justice. Il a des engagements avec moi.

LE COMTE, *à part* – Voilà ma vengeance arrivée.

FIGARO – Des engagements ! De quelle nature ? Expliquez-vous.

MARCELINE – Oui, je m'expliquerai, malhonnête !

La Comtesse s'assied sur une bergère. Suzanne est derrière elle.

LE COMTE – De quoi s'agit-il, Marceline ?

MARCELINE – D'une obligation de mariage.

FIGARO – Un billet, voilà tout, pour de l'argent prêté.

MARCELINE, *au Comte* – Sous condition de m'épouser. Vous êtes un grand seigneur, le premier juge[1] de la province…

LE COMTE – Présentez-vous au tribunal, j'y rendrai justice à tout le monde.

BAZILE, *montrant Marceline* – En ce cas, Votre Grandeur permet que je fasse aussi valoir mes droits sur Marceline ?

LE COMTE, *à part* – Ah ! voilà mon fripon du billet.

FIGARO – Autre fou de la même espèce !

LE COMTE, *en colère, à Bazile* – Vos droits ! vos droits ! Il vous convient bien de parler devant moi, maître sot !

ANTONIO, *frappant dans sa main* – Il ne l'a, ma foi, pas manqué du premier coup : c'est son nom.

Note

1. **juge** : le Comte est *« grand corrégidor »* d'Andalousie. Il exerce des fonctions de justice seigneuriale.

LE COMTE – Marceline, on suspendra tout jusqu'à l'examen de vos titres, qui se fera publiquement dans la grand-salle d'audience. Honnête Bazile, agent fidèle et sûr, allez au bourg chercher les gens du Siège[1].

BAZILE – Pour son affaire ?

LE COMTE – Et vous m'amènerez le paysan du billet.

BAZILE – Est-ce que je le connais ?

LE COMTE – Vous résistez !

BAZILE – Je ne suis pas entré au château pour en faire les commissions.

LE COMTE – Quoi donc ?

BAZILE – Homme à talent sur l'orgue du village, je montre le clavecin à Madame, à chanter à ses femmes, la mandoline aux pages, et mon emploi surtout est d'amuser votre compagnie avec ma guitare, quand il vous plaît me l'ordonner.

GRIPE-SOLEIL *s'avance* – J'irai bien, Monsigneu, si cela vous plaira.

LE COMTE – Quel est ton nom et ton emploi ?

GRIPE-SOLEIL – Je suis Gripe-Soleil, mon bon Signeu ; le petit patouriau[2] des chèvres, commandé pour le feu d'artifice. C'est fête aujourd'hui dans le troupiau[3] ; et je sais oùs-ce-qu'est toute l'enragée boutique à procès[4] du pays.

LE COMTE – Ton zèle me plaît ; vas-y : mais vous *(à Bazile)*, accompagnez monsieur en jouant de la guitare, et chantant pour l'amuser en chemin. Il est de ma compagnie.

GRIPE-SOLEIL, *joyeux* – Oh ! moi, je suis de la… ?

Notes

1. **les gens du Siège** : les magistrats.
2. **patouriau** : berger, pâtre (déformation de *pastoureau*).
3. **troupiau** : Gripe-Soleil parle une sorte de patois paysan. Voir les déformations « *Signeu* » et « *Monsigneu* ».
4. **boutique à procès** : les mêmes magistrats (péjoratif).

Suzanne l'apaise de la main, en lui montrant la Comtesse.

BAZILE, *surpris* – Que j'accompagne Gripe-Soleil en jouant?...

LE COMTE – C'est votre emploi. Partez ou je vous chasse.

Il sort.

SCÈNE 23

LES ACTEURS PRÉCÉDENTS, *excepté* LE COMTE

BAZILE, *à lui-même* – Ah! je n'irai pas lutter contre le pot de fer, moi qui ne suis...

FIGARO – Qu'une cruche[1].

BAZILE, *à part* – Au lieu d'aider à leur mariage, je m'en vais assurer le mien avec Marceline. *(À Figaro.)* Ne conclus rien, crois-moi, que je ne sois de retour.

Il va prendre la guitare sur le fauteuil du fond.

FIGARO *le suit* – Conclure! oh! va, ne crains rien; quand même tu ne reviendrais jamais... Tu n'as pas l'air en train de chanter, veux-tu que je commence?... Allons, gai, haut la-mi-la pour ma fiancée.

Il se met en marche à reculons, danse en chantant la séguedille[2] suivante; Bazile accompagne; et tout le monde le suit.

SÉGUEDILLE : *Air noté*

Je préfère à richesse
La sagesse
De ma Suzon,

Notes

1. **cruche** : on attend le *pot de terre*, qui est un synonyme, par allusion à la fable de La Fontaine. *Cruche* est franchement péjoratif!

2. ***séguedille*** : chanson et danse populaires espagnoles de rythme vif.

Zon, zon, zon,
Zon, zon, zon,
Zon, zon, zon,
Zon, zon, zon.

Aussi sa gentillesse
Est maîtresse
De ma raison,
Zon, zon, zon,
Zon, zon, zon,
Zon, zon, zon,
Zon, zon, zon.

Le bruit s'éloigne, on n'entend pas le reste.

SCÈNE 24

SUZANNE, LA COMTESSE

LA COMTESSE, *dans sa bergère* – Vous voyez, Suzanne, la jolie scène que votre étourdi m'a value avec son billet.

SUZANNE – Ah, Madame, quand je suis rentrée du cabinet, si vous aviez vu votre visage ! Il s'est terni tout à coup ; mais ce n'a été qu'un nuage ; et par degrés vous êtes devenue rouge, rouge, rouge !

LA COMTESSE – Il a donc sauté par la fenêtre ?

SUZANNE – Sans hésiter, le charmant enfant ! Léger… comme une abeille !

LA COMTESSE – Ah ! ce fatal jardinier ! Tout cela m'a remuée au point… que je ne pouvais rassembler deux idées.

SUZANNE – Ah ! Madame, au contraire ; et c'est là que j'ai vu combien l'usage du grand monde donne d'aisance aux dames comme il faut, pour mentir sans qu'il y paraisse.

LA COMTESSE – Crois-tu que le Comte en soit la dupe ? Et s'il trouvait cet enfant au château !

SUZANNE – Je vais recommander de le cacher si bien…

LA COMTESSE – Il faut qu'il parte. Après ce qui vient d'arriver, vous croyez bien que je ne suis pas tentée de l'envoyer au jardin à votre place.

SUZANNE – Il est certain que je n'irai pas non plus. Voilà donc mon mariage encore une fois…

LA COMTESSE *se lève* – Attends… Au lieu d'un autre, ou de toi, si j'y allais moi-même ?

SUZANNE – Vous, Madame ?

LA COMTESSE – Il n'y aurait personne d'exposé… Le Comte alors ne pourrait nier… Avoir puni sa jalousie, et lui prouver son infidélité, cela serait… Allons : le bonheur d'un premier hasard m'enhardit à tenter le second. Fais-lui savoir promptement que tu te rendras au jardin. Mais surtout que personne…

SUZANNE – Ah ! Figaro.

LA COMTESSE – Non, non. Il voudrait mettre ici du sien… Mon masque de velours et ma canne ; que j'aille y rêver sur la terrasse.

Suzanne entre dans le cabinet de toilette.

SCÈNE 25

LA COMTESSE, *seule.*

Il est assez effronté, mon petit projet ! *(Elle se retourne.)* Ah ! le ruban ! mon joli ruban ! je t'oubliais ! *(Elle le prend sur sa bergère et le roule.)* Tu ne me quitteras plus… Tu me rappelleras la scène où ce malheureux enfant… Ah ! monsieur le Comte, qu'avez-vous fait ?… et moi, que fais-je en ce moment ?…

SCÈNE 26

LA COMTESSE, SUZANNE

La Comtesse met furtivement le ruban dans son sein.

SUZANNE – Voici la canne et votre loup[1].

LA COMTESSE – Souviens-toi que je t'ai défendu d'en dire un mot à Figaro.

SUZANNE, *avec joie* – Madame, il est charmant votre projet. Je viens d'y réfléchir. Il rapproche tout, termine tout, embrasse tout; et, quelque chose qui arrive[2], mon mariage est maintenant certain.

Elle baise la main de sa maîtresse. Elles sortent.

Pendant l'entracte, des valets arrangent la salle d'audience. On apporte les deux banquettes à dossier des avocats, que l'on place aux deux côtés du théâtre, de façon que le passage soit libre par-derrière. On pose une estrade à deux marches dans le milieu du théâtre, vers le fond, sur laquelle on place le fauteuil du Comte. On met la table du greffier[3] et son tabouret de côté sur le devant, et des sièges pour Brid'oison et d'autres juges, des deux côtés de l'estrade du Comte.

Notes

1. **loup** : demi-masque de velours ou de satin le plus souvent noir.

2. **quelque chose qui arrive** : quoi qu'il arrive.

3. ***greffier*** : officier public de justice.

Portrait de l'acteur Préville dans le rôle de Figaro,
tableau de Louis Marie Sicard, dit Sicardi (1743-1825).

Acte III

Le théâtre représente une salle du château appelée salle du trône et servant de salle d'audience, ayant sur le côté une impériale[1] en dais[2] et, dessous, le portrait du roi.

SCÈNE 1

LE COMTE, PÉDRILLE, *en veste et botté, tenant un paquet cacheté.*

1 LE COMTE, *vite* – M'as-tu bien entendu ?

PÉDRILLE – Excellence, oui.

Il sort.

SCÈNE 2

LE COMTE, *seul, criant.*

Pédrille !

Notes

1. ***impériale*** : étoffe de laine fine, suspendue (en dais) au-dessus du trône où siège le magistrat.

2. ***dais*** : pièce d'étoffe suspendue au-dessus du trône.

SCÈNE 3

LE COMTE, PÉDRILLE, *revient.*

PÉDRILLE – Excellence ?

LE COMTE – On ne t'a pas vu ?

PÉDRILLE – Âme qui vive.

LE COMTE – Prenez le cheval barbe[1].

PÉDRILLE – Il est à la grille du potager, tout sellé.

LE COMTE – Ferme, d'un trait, jusqu'à Séville.

PÉDRILLE – Il n'y a que trois lieues[2], elles sont bonnes[3].

LE COMTE – En descendant, sachez si le page[4] est arrivé.

PÉDRILLE – Dans l'hôtel ?

LE COMTE – Oui ; surtout depuis quel temps.

PÉDRILLE – J'entends[5].

LE COMTE – Remets-lui son brevet[6], et reviens vite.

PÉDRILLE – Et s'il n'y était pas ?

LE COMTE – Revenez plus vite, et m'en rendez compte[7]. Allez.

Notes

1. **barbe** : cheval de selle originaire de l'Afrique du Nord (Barbarie). Le cheval barbe est un pur-sang très rapide.
2. **lieues** : une lieue correspond à 4 km.
3. **bonnes** : la route est en bon état, elle est donc facile à parcourir.
4. **page** : jeune noble au service d'un seigneur.
5. **J'entends** : je comprends.
6. **brevet** : copie de l'acte qui vient de nommer Chérubin officier.
7. **m'en rendez compte** : rendez-m'en compte.

SCÈNE 4

LE COMTE, *seul, marche en rêvant.*

J'ai fait une gaucherie[1] en éloignant Bazile !... la colère n'est bonne à rien. Ce billet remis par lui, qui m'avertit d'une entreprise[2] sur la Comtesse ; la camariste[3] enfermée quand j'arrive ; la maîtresse affectée d'une terreur fausse ou vraie ; un homme qui saute par la fenêtre, et l'autre après qui avoue... ou qui prétend que c'est lui... Le fil m'échappe. Il y a là-dedans une obscurité... Des libertés chez mes vassaux[4], qu'importe à gens de cette étoffe[5] ? Mais la Comtesse ! si quelque insolent attentait... Où m'égaré-je ? En vérité, quand la tête se monte, l'imagination la mieux réglée devient folle comme un rêve ! Elle s'amusait : ces ris[6] étouffés, cette joie mal éteinte ! Elle se respecte ; et mon honneur... où diable on l'a placé ! De l'autre part, où suis-je ? cette friponne[7] de Suzanne a-t-elle trahi mon secret ?... Comme il n'est pas encore le sien... Qui donc m'enchaîne à cette fantaisie ? j'ai voulu vingt fois y renoncer... Étrange effet de l'irrésolution ! si je la voulais sans débat, je la désirerais mille fois moins. Ce Figaro se fait bien attendre ! il faut le sonder[8] adroitement *(Figaro paraît dans le fond, il s'arrête)* et tâcher, dans la conversation que je vais avoir avec lui, de démêler d'une manière détournée s'il est instruit[9] ou non de mon amour pour Suzanne.

Notes

1. **gaucherie** : maladresse.
2. **entreprise** : tentative.
3. **camariste** : femme de chambre.
4. **vassaux** : serviteurs.
5. **de cette étoffe** : de cette sorte.
6. **ris** : rires.
7. **friponne** : personne malhonnête.
8. **le sonder** : l'interroger.
9. **instruit** : au courant.

SCÈNE 5

LE COMTE, FIGARO

FIGARO, *à part* – Nous y voilà.

LE COMTE – … S'il en sait par elle un seul mot…

FIGARO, *à part* – Je m'en suis douté.

LE COMTE – … Je lui fais épouser la vieille.

FIGARO, *à part* – Les amours de M. Bazile[1] ?

LE COMTE – … Et voyons ce que nous ferons de la jeunesse[2].

FIGARO, *à part* – Ah ! ma femme, s'il vous plaît.

LE COMTE *se retourne* – Hein ? quoi ? qu'est-ce que c'est ?

FIGARO *s'avance* – Moi, qui me rends à vos ordres.

LE COMTE – Et pourquoi ces mots ?…

FIGARO – Je n'ai rien dit.

LE COMTE *répète* – *Ma femme, s'il vous plaît ?*

FIGARO – C'est… la fin d'une réponse que je faisais : *allez le dire à ma femme, s'il vous plaît.*

LE COMTE *se promène* – *Sa femme !…* Je voudrais bien savoir quelle affaire peut arrêter monsieur, quand je le fais appeler ?

FIGARO, *feignant d'assurer son habillement* – Je m'étais sali sur ces couches en tombant, je me changeais.

LE COMTE – Fallait-il une heure ?

FIGARO – Il faut le temps.

LE COMTE – Les domestiques ici… sont plus longs à s'habiller que les maîtres !

FIGARO – C'est qu'ils n'ont point de valets pour les y aider.

Notes

1. **Les amours de M. Bazile** : celle dont Bazile est amoureux.

2. **la jeunesse** : la jeune Suzanne.

LE COMTE – … Je n'ai pas trop compris ce qui vous avait forcé tantôt[1] de courir un danger inutile, en vous jetant…

FIGARO – Un danger! on dirait que je me suis engouffré tout vivant…

LE COMTE – Essayez de me donner le change en feignant de le prendre[2], insidieux[3] valet! Vous entendez fort bien que ce n'est pas le danger qui m'inquiète, mais le motif.

FIGARO – Sur un faux avis, vous arrivez furieux, renversant tout, comme le torrent de la Morena[4]; vous cherchez un homme, il vous le faut, ou vous allez briser les portes, enfoncer les cloisons! Je me trouve là par hasard : qui sait dans votre emportement si…

LE COMTE, *interrompant* – Vous pouviez fuir par l'escalier.

FIGARO – Et vous, me prendre au corridor!

LE COMTE, *en colère* – Au corridor! *(À part.)* Je m'emporte, et nuis à ce que je veux savoir.

FIGARO, *à part* – Voyons-le venir, et jouons serré.

LE COMTE, *radouci* – Ce n'est pas ce que je voulais dire; laissons cela. J'avais… oui, j'avais quelque envie de t'emmener à Londres, courrier de dépêches… mais, toutes réflexions faites…

FIGARO – Monseigneur a changé d'avis?

LE COMTE – Premièrement, tu ne sais pas l'anglais.

FIGARO – Je sais *God-dam*[5].

LE COMTE – Je n'entends pas.

Notes

1. **tantôt** : tout à l'heure.
2. **de le prendre** : prendre le change. Le Comte dit en fait que Figaro essaie de le tromper (donner le change) en faisant semblant de se tromper (prendre le change).
3. **insidieux** : qui tend des pièges.
4. **Morena** : chaîne de l'Espagne méridionale.
5. ***God-dam*** : juron anglais qui signifie « que Dieu me damne ».

FIGARO – Je dis que je sais *God-dam*.

LE COMTE – Eh bien?

FIGARO – Diable! c'est une belle langue que l'anglais! il en faut peu pour aller loin. Avec *God-dam*, en Angleterre, on ne manque de rien nulle part. – Voulez-vous tâter d'un bon poulet gras? entrez dans une taverne, et faites seulement ce geste au garçon. *(Il tourne la broche.) God-dam !* on vous apporte un pied de bœuf salé, sans pain. C'est admirable! Aimez-vous à boire un coup d'excellent bourgogne ou de clairet[1]? rien que celui-ci. *(Il débouche une bouteille.) God-dam !* on vous sert un pot de bière, en bel étain, la mousse aux bords. Quelle satisfaction! Rencontrez-vous une de ces jolies personnes qui vont trottant menu[2], les yeux baissés, coudes en arrière, et tortillant un peu des hanches? mettez mignardement[3] tous les doigts unis sur la bouche. Ah! *God-dam !* elle vous sangle un soufflet[4] de crocheteur[5] : preuve qu'elle entend. Les Anglais, à la vérité, ajoutent par-ci, par-là, quelques autres mots en conversant; mais il est bien aisé de voir que *God-dam* est le fond de la langue; et si Monseigneur n'a pas d'autre motif de me laisser en Espagne…

LE COMTE, *à part* – Il veut venir à Londres; elle n'a pas parlé.

FIGARO, *à part* – Il croit que je ne sais rien; travaillons-le un peu dans son genre.

LE COMTE – Quel motif avait la Comtesse pour me jouer un pareil tour?

FIGARO – Ma foi, Monseigneur, vous le savez mieux que moi.

LE COMTE – Je la préviens sur tout[6], et la comble de présents.

Notes

1. **clairet** : vin rouge peu coloré, comme son nom l'indique.
2. **trottant menu** : allant à petits pas.
3. **mignardement** : avec une douceur affectée.
4. **sangle un soufflet** : donne une forte gifle.
5. **crocheteur** : qui porte des fardeaux à l'aide d'un crochet.
6. **Je la préviens sur tout** : je me montre prévenant en toute occasion.

FIGARO – Vous lui donnez, mais vous êtes infidèle. Sait-on gré du superflu à qui nous prive du nécessaire ?

LE COMTE – … Autrefois tu me disais tout.

FIGARO – Et maintenant je ne vous cache rien.

LE COMTE – Combien la Comtesse t'a-t-elle donné pour cette belle association ?

FIGARO – Combien me donnâtes-vous pour la tirer des mains du docteur ? Tenez, Monseigneur, n'humilions pas l'homme qui nous sert bien, crainte[1] d'en faire un mauvais valet.

LE COMTE – Pourquoi faut-il qu'il y ait toujours du louche en ce que tu fais ?

FIGARO – C'est qu'on en voit partout quand on cherche des torts.

LE COMTE – Une réputation détestable !

FIGARO – Et si je vaux mieux qu'elle ? Y a-t-il beaucoup de seigneurs qui puissent en dire autant ?

LE COMTE – Cent fois je t'ai vu marcher à la fortune[2], et jamais aller droit.

FIGARO – Comment voulez-vous ? la foule est là : chacun veut courir, on se presse, on pousse, on coudoie[3], on renverse, arrive qui peut ; le reste est écrasé. Aussi c'est fait ; pour moi, j'y renonce.

LE COMTE – À la fortune ? *(À part.)* Voici du neuf.

FIGARO, *à part* – À mon tour maintenant. *(Haut.)* Votre Excellence m'a gratifié de la conciergerie du château ; c'est un fort joli sort : à la vérité, je ne serai pas le courrier étrenné des

Notes

1. crainte : par crainte.
2. à la fortune : au hasard.
3. coudoie : heurte du coude, se trouve en contact.

nouvelles[1] intéressantes ; mais, en revanche, heureux avec ma femme au fond de l'Andalousie…

LE COMTE – Qui t'empêcherait de l'emmener à Londres ?

FIGARO – Il faudrait la quitter si souvent que j'aurais bientôt du mariage par-dessus la tête.

LE COMTE – Avec du caractère et de l'esprit, tu pourrais un jour t'avancer dans les bureaux.

FIGARO – De l'esprit pour s'avancer ? Monseigneur se rit du mien. Médiocre et rampant, et l'on arrive à tout.

LE COMTE – … Il ne faudrait qu'étudier un peu sous moi[2] la politique.

FIGARO – Je la sais.

LE COMTE – Comme l'anglais, le fond de la langue !

FIGARO – Oui, s'il y avait ici de quoi se vanter. Mais feindre d'ignorer ce qu'on sait, de savoir tout ce qu'on ignore ; d'entendre[3] ce qu'on ne comprend pas, de ne point ouïr ce qu'on entend ; surtout de pouvoir au-delà de ses forces ; avoir souvent pour grand secret de cacher qu'il n'y en a point ; s'enfermer pour tailler des plumes, et paraître profond quand on n'est, comme on dit, que vide et creux ; jouer bien ou mal un personnage, répandre des espions et pensionner[4] des traîtres ; amollir des cachets[5], intercepter des lettres, et tâcher d'ennoblir la pauvreté des moyens par l'importance des objets : voilà toute la politique, ou je meure[6].

Notes

1. courrier étrenné des nouvelles : courrier qui a l'étrenne des nouvelles, qui en a l'usage le premier.
2. sous moi : sous ma direction.
3. entendre : comprendre.
4. pensionner : donner une pension, un salaire.
5. amollir des cachets : faire fondre le sceau en cire des lettres pour les lire en cachette.
6. ou je meure : que je meure dans le cas contraire.

LE COMTE – Eh ! c'est l'intrigue que tu définis !

FIGARO – La politique, l'intrigue, volontiers ; mais, comme je les crois un peu germaines[1], en fasse qui voudra ! *J'aime mieux ma mie, ô gué !* comme dit la chanson du bon roi[2].

LE COMTE, *à part* – Il veut rester. J'entends… Suzanne m'a trahi.

FIGARO, *à part* – Je l'enfile[3] et le paye en sa monnaie.

LE COMTE – Ainsi tu espères gagner ton procès contre Marceline ?

FIGARO – Me feriez-vous un crime de refuser une vieille fille, quand Votre Excellence se permet de nous souffler[4] toutes les jeunes ?

LE COMTE, *raillant* – Au tribunal, le magistrat s'oublie et ne voit plus que l'ordonnance[5].

FIGARO – Indulgente aux grands, dure aux petits…

LE COMTE – Crois-tu donc que je plaisante ?

FIGARO – Eh ! qui le sait, Monseigneur ? *Tempo è galant' uomo*[6], dit l'italien ; il dit toujours la vérité : c'est lui qui m'apprendra qui me veut du mal ou du bien.

LE COMTE, *à part* – Je vois qu'on lui a tout dit ; il épousera la duègne[7].

FIGARO, *à part* – Il a joué au fin avec moi ; qu'a-t-il appris ?

Notes

1. **germaines** : sœurs.
2. **roi** : Henri IV. Cette vieille chanson est celle qu'aime Alceste pour sa simplicité, dans *Le Misanthrope* de Molière (I, 2).
3. **Je l'enfile** : je le trompe (terme de trictrac).
4. **souffler** : voler.
5. **l'ordonnance** : la décision judiciaire.
6. ***Tempo è galant' uomo*** : le temps est galant homme (proverbe italien).
7. **duègne** : gouvernante ou femme âgée qui était chargée, en Espagne, de veiller sur une jeune femme, une jeune fille.

SCÈNE 6

LE COMTE, UN LAQUAIS, FIGARO

LE LAQUAIS, *annonçant* – Don Gusman Brid'oison[1].

LE COMTE – Brid'oison ?

FIGARO – Eh ! sans doute. C'est le juge ordinaire, le lieutenant du siège, votre prud'homme[2].

LE COMTE – Qu'il attende.

Le laquais sort.

SCÈNE 7

LE COMTE, FIGARO

FIGARO *reste un moment à regarder le Comte qui rêve* – … Est-ce là ce que Monseigneur voulait ?

LE COMTE, *revenant à lui* – Moi ?… je disais d'arranger ce salon pour l'audience publique.

FIGARO – Hé ! qu'est-ce qu'il manque ? Le grand fauteuil pour vous, de bonnes chaises aux prud'hommes, le tabouret du greffier[3], deux banquettes aux avocats, le plancher pour le beau monde et la canaille[4] derrière. Je vais renvoyer les frotteurs[5].

Il sort.

Notes

1. L'allusion est ici très claire ; Beaumarchais déforme le nom du conseiller Goëzman, avec lequel il avait eu des démêlés judiciaires dans une affaire d'héritage. Brid'oison rappelle le juge Bridoye de Rabelais (*Tiers Livre*, chap. XXXIX).

2. **prud'homme** : juge en l'absence du Comte, il lui sert de conseiller quand ce dernier rend la justice en personne.

3. **greffier** : officier public de justice.

4. **canaille** : racaille.

5. **frotteurs** : valets qui frottent le parquet.

SCÈNE 8

LE COMTE, *seul.*

Le maraud[1] m'embarrassait ! en disputant, il prend son avantage ; il vous serre, vous enveloppe… Ah ! friponne et fripon, vous vous entendez pour me jouer[2] ! Soyez amis, soyez amants, soyez ce qu'il vous plaira, j'y consens ; mais parbleu, pour époux…

SCÈNE 9

SUZANNE, LE COMTE

SUZANNE, *essoufflée* – Monseigneur… pardon, Monseigneur.

LE COMTE, *avec humeur* – Qu'est-ce qu'il y a, mademoiselle ?

SUZANNE – Vous êtes en colère !

LE COMTE – Vous voulez quelque chose apparemment ?

SUZANNE, *timidement* – C'est que ma maîtresse a ses vapeurs[3]. J'accourais vous prier de nous prêter votre flacon d'éther. Je l'aurais rapporté dans l'instant.

LE COMTE *le lui donne* – Non, non, gardez-le pour vous-même. Il ne tardera pas à vous être utile.

SUZANNE – Est-ce que les femmes de mon état ont des vapeurs, donc ? C'est un mal de condition, qu'on ne prend que dans les boudoirs[4].

LE COMTE – Une fiancée bien éprise, et qui perd son futur…

SUZANNE – En payant Marceline avec la dot que vous m'avez promise…

LE COMTE – Que je vous ai promise, moi ?

Notes

1. **maraud** : vaurien.
2. **me jouer** : me tromper.
3. **vapeurs** : bouffées de chaleur.
4. **boudoirs** : petits salons de dame.

SUZANNE, *baissant les yeux* – Monseigneur, j'avais cru l'entendre.

LE COMTE – Oui, si vous consentiez à m'entendre vous-même.

SUZANNE, *les yeux baissés* – Et n'est-ce pas mon devoir d'écouter Son Excellence ?

LE COMTE – Pourquoi donc, cruelle fille, ne me l'avoir pas dit plus tôt ?

SUZANNE – Est-il jamais trop tard pour dire la vérité ?

LE COMTE – Tu te rendrais sur la brune[1] au jardin ?

SUZANNE – Est-ce que je ne m'y promène pas tous les soirs ?

LE COMTE – Tu m'as traité ce matin si durement !

SUZANNE – Ce matin ? Et le page derrière le fauteuil ?

LE COMTE – Elle a raison, je l'oubliais... Mais pourquoi ce refus obstiné quand Bazile, de ma part...

SUZANNE – Quelle nécessité qu'un Bazile...

LE COMTE – Elle a toujours raison. Cependant il y a un certain Figaro à qui je crains bien que vous n'ayez tout dit !

SUZANNE – Dame ! oui, je lui dis tout... hors ce qu'il faut lui taire.

LE COMTE, *en riant* – Ah ! charmante ! Et tu me le promets ? Si tu manquais à ta parole, entendons-nous, mon cœur : point de rendez-vous, point de dot, point de mariage.

SUZANNE, *faisant la révérence* – Mais aussi point de mariage, point de droit du seigneur[2], Monseigneur.

LE COMTE – Où prend-elle ce qu'elle dit ? d'honneur j'en raffolerai ! Mais ta maîtresse attend le flacon...

Notes

1. **la brune** : moment où le jour baisse.
2. **droit du seigneur** : droit de cuissage par lequel le seigneur pouvait coucher avec la jeune épouse de son serviteur avant ce dernier.

SUZANNE, *riant et rendant le flacon* – Aurais-je pu vous parler sans un prétexte ?

LE COMTE *veut l'embrasser* – Délicieuse créature !

SUZANNE *s'échappe* – Voilà du monde.

LE COMTE, *à part* – Elle est à moi.

Il s'enfuit.

SUZANNE – Allons vite rendre compte à Madame.

SCÈNE 10

SUZANNE, FIGARO

FIGARO – Suzanne, Suzanne ! où cours-tu donc si vite en quittant Monseigneur ?

SUZANNE – Plaide à présent, si tu le veux ; tu viens de gagner ton procès.

Elle s'enfuit.

FIGARO *la suit* – Ah ! mais, dis donc…

SCÈNE 11

LE COMTE *rentre seul.*

Tu viens de gagner ton procès ! Je donnais là dans un bon piège ! Ô mes chers insolents ! je vous punirai de façon… Un bon arrêt[1]… bien juste… Mais s'il allait payer la duègne… Avec quoi ?… S'il payait… Eeeeh ! n'ai-je pas le fier Antonio, dont le noble orgueil dédaigne en Figaro un inconnu[2] pour sa nièce ? En caressant cette manie… Pourquoi non ? dans le

Notes

1. **arrêt** : jugement de cour.

2. **inconnu** : de parents inconnus.

vaste champ de l'intrigue il faut savoir tout cultiver, jusqu'à la vanité d'un sot… *(Il appelle.)* Anto…

Il voit entrer Marceline, etc. Il sort.

SCÈNE 12

BARTHOLO, MARCELINE, BRID'OISON

MARCELINE, *à Brid'oison* – Monsieur, écoutez mon affaire.

BRID'OISON, *en robe, et bégayant un peu* – Eh bien ! pa-arlons-en verbalement[1].

BARTHOLO – C'est une promesse de mariage.

MARCELINE – Accompagnée d'un prêt d'argent.

BRID'OISON – J'en-entends, *et cætera*, le reste.

MARCELINE – Non, monsieur, point d'*et cætera*.

BRID'OISON – J'en-entends : vous avez la somme ?

MARCELINE – Non, monsieur ; c'est moi qui l'ai prêtée.

BRID'OISON – J'en-entends bien : vou-ous redemandez l'argent ?

MARCELINE – Non, monsieur ; je demande qu'il m'épouse.

BRID'OISON – Eh ! mais j'en-entends fort bien ; et lui, veu-eut-il vous épouser ?

MARCELINE – Non, monsieur ; voilà tout le procès !

BRID'OISON – Croyez-vous que je ne l'en-entende pas, le procès ?

MARCELINE – Non, monsieur. *(À Bartholo.)* Où sommes-nous ? *(À Brid'oison.)* Quoi ! c'est vous qui nous jugerez ?

BRID'OISON – Est-ce que j'ai a-acheté ma charge pour autre chose ?

Note

1. **verbalement** : sans utiliser les documents écrits du dossier.

MARCELINE, *en soupirant* – C'est un grand abus que de les vendre !

BRID'OISON – Oui ; l'on-on ferait mieux de nous les donner pour rien. Contre qui plai-aidez-vous ?

SCÈNE 13

BARTHOLO, MARCELINE, BRID'OISON,
FIGARO *rentre en se frottant les mains.*

MARCELINE, *montrant Figaro* – Monsieur, contre ce malhonnête homme.

FIGARO, *très gaiement, à Marceline* – Je vous gêne peut-être. Monseigneur revient dans l'instant, monsieur le conseiller.

BRID'OISON – J'ai vu ce ga-arçon-là quelque part ?

FIGARO – Chez madame votre femme[1], à Séville, pour la servir, monsieur le conseiller.

BRID'OISON – Dan-ans quel temps ?

FIGARO – Un peu moins d'un an avant la naissance de monsieur votre fils le cadet, qui est un bien joli enfant, je m'en vante[2].

BRID'OISON – Oui, c'est le plus jo-oli de tous. On dit que tu-u fais ici des tiennes ?

FIGARO – Monsieur est bien bon. Ce n'est là qu'une misère.

BRID'OISON – Une promesse de mariage ! A-ah ! le pauvre benêt[3] !

Notes

1. **votre femme** : allusion à l'affaire Goëzman. La femme de ce dernier avait accepté une somme d'argent de Beaumarchais, lequel perdit tout de même son procès.

2. **je m'en vante** : le fils de Gusman ne serait pas réellement son fils ; l'allusion est claire !

3. **benêt** : idiot.

FIGARO – Monsieur…

BRID'OISON – A-t-il vu mon-on secrétaire, ce bon garçon ?

FIGARO – N'est-ce pas Double-Main, le greffier ?

BRID'OISON – Oui ; c'è-est qu'il mange à deux râteliers[1].

FIGARO – Manger ! je suis garant qu'il dévore. Oh ! que oui, je l'ai vu pour l'extrait[2] et pour le supplément d'extrait ; comme cela se pratique, au reste.

BRID'OISON – On-on doit remplir les formes[3].

FIGARO – Assurément, monsieur ; si le fond des procès appartient aux plaideurs[4], on sait bien que la forme est le patrimoine des tribunaux.

BRID'OISON – Ce garçon-là n'è-est pas si niais que je l'avais cru d'abord. Hé bien, l'ami, puisque tu en sais tant, nou-ous aurons soin de ton affaire.

FIGARO – Monsieur, je m'en rapporte à votre équité, quoique vous soyez de notre justice.

BRID'OISON – Hein ?… Oui, je suis de la-a justice. Mais si tu dois, et que tu-u ne payes pas ?

FIGARO – Alors Monsieur voit bien que c'est comme si je ne devais pas.

BRID'OISON – San-ans doute. Hé ! mais qu'est-ce donc qu'il dit ?

Notes

1. **râteliers** : encore une pique de Beaumarchais sur la corruption de Goëzman.

2. **extrait** : copie d'acte judiciaire.

3. **formes** : règles juridiques.

4. **plaideurs** : personnes en procès.

SCÈNE 14

BARTHOLO, MARCELINE, LE COMTE, BRID'OISON, FIGARO, UN HUISSIER

L'HUISSIER, *précédant le Comte, crie* – Monseigneur, messieurs.

LE COMTE – En robe ici, seigneur Brid'oison ! Ce n'est qu'une affaire domestique[1] : l'habit de ville était trop bon.

BRID'OISON – C'è-est vous qui l'êtes, monsieur le Comte. Mais je ne vais jamais san-ans elle, parce que la forme, voyez-vous, la forme ! Tel rit d'un juge en habit court, qui-i tremble au seul aspect d'un procureur en robe. La forme, la-a forme !

LE COMTE, *à l'huissier* – Faites entrer l'audience[2].

L'HUISSIER *va ouvrir en glapissant* – L'audience !

SCÈNE 15

LES ACTEURS PRÉCÉDENTS, ANTONIO, LES VALETS DU CHÂTEAU, LES PAYSANS ET PAYSANNES *en habits de fête* ; LE COMTE *s'assied sur le grand fauteuil* ; BRID'OISON, *sur une chaise à côté* ; LE GREFFIER, *sur le tabouret derrière sa table* ; LES JUGES, LES AVOCATS, *sur les banquettes* ; MARCELINE, *à côté de* BARTHOLO ; FIGARO, *sur l'autre banquette* ; LES PAYSANS ET VALETS, *debout derrière.*

BRID'OISON, *à Double-Main* – Double-Main, a-appelez les causes[3].

DOUBLE-MAIN *lit un papier* – « Noble, très noble, infiniment noble, *don Pedro George, hidalgo*[4], *baron de Los Altos, y Montes*

Notes

1. **domestique** : privée.
2. **audience** : les magistrats, les deux parties en présence et le public.
3. **les causes** : les affaires.
4. ***hidalgo*** : titre de noblesse espagnole. On dit aussi *caballero*.

Fieros, y Otros Montes[1] ; contre *Alonzo Calderon*[2], jeune auteur dramatique. Il est question d'une comédie mort-née, que chacun désavoue et rejette sur l'autre. »

LE COMTE – Ils ont raison tous les deux. Hors de Cour. S'ils font ensemble un autre ouvrage, pour qu'il marque un peu dans le grand monde, ordonné que le noble y mettra son nom, le poète son talent.

DOUBLE-MAIN *lit un autre papier* – « *André Petrutchio*, laboureur ; contre le receveur de la province. » Il s'agit d'un forcement arbitraire[3].

LE COMTE – L'affaire n'est pas de mon ressort. Je servirai mieux mes vassaux en les protégeant près du Roi. Passez.

DOUBLE-MAIN *en prend un troisième. Bartholo et Figaro se lèvent* – « *Barbe-Agar-Raab-Madeleine-Nicole-Marceline de Verte-Allure*, fille majeure *(Marceline se lève et salue)* ; contre *Figaro…* » Nom de baptême en blanc ?

FIGARO – Anonyme.

BRID'OISON – A-anonyme ! Què-el patron[4] est-ce là ?

FIGARO – C'est le mien.

DOUBLE-MAIN *écrit* – Contre anonyme *Figaro*. Qualités ?

FIGARO – Gentilhomme.

LE COMTE – Vous êtes gentilhomme ?

Le greffier écrit.

FIGARO – Si le Ciel l'eût voulu, je serais fils d'un prince.

LE COMTE, *au greffier* – Allez.

Notes

1. ***baron* […] *Montes*** : baron des Hauteurs, des Monts Fiers, et autres Monts.
2. Cet auteur est l'homonyme du célèbre auteur dramatique espagnol Pedro Calderón de la Barca (1600-1681).
3. **un forcement arbitraire** : une saisie illégale.
4. **patron** : saint dont on porte le nom.

Brid'oison par Émile Bayard (1876).

L'HUISSIER, *glapissant* – Silence ! messieurs.

DOUBLE-MAIN *lit* – « … Pour cause d'opposition faite au mariage dudit *Figaro* par ladite *de Verte-Allure*. Le docteur *Bartholo* plaidant pour la demanderesse[1], et ledit *Figaro* pour lui-même, si la Cour le permet, contre le vœu de l'usage[2] et la jurisprudence[3] du siège. »

FIGARO – L'usage, maître Double-Main, est souvent un abus. Le client un peu instruit sait toujours mieux sa cause que certains avocats, qui, suant à froid, criant à tue-tête, et connaissant tout, hors le fait, s'embarrassent aussi peu de ruiner le plaideur que d'ennuyer l'auditoire et d'endormir Messieurs : plus boursouflés après que s'ils eussent composé l'*Oratio pro Murena*[4]. Moi, je dirai le fait en peu de mots. Messieurs…

DOUBLE-MAIN – En voilà beaucoup d'inutiles, car vous n'êtes pas demandeur, et n'avez que la défense. Avancez, docteur, et lisez la promesse.

FIGARO – Oui, promesse !

BARTHOLO, *mettant ses lunettes* – Elle est précise.

BRID'OISON – I-il faut la voir.

DOUBLE-MAIN – Silence donc, messieurs !

L'HUISSIER, *glapissant* – Silence !

BARTHOLO *lit* – « *Je soussigné reconnais avoir reçu de damoiselle, etc., Marceline de Verte-Allure, dans le château d'Aguas-Frescas, la somme de deux mille piastres fortes cordonnées*[5]*, laquelle somme je lui rendrai à sa réquisition, dans ce château ; et je l'épouserai,*

Notes

1. **demanderesse** : celle qui fait la demande, la plaignante, c'est-à-dire Marceline.
2. **contre le vœu de l'usage** : qui n'est pas conforme à l'habitude.
3. **jurisprudence** : ensemble des décisions des tribunaux sur une matière.
4. ***Oratio pro Murena*** : discours judiciaire de Cicéron (Ier s. av. J.-C.).
5. ***piastres fortes cordonnées*** : pièces de monnaie espagnoles dont le pourtour est frappé d'un cordon.

par forme de reconnaissance, etc. » Signé *Figaro*, tout court. Mes conclusions sont au payement du billet et à l'exécution de la promesse, avec dépens[1]. *(Il plaide.)* Messieurs... jamais cause plus intéressante ne fut soumise au jugement de la Cour ; et, depuis Alexandre le Grand[2], qui promit mariage à la belle Thalestris...

LE COMTE, *interrompant* – Avant d'aller plus loin, avocat, convient-on de la validité du titre ?

BRID'OISON, *à Figaro* – Qu'oppo... qu'oppo-osez-vous à cette lecture ?

FIGARO – Qu'il y a, messieurs, malice, erreur ou distraction dans la manière dont on a lu la pièce, car il n'est pas dit dans l'écrit : *« laquelle somme je lui rendrai, ET je l'épouserai »*, mais *« laquelle somme je lui rendrai, OU je l'épouserai »* ; ce qui est bien différent.

LE COMTE – Y a-t-il ET dans l'acte, ou bien OU ?

BARTHOLO – Il y a ET.

FIGARO – Il y a OU.

BRID'OISON – Dou-ouble-Main, lisez vous-même.

DOUBLE-MAIN, *prenant le papier* – Et c'est le plus sûr ; car souvent les parties déguisent en lisant. *(Il lit.)* « E, e, e, *Damoiselle* e, e, e, *de Verte-Allure*, e, e, e, Ah ! *laquelle somme je lui rendrai à sa réquisition, dans ce château... ET... OU... ET... OU...* » Le mot est si mal écrit... il y a un pâté.

BRID'OISON – Un pâ-âté ? je sais ce que c'est.

BARTHOLO, *plaidant* – Je soutiens, moi, que c'est la conjonction copulative ET qui lie les membres corrélatifs de la phrase ; je payerai la demoiselle, ET je l'épouserai.

Notes

1. **avec dépens** : en payant les frais du procès.

2. **Alexandre le Grand** : conquérant grec du IVe s. av. J.-C.

FIGARO, *plaidant* – Je soutiens, moi, que c'est la conjonction alternative OU qui sépare lesdits membres ; je payerai la donzelle OU je l'épouserai. À pédant[1], pédant et demi. Qu'il s'avise de parler latin, j'y suis grec[2] ; je l'extermine.

LE COMTE – Comment juger pareille question ?

BARTHOLO – Pour la trancher, messieurs, et ne plus chicaner sur un mot, nous passons qu'il y ait OU.

FIGARO – J'en demande acte.

BARTHOLO – Et nous y adhérons. Un si mauvais refuge ne sauvera pas le coupable. Examinons le titre en ce sens. *(Il lit.)* « *Laquelle somme je lui rendrai dans ce château* où *je l'épouserai.* » C'est ainsi qu'on dirait, messieurs : « *Vous vous ferez saigner dans ce lit* où *vous resterez chaudement* » ; c'est dans lequel. « *Il prendra deux gros*[3] *de rhubarbe* où *vous mêlerez un peu de tamarin*[4] » ; dans lesquels on mêlera. Ainsi « *château* où *je l'épouserai* », messieurs, c'est « *château dans lequel...* »

FIGARO – Point du tout : la phrase est dans le sens de celle-ci : « ou *la maladie vous tuera*, ou *ce sera le médecin* », ou bien *le médecin* ; c'est incontestable. Autre exemple : « ou *vous n'écrirez rien qui plaise*, ou *les sots vous dénigreront* » ; ou bien *les sots* ; le sens est clair ; car, audit cas, *sots* ou *méchants* sont le substantif qui gouverne. Maître Bartholo croit-il donc que j'aie oublié ma syntaxe ? Ainsi, je la payerai dans ce château, *virgule, ou* je l'épouserai...

BARTHOLO, *vite* – Sans virgule.

FIGARO, *vite* – Elle y est. C'est, *virgule*, messieurs, ou bien je l'épouserai.

BARTHOLO, *regardant le papier, vite* – Sans virgule, messieurs.

Notes

1. **pédant** : qui fait étalage de son savoir, prétentieux.
2. **j'y suis grec** : je parle grec (langue plus rare et plus savante que le latin).
3. ***gros*** : unité de mesure.
4. ***tamarin*** : fruit du tamarinier aux vertus laxatives, comme la rhubarbe. Bartholo n'élève pas le débat !

FIGARO, *vite* – Elle y était, messieurs. D'ailleurs, l'homme qui épouse est-il tenu de rembourser ?

BARTHOLO, *vite* – Oui ; nous nous marions séparés de biens.

FIGARO, *vite* – Et nous de corps, dès que[1] mariage n'est pas quittance[2].

Les juges se lèvent et opinent tout bas.

BARTHOLO – Plaisant acquittement !

DOUBLE-MAIN – Silence, messieurs !

L'HUISSIER, *glapissant* – Silence !

BARTHOLO – Un pareil fripon appelle cela payer ses dettes !

FIGARO – Est-ce votre cause, avocat, que vous plaidez ?

BARTHOLO – Je défends cette demoiselle.

FIGARO – Continuez à déraisonner, mais cessez d'injurier. Lorsque, craignant l'emportement des plaideurs, les tribunaux ont toléré qu'on appelât des tiers[3], ils n'ont pas entendu que ces défenseurs modérés deviendraient impunément des insolents privilégiés. C'est dégrader le plus noble institut[4].

Les juges continuent d'opiner bas.

ANTONIO, *à Marceline, montrant les juges* – Qu'ont-ils tant à balbucifier[5] ?

MARCELINE – On a corrompu le grand juge ; il corrompt l'autre, et je perds mon procès.

BARTHOLO, *bas, d'un ton sombre* – J'en ai peur.

FIGARO, *gaiement* – Courage, Marceline !

DOUBLE-MAIN *se lève ; à Marceline* – Ah ! c'est trop fort ! je vous dénonce[6] ; et, pour l'honneur du tribunal, je demande

Notes

1. **dès que** : à partir du moment où.
2. **quittance** : recouvrement des dettes.
3. **tiers** : avocats, personnes par définition étrangères au procès.
4. **institut** : institution.
5. **balbucifier** : néologisme, déformation de *balbutier*.
6. **je vous dénonce** : je vous attaque en justice.

qu'avant faire droit[1] sur l'autre affaire, il soit prononcé sur celle-ci.

LE COMTE *s'assied* – Non, greffier, je ne prononcerai point sur mon injure[2] personnelle, un juge espagnol n'aura point à rougir d'un excès digne au plus des tribunaux asiatiques[3] : c'est assez des autres abus ! J'en vais corriger un second, en vous motivant mon arrêt : tout juge qui s'y refuse est un grand ennemi des lois. Que peut requérir la demanderesse ? mariage à défaut de payement ; les deux ensemble impliqueraient[4].

DOUBLE-MAIN – Silence, messieurs !

L'HUISSIER, *glapissant* – Silence !

LE COMTE – Que nous répond le défendeur ? qu'il veut garder sa personne ; à lui permis.

FIGARO, *avec joie* – J'ai gagné !

LE COMTE – Mais comme le texte dit : *« Laquelle somme je payerai à sa première réquisition, ou bien j'épouserai, etc. »*, la Cour condamne le défendeur à payer deux mille piastres fortes à la demanderesse, ou bien à l'épouser dans le jour.

Il se lève.

FIGARO, *stupéfait* – J'ai perdu.

ANTONIO, *avec joie* – Superbe arrêt !

FIGARO – En quoi superbe ?

ANTONIO – En ce que tu n'es plus mon neveu. Grand merci, Monseigneur.

Notes

1. **avant faire droit** : avant de rendre un jugement.
2. **mon injure** : l'injure qui m'a été faite.
3. **tribunaux asiatiques** : tribunaux barbares au sens premier, donc cruels (thème courant au XVIIIe siècle).
4. **impliqueraient** : seraient contradictoires.

L'HUISSIER, *glapissant.* Passez, messieurs.

Le peuple sort.

ANTONIO – Je m'en vas tout conter à ma nièce.

Il sort.

SCÈNE 16

LE COMTE, *allant de côté et d'autre* ; MARCELINE, BARTHOLO, FIGARO, BRID'OISON

MARCELINE *s'assied* – Ah ! je respire !

FIGARO – Et moi, j'étouffe.

LE COMTE, *à part* – Au moins je suis vengé, cela soulage.

FIGARO, *à part* – Et ce Bazile qui devait s'opposer au mariage de Marceline, voyez comme il revient ! *(Au Comte qui sort.)* Monseigneur, vous nous quittez ?

LE COMTE – Tout est jugé.

FIGARO, *à Brid'oison* – C'est ce gros enflé de conseiller…

BRID'OISON – Moi, gros-os enflé !

FIGARO – Sans doute. Et je ne l'épouserai pas : je suis gentilhomme, une fois[1].

Le Comte s'arrête.

BARTHOLO – Vous l'épouserez.

FIGARO – Sans l'aveu de mes nobles parents ?

BARTHOLO – Nommez-les, montrez-les.

FIGARO – Qu'on me donne un peu de temps : je suis bien près de les revoir ; il y a quinze ans que je les cherche.

BARTHOLO – Le fat[2] ! c'est quelque enfant trouvé !

Notes

1. **une fois** : une fois pour toutes.

2. **fat** : personnage vaniteux, satisfait de lui-même.

FIGARO – Enfant perdu, docteur, ou plutôt enfant volé.

LE COMTE *revient* – *Volé, perdu*, la preuve ? Il crierait qu'on lui fait injure !

FIGARO – Monseigneur, quand les langes à dentelles, tapis brodés et joyaux d'or trouvés sur moi par les brigands n'indiqueraient pas ma haute naissance, la précaution qu'on avait prise de me faire des marques distinctives témoignerait assez combien j'étais un fils précieux : et cet hiéroglyphe[1] à mon bras…

Il veut se dépouiller le bras droit.

MARCELINE, *se levant vivement* – Une spatule[2] à ton bras droit ?

FIGARO – D'où savez-vous que je dois l'avoir ?

MARCELINE – Dieux ! c'est lui !

FIGARO – Oui, c'est moi.

BARTHOLO, *à Marceline* – Et qui ? lui !

MARCELINE, *vivement* – C'est Emmanuel[3].

BARTHOLO, *à Figaro* – Tu fus enlevé par des bohémiens ?

FIGARO, *exalté* – Tout près d'un château. Bon docteur, si vous me rendez à ma noble famille, mettez un prix à ce service ; des monceaux d'or n'arrêteront pas mes illustres parents.

BARTHOLO, *montrant Marceline* – Voilà ta mère.

FIGARO – … Nourrice ?

BARTHOLO – Ta propre mère.

LE COMTE – Sa mère !

FIGARO – Expliquez-vous.

Notes

1. **hiéroglyphe** : caractère de l'écriture égyptienne ; ici, signe indéchiffrable (on n'a déchiffré les hiéroglyphes qu'au XIXe siècle).
2. **spatule** : instrument de chirurgie. Figaro porte une sorte de tatouage de cette forme, qui rappelle le métier de Bartholo.
3. **Emmanuel** : il s'agit de l'enfant qu'ont eu ensemble Marceline et Bartholo, et dont ils ont parlé à la scène 4 de l'acte I (l. 184, p. 70).

MARCELINE, *montrant Bartholo* – Voilà ton père.

FIGARO, *désolé* – O o oh ! aïe de moi !

MARCELINE – Est-ce que la nature ne te l'a pas dit mille fois ?

FIGARO – Jamais.

LE COMTE, *à part* – Sa mère !

BRID'OISON – C'est clair, i-il ne l'épousera pas.

BARTHOLO – Ni moi non plus.[1]

MARCELINE – Ni vous ! Et votre fils ? Vous m'aviez juré...

BARTHOLO – J'étais fou. Si pareils souvenirs engageaient, on serait tenu d'épouser tout le monde.

BRID'OISON – E-et si l'on y regardait de si près, per-personne n'épouserait personne.

BARTHOLO – Des fautes si connues ! une jeunesse déplorable.

MARCELINE, *s'échauffant par degrés* – Oui, déplorable, et plus qu'on ne croit ! Je n'entends pas nier mes fautes ; ce jour les a trop bien prouvées ! mais qu'il est dur de les expier après trente ans d'une vie modeste ! J'étais née, moi, pour être sage, et je la suis devenue sitôt qu'on m'a permis d'user de ma raison. Mais dans l'âge des illusions, de l'inexpérience et des besoins, où les séducteurs nous assiègent pendant que la misère nous poignarde, que peut opposer une enfant à tant d'ennemis rassemblés ? Tel nous juge ici sévèrement, qui, peut-être, en sa vie a perdu dix infortunées !

FIGARO – Les plus coupables sont les moins généreux ; c'est la règle.

MARCELINE, *vivement* – Hommes plus qu'ingrats, qui flétrissez par le mépris les jouets de vos passions, vos victimes ! c'est vous qu'il faut punir des erreurs de notre jeunesse ; vous et

Note

1. *« "Ni moi non plus. [...] Nous attendrons" : ce qui suit, enfermé entre ces deux index, a été retranché par les comédiens-français aux représentations de Paris. » (Note de Beaumarchais.)*

vos magistrats, si vains du droit de nous juger, et qui nous laissent enlever, par leur coupable négligence, tout honnête moyen de subsister. Est-il un seul état pour les malheureuses filles ? Elles avaient un droit naturel à toute la parure des femmes[1] : on y laisse former mille ouvriers de l'autre sexe.

FIGARO, *en colère* – Ils font broder jusqu'aux soldats !

MARCELINE, *exaltée* – Dans les rangs même plus élevés, les femmes n'obtiennent de vous qu'une considération dérisoire ; leurrées[2] de respects apparents, dans une servitude réelle ; traitées en mineures pour nos biens, punies en majeures pour nos fautes ! Ah ! sous tous les aspects, votre conduite avec nous fait horreur ou pitié !

FIGARO – Elle a raison !

LE COMTE, *à part* – Que trop raison !

BRID'OISON – Elle a, mon-on Dieu ! raison.

MARCELINE – Mais que nous font, mon fils, les refus d'un homme injuste ? Ne regarde pas d'où tu viens, vois où tu vas ; cela seul importe à chacun. Dans quelques mois ta fiancée ne dépendra plus que d'elle-même ; elle t'acceptera, j'en réponds. Vis entre une épouse, une mère tendres qui te chériront à qui mieux mieux. Sois indulgent pour elles, heureux pour toi, mon fils ; gai, libre et bon pour tout le monde ; il ne manquera rien à ta mère.

FIGARO – Tu parles d'or, maman, et je me tiens à ton avis. Qu'on est sot, en effet ! Il y a des mille et mille ans que le monde roule, et dans cet océan de durée, où j'ai par hasard attrapé quelques chétifs trente ans qui ne reviendront plus, j'irais me tourmenter pour savoir à qui je les dois ! Tant pis pour qui s'en inquiète. Passer ainsi la vie à chamailler, c'est

Notes

1. parure des femmes : travaux d'aiguille, au départ réservés aux femmes. Marceline évoque ici les raisons économiques de l'asservissement des femmes – ce qui est exceptionnel pour l'époque.

2. leurrées : trompées.

peser sur le collier[1] sans relâche, comme les malheureux chevaux de la remonte[2] des fleuves, qui ne reposent pas même quand ils s'arrêtent, et qui tirent toujours, quoiqu'ils cessent de marcher. Nous attendrons.

LE COMTE – Sot événement qui me dérange !

BRID'OISON, *à Figaro* – Et la noblesse, et le château ? Vous impo-osez à la justice[3] !

FIGARO – Elle allait me faire faire une belle sottise, la justice ! Après que j'ai manqué, pour ces maudits cent écus, d'assommer vingt fois Monsieur, qui se trouve aujourd'hui mon père ! Mais puisque le Ciel a sauvé ma vertu de ces dangers, mon père, agréez mes excuses... et vous, ma mère, embrassez-moi... le plus maternellement que vous pourrez.

Marceline lui saute au cou.

Notes

1. **collier** : joug.
2. **remonte** : remorquage des bateaux par les chevaux.
3. **Vous impo-osez à la justice** : vous cherchez à tromper (imposez à) la justice.

Un double coup de théâtre

Lecture analytique de l'extrait (l. 546, p. 164, à l. 593, p. 166)

Une scène de reconnaissance comique

1. Comment la surprise des personnages se manifeste-t-elle ?

2. Figaro était sur le point d'être contraint d'épouser sa mère. Quel grand motif tragique est, ici, évoqué ? Montrez qu'il est traité de façon humoristique.

3. En quoi peut-on parler d'une « parodie* de la scène de reconnaissance » ? Appuyez-vous sur le cadre dans laquelle elle se déroule et sur le personnage de Brid'oison.

*** *Parodie* : forme d'humour qui utilise un cadre, des personnages ou un style pour s'en moquer.**

Un plaidoyer personnel qui s'étend à la cause des femmes

4. Observez l'évolution des pronoms désignant Marceline dans ses tirades. Que signifie, selon vous, cette évolution ?

5. Quelle image Marceline donne-t-elle des jeunes filles dans les lignes 564 à 590 ? Reformulez sa thèse.

6. Marceline s'appuie sur différents aspects de la société : le social, l'économique, le juridique. Quels arguments viennent soutenir sa réflexion ? Appuyez-vous, entre autres, sur les antithèses* et les parallélismes de construction.

*** *Antithèse* : figure de style qui consiste à rapprocher deux mots de sens opposé. Cette association permet de mettre en valeur des idées contradictoires.**

Un second coup de théâtre : le réquisitoire polémique* contre les hommes

* *Polémique :* du grec *polêmikôs*, « qui concerne la guerre » ; registre caractérisant un texte argumentatif qui combat des personnes ou des idées.

7. En vous appuyant sur le champ lexical de la justice, montrez que Marceline dresse un véritable blâme des hommes.

Les modalités exclamative et interrogative dans l'argumentation

- **Les phrases exclamatives** témoignent d'une émotion forte qui peut être la joie, la surprise, l'indignation, la colère… Elles permettent de montrer l'implication émotionnelle du locuteur dans son discours.
- **Les questions rhétoriques** sont des affirmations renforcées. Elles forcent l'interlocuteur à prendre parti et donc à s'impliquer dans l'argumentation.

8. Observez les types de phrases et la ponctuation expressive employés. Que nous indiquent-ils sur l'état de Marceline ?

9. Qui parle au travers de Marceline ? En quoi le théâtre devient-il, ici, une tribune pour défendre des idées ? Appuyez-vous sur la réaction des personnages.

10. Cette scène ne cherche-t-elle qu'à divertir le spectateur ? Observez la réaction des hommes et faites le parallèle avec celle du spectateur.

SCÈNE 17

BARTHOLO, FIGARO, MARCELINE, BRID'OISON, SUZANNE, ANTONIO, LE COMTE

SUZANNE, *accourant, une bourse à la main* – Monseigneur, arrêtez ; qu'on ne les marie pas : je viens payer madame avec la dot que ma maîtresse me donne.

LE COMTE, *à part* – Au diable la maîtresse ! Il semble que tout conspire…

Il sort.

SCÈNE 18

BARTHOLO, ANTONIO, SUZANNE, FIGARO, MARCELINE, BRID'OISON

ANTONIO, *voyant Figaro embrasser sa mère, dit à Suzanne* – Ah ! oui, payer ! Tiens, tiens.

SUZANNE *se retourne* – J'en vois assez : sortons, mon oncle.

FIGARO, *l'arrêtant* – Non, s'il vous plaît ! Que vois-tu donc ?

SUZANNE – Ma bêtise et ta lâcheté.

FIGARO – Pas plus de l'une que de l'autre.

SUZANNE, *en colère* – Et que tu l'épouses à gré, puisque tu la caresses.

FIGARO, *gaiement* – Je la caresse, mais je ne l'épouse pas.

Suzanne veut sortir, Figaro la retient.

SUZANNE *lui donne un soufflet* – Vous êtes bien insolent d'oser me retenir !

FIGARO, *à la compagnie* – C'est-il çà de l'amour ! Avant de nous quitter, je t'en supplie, envisage bien cette chère femme-là.

SUZANNE – Je la regarde.

FIGARO – Et tu la trouves ?

SUZANNE – Affreuse.

FIGARO – Et vive la jalousie ! elle ne vous marchande pas.

MARCELINE, *les bras ouverts* – Embrasse ta mère, ma jolie Suzannette. Le méchant qui te tourmente est mon fils.

SUZANNE *court à elle* – Vous, sa mère !

Elles restent dans les bras l'une de l'autre.

ANTONIO – C'est donc de tout à l'heure ?

FIGARO – … Que je le sais.

MARCELINE, *exaltée* – Non, mon cœur entraîné vers lui ne se trompait que de motif ; c'était le sang qui me parlait.

FIGARO – Et moi le bon sens[1], ma mère, qui me servait d'instinct quand je vous refusais ; car j'étais loin de vous haïr, témoin l'argent…

MARCELINE *lui remet un papier* – Il est à toi : reprends ton billet, c'est ta dot.

SUZANNE *lui jette la bourse* – Prends encore celle-ci.

FIGARO – Grand merci.

MARCELINE, *exaltée* – Fille assez malheureuse, j'allais devenir la plus misérable des femmes, et je suis la plus fortunée des mères ! Embrassez-moi, mes deux enfants ; j'unis dans vous toutes mes tendresses. Heureuse autant que je puis l'être, ah ! mes enfants, combien je vais aimer !

FIGARO, *attendri, avec vivacité* – Arrête donc, chère mère ! arrête donc ! voudrais-tu voir se fondre en eau mes yeux noyés des premières larmes que je connaisse ? Elles sont de joie, au moins. Mais quelle stupidité ! j'ai manqué d'en être honteux : je les sentais couler entre mes doigts : regarde ; *(il montre ses doigts écartés)* et je les retenais bêtement ! Va te promener, la honte ! je veux rire et pleurer en même temps ; on ne sent pas deux fois ce que j'éprouve.

Note

1. **sens** : noter le jeu de mots sur l'homonymie de *sens* et *sang*.

Il embrasse sa mère d'un côté, Suzanne de l'autre.[1]

MARCELINE – Ô mon ami !

SUZANNE – Mon cher ami !

BRID'OISON, *s'essuyant les yeux d'un mouchoir* – Eh bien ! moi, je suis donc bê-ête aussi !

FIGARO, *exalté* – Chagrin, c'est maintenant que je puis te défier ! Atteins-moi, si tu l'oses, entre ces deux femmes chéries.

ANTONIO, *à Figaro* – Pas tant de cajoleries, s'il vous plaît. En fait de mariage dans les familles, celui des parents va devant[2], savez. Les vôtres se baillent-ils la main[3] ?

BARTHOLO – Ma main ! puisse-t-elle se dessécher et tomber, si jamais je la donne à la mère d'un tel drôle !

ANTONIO, *à Bartholo* – Vous n'êtes donc qu'un père marâtre[4] ? *(À Figaro.)* En ce cas, not' galant[5], plus de parole.

SUZANNE – Ah ! mon oncle…

ANTONIO – Irai-je donner l'enfant de not' sœur à sti[6] qui n'est l'enfant de personne ?

BRID'OISON – Est-ce que cela-a se peut, imbécile ? on-on est toujours l'enfant de quelqu'un.

ANTONIO – Tarare[7] !… Il ne l'aura jamais.

Il sort.

Notes

1. *« Bartholo, Antonio, Suzanne, Figaro, Marceline, Brid'oison. » (Note de Beaumarchais.)*
2. **va devant** : vient en premier.
3. **se baillent-ils la main** : se donnent-ils la main (pour se marier).
4. **marâtre** : belle-mère, mais aussi mère cruelle. L'union du nom et de l'adjectif est comique, le vocabulaire d'Antonio étant des plus fantaisistes.
5. **not' galant** : notre galant, notre prétendant. Antonio parle à la 3e personne – ce qui est un trait du parler paysan.
6. **sti** : déformation de *celui-ci, cet homme-ci.*
7. **Tarare** : taratata ; interjection qui exprime le dédain. C'est aussi le nom du héros de l'opéra éponyme de Beaumarchais, représenté en 1790.

SCÈNE 19

BARTHOLO, SUZANNE, FIGARO,
MARCELINE, BRID'OISON

BARTHOLO, *à Figaro*. Et cherche à présent qui t'adopte.

Il veut sortir.

MARCELINE, *courant prendre Bartholo à bras-le-corps, le ramène* – Arrêtez, docteur, ne sortez pas !

FIGARO, *à part* – Non, tous les sots d'Andalousie sont, je crois, déchaînés contre mon pauvre mariage.

SUZANNE, *à Bartholo* – Bon petit papa, c'est votre fils.

MARCELINE, *à Bartholo* – De l'esprit, des talents, de la figure.

FIGARO, *à Bartholo* – Et qui ne vous a pas coûté une obole[1].

BARTHOLO – Et les cent écus qu'il m'a pris ?

MARCELINE, *le caressant* – Nous aurons tant de soin de vous, papa !

SUZANNE, *le caressant* – Nous vous aimerons tant, petit papa !

BARTHOLO, *attendri* – Papa ! bon papa ! petit papa ! Voilà que je suis plus bête encore que Monsieur, moi. *(Montrant Brid'oison.)* Je me laisse aller comme un enfant. *(Marceline et Suzanne l'embrassent.)* Oh ! non, je n'ai pas dit oui. *(Il se retourne.)* Qu'est donc devenu Monseigneur ?

FIGARO – Courons le joindre ; arrachons-lui son dernier mot. S'il machinait quelque autre intrigue, il faudrait tout recommencer.

TOUS ENSEMBLE – Courons, courons.

Ils entraînent Bartholo dehors.

Note

1. **obole** : petite unité de monnaie datant de l'Antiquité.

SCÈNE 20

BRID'OISON, *seul.*

Plus bê-ête encore que Monsieur! On peut se dire à soi-même ces-es sortes de choses-là, mais… I-ils ne sont pas polis du tout dan-ans cet endroit-ci.

Il sort.

Acte IV

Le théâtre représente une galerie ornée de candélabres[1]*, de lustres allumés, de fleurs, de guirlandes, en un mot, préparée pour donner une fête. Sur le devant, à droite, est une table avec une écritoire, un fauteuil derrière.*

SCÈNE 1

FIGARO, SUZANNE

FIGARO, *la tenant à bras-le-corps* – Eh bien ! amour, es-tu contente[2] ? Elle a converti[3] son docteur, cette fine langue dorée[4] de ma mère ! Malgré sa répugnance, il l'épouse, et ton bourru d'oncle est bridé ; il n'y a que Monseigneur qui rage, car enfin notre hymen[5] va devenir le prix du leur. Ris donc un peu de ce bon résultat.

SUZANNE – As-tu rien vu de plus étrange ?

Notes

1. ***candélabres*** : grands flambeaux à plusieurs branches.
2. **contente** : satisfaite (sens plus fort qu'aujourd'hui).
3. **converti** : fait changé d'avis.
4. **cette fine langue dorée** : Marceline est éloquente, elle « parle d'or ».
5. **hymen** : mariage.

FIGARO – Ou plutôt d'aussi gai. Nous ne voulions qu'une dot arrachée à l'Excellence ; en voilà deux dans nos mains, qui ne sortent pas des siennes. Une rivale acharnée te poursuivait ; j'étais tourmenté par une furie[1] ; tout cela s'est changé, pour nous, dans *la plus bonne*[2] des mères. Hier, j'étais comme seul au monde, et voilà que j'ai tous mes parents ; pas si magnifiques, il est vrai, que je me les étais galonnés[3] ; mais assez bien pour nous, qui n'avons pas la vanité des riches.

SUZANNE – Aucune des choses que tu avais disposées, que nous attendions, mon ami, n'est pourtant arrivée !

FIGARO – Le hasard a mieux fait que nous tous, ma petite. Ainsi va le monde ; on travaille, on projette, on arrange d'un côté ; la fortune[4] accomplit de l'autre : et depuis l'affamé conquérant qui voudrait avaler la terre, jusqu'au paisible aveugle qui se laisse mener par son chien, tous sont le jouet de ses caprices ; encore l'aveugle au chien est-il souvent mieux conduit, moins trompé dans ses vues que l'autre aveugle avec son entourage. – Pour cet aimable aveugle qu'on nomme Amour[5]...

Il la reprend tendrement à bras-le-corps.

SUZANNE – Ah ! c'est le seul qui m'intéresse !

FIGARO – Permets donc que, prenant l'emploi de la Folie[6], je sois le bon chien qui le mène à ta jolie mignonne porte ; et nous voilà logés pour la vie.

Notes

1. **furie** : déesse de la Vengeance romaine qui poursuit les criminels. Les Furies sont habituellement trois.
2. ***la plus bonne*** : faute de langue à valeur expressive.
3. **je me les étais galonnés** : je leur avais donné du galon. Figaro imaginait ses parents plus haut placés dans la société.
4. **la fortune** : le hasard.
5. **cet aimable aveugle qu'on nomme Amour** : l'Amour est traditionnellement représenté comme un enfant aux yeux bandés qui décoche ses flèches au hasard.
6. **l'emploi de la Folie** : un récit mythologique raconte que la Folie aveugla l'Amour et pour cela fut obligée de lui servir de guide.

SUZANNE, *riant* – L'Amour et toi ?

FIGARO – Moi et l'Amour.

SUZANNE – Et vous ne chercherez pas d'autre gîte ?

FIGARO – Si tu m'y prends, je veux bien que mille millions de galants…

SUZANNE – Tu vas exagérer : dis ta bonne vérité.

FIGARO – Ma vérité la plus vraie !

SUZANNE – Fi donc[1], vilain ! en a-t-on plusieurs ?

FIGARO – Oh ! que oui. Depuis qu'on a remarqué qu'avec le temps vieilles folies deviennent sagesse, et qu'anciens petits mensonges assez mal plantés ont produit de grosses, grosses vérités, on en a de mille espèces. Et celles qu'on sait, sans oser les divulguer : car toute vérité n'est pas bonne à dire ; et celles qu'on vante, sans y ajouter foi : car toute vérité n'est pas bonne à croire ; et les serments passionnés, les menaces des mères, les protestations des buveurs, les promesses des gens en place, le dernier mot de nos marchands, cela ne finit pas. Il n'y a que mon amour pour Suzon qui soit une vérité de bon aloi[2].

SUZANNE – J'aime ta joie, parce qu'elle est folle ; elle annonce que tu es heureux. Parlons du rendez-vous du Comte.

FIGARO – Ou plutôt n'en parlons jamais ; il a failli me coûter Suzanne.

SUZANNE – Tu ne veux donc plus qu'il ait lieu ?

FIGARO – Si vous m'aimez, Suzon, votre parole d'honneur sur ce point : qu'il s'y morfonde ; et c'est sa punition.

SUZANNE – Il m'en a plus coûté de l'accorder que je n'ai de peine à le rompre : il n'en sera plus question.

Notes

1. **Fi donc** : expression qui marque le mépris.

2. **de bon aloi** : de bonne qualité.

FIGARO – Ta bonne vérité ?

SUZANNE – Je ne suis pas comme vous autres savants, moi ! je n'en ai qu'une.

FIGARO – Et tu m'aimeras un peu ?

SUZANNE – Beaucoup.

FIGARO – Ce n'est guère.

SUZANNE – Et comment ?

FIGARO – En fait d'amour, vois-tu, trop n'est même pas assez.

SUZANNE – Je n'entends[1] pas toutes ces finesses, mais je n'aimerai que mon mari.

FIGARO – Tiens parole, et tu feras une belle exception à l'usage.

Il veut l'embrasser.

SCÈNE 2

FIGARO, SUZANNE, LA COMTESSE

LA COMTESSE – Ah ! j'avais raison de le dire ; en quelque endroit qu'ils soient, croyez qu'ils sont ensemble. Allons donc, Figaro, c'est voler l'avenir, le mariage et vous-même, que d'usurper[2] un tête-à-tête. On vous attend, on s'impatiente.

FIGARO – Il est vrai, Madame, je m'oublie. Je vais leur montrer mon excuse.

Il veut emmener Suzanne.

LA COMTESSE *la retient* – Elle vous suit.

Notes

1. **n'entends :** ne comprends.

2. **usurper :** s'emparer injustement de quelque chose.

SCÈNE 3

SUZANNE, LA COMTESSE

LA COMTESSE – As-tu ce qu'il nous faut pour troquer[1] de vêtement ?

SUZANNE – Il ne faut rien, Madame ; le rendez-vous ne tiendra pas.

LA COMTESSE – Ah ! vous changez d'avis ?

SUZANNE – C'est Figaro.

LA COMTESSE – Vous me trompez.

SUZANNE – Bonté divine !

LA COMTESSE – Figaro n'est pas homme à laisser échapper une dot.

SUZANNE – Madame ! eh ! que croyez-vous donc ?

LA COMTESSE – Qu'enfin, d'accord avec le Comte, il vous fâche[2] à présent de m'avoir confié ses projets. Je vous sais par cœur. Laissez-moi.

Elle veut sortir.

SUZANNE *se jette à genoux* – Au nom du Ciel, espoir de tous ! Vous ne savez pas, Madame, le mal que vous faites à Suzanne ! Après vos bontés continuelles et la dot que vous me donnez !...

LA COMTESSE *la relève* – Hé mais... je ne sais ce que je dis ! En me cédant ta place au jardin, tu n'y vas pas, mon cœur ; tu tiens parole à ton mari, tu m'aides à ramener le mien.

SUZANNE – Comme vous m'avez affligée !

LA COMTESSE – C'est que je ne suis qu'une étourdie. *(Elle la baise au front.)* Où est ton rendez-vous ?

SUZANNE *lui baise la main* – Le mot de jardin m'a seul frappée.

Notes

1. **troquer** : changer.

2. **il vous fâche** : vous regrettez.

LA COMTESSE, *montrant la table* – Prends cette plume, et fixons un endroit.

SUZANNE – Lui écrire !

LA COMTESSE – Il le faut.

SUZANNE – Madame ! au moins c'est vous…

LA COMTESSE – Je mets tout sur mon compte.

Suzanne s'assied, la Comtesse dicte.

Chanson nouvelle, sur l'air : « Qu'il fera beau ce soir sous les grands marronniers… Qu'il fera beau ce soir… »

SUZANNE *écrit* – « Sous les grands marronniers… » Après ?

LA COMTESSE – Crains-tu qu'il ne t'entende pas[1] ?

SUZANNE *relit* – C'est juste. *(Elle plie le billet.)* Avec quoi cacheter ?

LA COMTESSE – Une épingle, dépêche : elle servira de réponse. Écris sur le revers : *Renvoyez-moi le cachet.*

SUZANNE *écrit en riant* – Ah ! *le cachet !*… Celui-ci, Madame, est plus gai que celui du brevet[2].

LA COMTESSE, *avec un souvenir douloureux* – Ah !

SUZANNE *cherche sur elle* – Je n'ai pas d'épingle, à présent !

LA COMTESSE *détache sa lévite*[3] – Prends celle-ci. *(Le ruban du page tombe de son sein à terre.)* Ah ! mon ruban !

SUZANNE *le ramasse* – C'est celui du petit voleur ! Vous avez eu la cruauté ?…

LA COMTESSE – Fallait-il le laisser à son bras ? C'eût été joli ! Donnez donc !

Notes

1. **ne t'entende pas** : ne te comprenne pas.

2. **brevet** : copie de l'acte qui vient de nommer Chérubin officier.

3. ***lévite*** : sorte de longue redingote.

SUZANNE – Madame ne le portera plus, taché du sang de ce jeune homme.

LA COMTESSE *le reprend* – Excellent pour Fanchette. Le premier bouquet qu'elle m'apportera…

SCÈNE 4

UNE JEUNE BERGÈRE, CHÉRUBIN, *en fille*, FANCHETTE *et beaucoup de jeunes filles habillées comme elle, et tenant des bouquets*, LA COMTESSE, SUZANNE

FANCHETTE – Madame, ce sont les filles du bourg qui viennent vous présenter des fleurs.

LA COMTESSE, *serrant*[1] *vite son ruban* – Elles sont charmantes. Je me reproche, mes belles petites, de ne pas vous connaître toutes. *(Montrant Chérubin.)* Quelle est cette aimable enfant qui a l'air si modeste ?

UNE BERGÈRE – C'est une cousine à moi, Madame, qui n'est ici que pour la noce.

LA COMTESSE – Elle est jolie. Ne pouvant porter vingt bouquets, faisons honneur à l'étrangère. *(Elle prend le bouquet de Chérubin, et le baise au front.)* Elle en rougit ! *(À Suzanne.)* Ne trouves-tu pas, Suzon… qu'elle ressemble à quelqu'un ?

SUZANNE – À s'y méprendre, en vérité.

CHÉRUBIN, *à part, les mains sur son cœur* – Ah ! ce baiser-là m'a été bien loin !

Note

1. ***serrant*** : mettant à l'abri.

SCÈNE 5

LES JEUNES FILLES, CHÉRUBIN *au milieu d'elles*, FANCHETTE, ANTONIO, LE COMTE, LA COMTESSE, SUZANNE

ANTONIO – Moi je vous dis, Monseigneur, qu'il y est ; elles l'ont habillé chez ma fille ; toutes ses hardes[1] y sont encore, et voilà son chapeau d'ordonnance[2] que j'ai retiré du paquet. *(Il s'avance et regardant toutes les filles, il reconnaît Chérubin, lui enlève son bonnet de femme, ce qui fait retomber ses longs cheveux en cadenette[3]. Il lui met sur la tête le chapeau d'ordonnance et dit :)* Eh parguenne[4], v'là notre officier !

LA COMTESSE *recule* – Ah ! Ciel !

SUZANNE – Ce friponneau[5] !

ANTONIO – Quand je disais là-haut que c'était lui !...

LE COMTE, *en colère* – Eh bien, Madame ?

LA COMTESSE – Eh bien, Monsieur ! vous me voyez plus surprise que vous et, pour le moins, aussi fâchée.

LE COMTE – Oui ; mais tantôt, ce matin ?

LA COMTESSE – Je serais coupable, en effet, si je dissimulais encore. Il était descendu chez moi. Nous entamions le badinage[6] que ces enfants viennent d'achever ; vous nous avez surprises l'habillant : votre premier mouvement est si vif ! il s'est sauvé, je me suis troublée ; l'effroi général a fait le reste.

LE COMTE, *avec dépit[7], à Chérubin* – Pourquoi n'êtes-vous pas parti ?

CHÉRUBIN, *ôtant son chapeau brusquement* – Monseigneur...

Notes

1. **hardes** : vêtements.
2. **chapeau d'ordonnance** : chapeau de soldat.
3. ***cadenette*** : tresse de cheveux portée de chaque côté de la figure par les militaires de certaines unités.
4. **parguenne** : juron paysan, déformation de *par Dieu*.
5. **friponneau** : petit fripon.
6. **badinage** : jeu, plaisanterie.
7. ***dépit*** : ressentiment.

LE COMTE – Je punirai ta désobéissance.

FANCHETTE, *étourdiment* – Ah, Monseigneur, entendez-moi[1] ! Toutes les fois que vous venez m'embrasser, vous savez bien que vous dites toujours : *Si tu veux m'aimer, petite Fanchette, je te donnerai ce que tu voudras.*

LE COMTE, *rougissant* – Moi ! j'ai dit cela ?

FANCHETTE – Oui, Monseigneur. Au lieu de punir Chérubin, donnez-le-moi en mariage, et je vous aimerai à la folie.

LE COMTE, *à part* – Être ensorcelé par un page[2] !

LA COMTESSE – Eh bien, Monsieur, à votre tour ! L'aveu de cet enfant aussi naïf que le mien atteste enfin deux vérités : que c'est toujours sans le vouloir si je cause des inquiétudes, pendant que vous épuisez tout pour augmenter et justifier les miennes.

ANTONIO – Vous aussi, Monseigneur ? Dame ! je vous la[3] redresserai comme feu[4] sa mère, qui est morte… Ce n'est pas pour la conséquence ; mais c'est que Madame sait bien que les petites filles, quand elles sont grandes…

LE COMTE, *déconcerté, à part* – Il y a un mauvais génie qui tourne tout ici contre moi !

SCÈNE 6

LES JEUNES FILLES, CHÉRUBIN, ANTONIO, FIGARO, LE COMTE, LA COMTESSE, SUZANNE

FIGARO – Monseigneur, si vous retenez nos filles, on ne pourra commencer ni la fête, ni la danse.

LE COMTE – Vous, danser ! vous n'y pensez pas. Après votre chute de ce matin, qui vous a foulé le pied droit !

Notes

1. **entendez-moi** : écoutez ma prière.
2. **page** : jeune noble au service d'un seigneur.
3. **la** : il s'agit de Fanchette.
4. **feu** : défunte depuis peu.

FIGARO, *remuant la jambe* – Je souffre encore un peu ; ce n'est rien. *(Aux jeunes filles.)* Allons, mes belles, allons !

LE COMTE *le retourne* – Vous avez été fort heureux que ces couches ne fussent que du terreau bien doux !

FIGARO – Très heureux, sans doute ; autrement…

ANTONIO *le retourne* – Puis il s'est pelotonné en tombant jusqu'en bas.

FIGARO – Un plus adroit, n'est-ce pas, serait resté en l'air ? *(Aux jeunes filles.)* Venez-vous, mesdemoiselles ?

ANTONIO *le retourne* – Et, pendant ce temps, le petit page galopait sur son cheval à Séville ?

FIGARO – Galopait, ou marchait au pas…

LE COMTE *le retourne* – Et vous aviez son brevet dans la poche ?

FIGARO, *un peu étonné* – Assurément ; mais quelle enquête ? *(Aux jeunes filles.)* Allons donc, jeunes filles !

ANTONIO, *attirant Chérubin par le bras* – En voici une qui prétend que mon neveu futur n'est qu'un menteur.

FIGARO, *surpris* – Chérubin !… *(À part.)* Peste du petit fat[1] !

ANTONIO – Y es-tu maintenant ?

FIGARO, *cherchant* – J'y suis… j'y suis… Hé ! qu'est-ce qu'il chante ?

LE COMTE, *sèchement* – Il ne chante pas ; il dit que c'est lui qui a sauté sur les giroflées.

FIGARO, *rêvant* – Ah ! s'il le dit… cela se peut. Je ne dispute[2] pas de ce que j'ignore.

LE COMTE – Ainsi vous et lui ?…

Notes

1. **fat** : prétentieux.

2. **dispute** : discute, conteste.

FIGARO – Pourquoi non ? la rage de sauter peut gagner : voyez les moutons de Panurge[1] ; et quand vous êtes en colère, il n'y a personne qui n'aime mieux risquer…

LE COMTE – Comment, deux à la fois !…

FIGARO – On aurait sauté deux douzaines. Et qu'est-ce que cela fait, Monseigneur, dès qu'il[2] n'y a personne de blessé ? *(Aux jeunes filles.)* Ah çà, voulez-vous venir, ou non ?

LE COMTE, *outré* – Jouons-nous une comédie ?[3]

On entend un prélude de fanfare.

FIGARO – Voilà le signal de la marche. À vos postes, les belles, à vos postes ! Allons, Suzanne, donne-moi le bras.

Tous s'enfuient ; Chérubin reste seul, la tête baissée.

SCÈNE 7

CHÉRUBIN, LE COMTE, LA COMTESSE

LE COMTE, *regardant aller Figaro* – En voit-on de plus audacieux ? *(Au page.)* Pour vous, monsieur le sournois, qui faites le honteux, allez vous rhabiller bien vite, et que je ne vous rencontre nulle part de la soirée.

LA COMTESSE – Il va bien s'ennuyer.

CHÉRUBIN, *étourdiment* – M'ennuyer ! j'emporte à mon front du bonheur pour plus de cent années de prison.

Il met son chapeau et s'enfuit.

Notes

1. **les moutons de Panurge** : allusion aux moutons du célèbre personnage de Rabelais qui sautèrent tous d'un bateau et se noyèrent (*Quart Livre*, chap. VIII).

2. **dès qu'il** : à partir du moment où il.

3. Beaumarchais s'amuse en introduisant le théâtre dans le théâtre.

SCÈNE 8

LE COMTE, LA COMTESSE

La Comtesse s'évente fortement sans parler.

LE COMTE – Qu'a-t-il au front de si heureux ?

LA COMTESSE, *avec embarras* – Son… premier chapeau d'officier, sans doute ; aux enfants tout sert de hochet.

Elle veut sortir.

LE COMTE – Vous ne nous restez pas, Comtesse ?

LA COMTESSE – Vous savez que je ne me porte pas bien.

LE COMTE – Un instant pour votre protégée, ou je vous croirais en colère.

LA COMTESSE – Voici les deux noces, asseyons-nous donc pour les recevoir.

LE COMTE, *à part* – La noce ! Il faut souffrir de[1] ce qu'on ne peut empêcher.

Le Comte et la Comtesse s'asseyent vers un des côtés de la galerie.

SCÈNE 9

LE COMTE, LA COMTESSE, *assis ; l'on joue les* Folies d'Espagne *d'un mouvement de marche. (Symphonie notée.)*

MARCHE

LES GARDES-CHASSE, *fusil sur l'épaule.*

L'ALGUAZIL[2]. LES PRUD'HOMMES[3]. BRID'OISON.

LES PAYSANS ET PAYSANNES *en habits de fête.*

DEUX JEUNES FILLES, *portant la toque virginale*[4] *à plumes blanches.*

Notes

1. **souffrir de** : supporter.
2. **Alguazil** : huissier.
3. **prud'hommes** : conseillers dans les tribunaux.
4. ***virginale*** : d'une jeune fille vierge.

DEUX AUTRES, *le voile blanc.*

DEUX AUTRES, *les gants et le bouquet de côté.*

ANTONIO *donne la main à* SUZANNE, *comme étant celui qui la marie à* FIGARO.

D'AUTRES JEUNES FILLES *portent une autre toque, un autre voile, un autre bouquet blanc, semblables aux premiers, pour* MARCELINE.

FIGARO *donne la main à* MARCELINE, *comme celui qui doit la remettre au* DOCTEUR, *lequel ferme la marche, un gros bouquet au côté. Les jeunes filles, en passant devant le Comte, remettent à ses valets tous les ajustements destinés à* SUZANNE *et à* MARCELINE.

LES PAYSANS ET PAYSANNES *s'étant rangés sur deux colonnes à chaque côté du salon, on danse une reprise du fandango*[1] *(air noté) avec des castagnettes ; puis on joue la ritournelle*[2] *du duo, pendant laquelle* ANTONIO *conduit* SUZANNE *au* COMTE *; elle se met à genoux devant lui.*

Pendant que le COMTE *lui pose la toque, le voile, et lui donne le bouquet, deux jeunes filles chantent le duo suivant (air noté) :*

Jeune épouse, chantez les bienfaits et la gloire
D'un maître qui renonce aux droits qu'il eut sur vous :
Préférant au plaisir la plus noble victoire,
Il vous rend chaste et pure aux mains de votre époux.

SUZANNE *est à genoux, et, pendant les derniers vers du duo, elle tire le* COMTE *par son manteau et lui montre le billet qu'elle tient : puis elle porte la main qu'elle a du côté des spectateurs à sa tête, où le* COMTE *a l'air d'ajuster sa toque ; elle lui donne le billet.*

LE COMTE *le met furtivement dans son sein ; on achève de chanter le duo : la fiancée se relève, et lui fait une grande révérence.*

Notes

1. ***fandango*** : danse et air de danse espagnols de rythme assez vif, avec accompagnement de guitare et de castagnettes.

2. ***ritournelle*** : courte phrase qui précède ou suit un chant.

FIGARO *vient la recevoir des mains du* COMTE, *et se retire avec elle à l'autre côté du salon, près de* MARCELINE. *(On danse une autre reprise du fandango pendant ce temps.)*

LE COMTE, *pressé de lire ce qu'il a reçu, s'avance au bord du théâtre et tire le papier de son sein; mais en le sortant il fait le geste d'un homme qui s'est cruellement piqué le doigt; il le secoue, le presse, le suce, et regardant le papier cacheté d'une épingle, il dit :*

LE COMTE – *(Pendant qu'il parle, ainsi que Figaro, l'orchestre joue pianissimo.)* Diantre soit des femmes, qui fourrent des épingles partout!

Il la jette à terre, puis il lit le billet et le baise.

FIGARO, *qui a tout vu, dit à sa mère et à Suzanne :* C'est un billet doux, qu'une fillette aura glissé dans sa main en passant. Il était cacheté d'une épingle, qui l'a outrageusement piqué.

La danse reprend : le Comte qui a lu le billet le retourne; il y voit l'invitation de renvoyer le cachet pour réponse. Il cherche à terre, et retrouve enfin l'épingle qu'il attache à sa manche.

FIGARO, *à Suzanne et à Marceline* – D'un objet aimé tout est cher. Le voilà qui ramasse l'épingle. Ah! c'est une drôle de tête!

Pendant ce temps, Suzanne a des signes d'intelligence[1] *avec la Comtesse. La danse finit; la ritournelle du duo recommence.*

FIGARO *conduit Marceline au Comte, ainsi qu'on a conduit Suzanne; à l'instant où le Comte prend la toque, et où l'on va chanter le duo, on est interrompu par les cris suivants :*

L'HUISSIER, *criant à la porte* – Arrêtez donc, messieurs! vous ne pouvez entrer tous… Ici les gardes! les gardes!

Les gardes vont vite à cette porte.

LE COMTE, *se levant* – Qu'est-ce qu'il y a?

Note

1. ***signes d'intelligence*** : les deux femmes se font signe qu'elles se comprennent.

L'HUISSIER – Monseigneur, c'est monsieur Bazile entouré d'un village entier, parce qu'il chante en marchant.

LE COMTE – Qu'il entre seul.

LA COMTESSE – Ordonnez-moi de me retirer.

LE COMTE – Je n'oublie pas votre complaisance.

LA COMTESSE – Suzanne !… Elle reviendra. *(À part, à Suzanne.)* Allons changer d'habits.

Elle sort avec Suzanne.

MARCELINE – Il n'arrive jamais que pour nuire.

FIGARO – Ah ! je m'en vais vous le faire déchanter[1].

SCÈNE 10

TOUS LES ACTEURS PRÉCÉDENTS, *excepté* LA COMTESSE ET SUZANNE ; BAZILE *tenant sa guitare ;* GRIPE-SOLEIL

BAZILE *entre en chantant sur l'air du vaudeville[2] de la fin. (Air noté.)*

Cœurs sensibles, cœurs fidèles,
Qui blâmez l'amour léger,
Cessez vos plaintes cruelles :
Est-ce un crime de changer ?
Si l'Amour porte des ailes,
N'est-ce pas pour voltiger ?
N'est-ce pas pour voltiger ?
N'est-ce pas pour voltiger ?

Notes

1. **déchanter** : jeu de mots sur le sens propre du verbe qui peut ici signifier « cesser de chanter » (Bazile est maître à chanter) et sur le sens figuré, « être déçu dans ses espérances ».

2. ***vaudeville*** : nouveau couplet chanté sur un air ancien. Ce terme finit par donner son nom à un type de comédie en vogue au XIXe siècle.

FIGARO *s'avance à lui* – Oui, c'est pour cela justement qu'il a des ailes au dos. Notre ami, qu'entendez-vous par cette musique ?

BAZILE, *montrant Gripe-Soleil* – Qu'après avoir prouvé mon obéissance à Monseigneur en amusant Monsieur, qui est de sa compagnie, je pourrai à mon tour réclamer sa justice.

GRIPE-SOLEIL – Bah ! Monseigneu, il ne m'a pas amusé du tout : avec leux[1] guenilles d'ariettes[2]…

LE COMTE – Enfin que demandez-vous, Bazile ?

BAZILE – Ce qui m'appartient, Monseigneur, la main de Marceline ; et je viens m'opposer…

FIGARO *s'approche* – Y a-t-il longtemps que Monsieur n'a vu la figure d'un fou ?

BAZILE – Monsieur, en ce moment même.

FIGARO – Puisque mes yeux vous servent si bien de miroir, étudiez-y l'effet de ma prédiction. Si vous faites mine seulement d'approximer[3] Madame…

BARTHOLO, *en riant* – Eh pourquoi ? Laisse-le parler.

BRID'OISON *s'avance entre deux* – Fau-aut-il que deux amis ?…

FIGARO – Nous, amis !

BAZILE – Quelle erreur !

FIGARO, *vite* – Parce qu'il fait de plats airs de chapelle ?

BAZILE, *vite* – Et lui, des vers comme un journal ?

FIGARO, *vite* – Un musicien de guinguette[4] !

Notes

1. **leux** : leurs.
2. **ariettes** : petites mélodies de caractère aimable, que méprise Gripe-Soleil.
3. **approximer** : approcher (néologisme à l'allure savante et grotesque).
4. **guinguette** : cabaret de plein air où l'on va boire, manger et danser.

BAZILE, *vite* – Un postillon[1] de gazette[2].

FIGARO, *vite* – Cuistre[3] d'oratorio[4] !

BAZILE, *vite* – Jockey diplomatique[5] !

LE COMTE, *assis* – Insolents tous les deux !

BAZILE – Il me manque[6] en toute occasion.

FIGARO – C'est bien dit, si cela se pouvait !

BAZILE – Disant partout que je ne suis qu'un sot.

FIGARO – Vous me prenez donc pour un écho ?

BAZILE – Tandis qu'il n'est pas un chanteur que mon talent n'ait fait briller.

FIGARO – Brailler.

BAZILE – Il le répète !

FIGARO – Et pourquoi non, si cela est vrai ? Es-tu un prince, pour qu'on te flagorne[7] ? Souffre[8] la vérité, coquin, puisque tu n'as pas de quoi gratifier[9] un menteur ; ou si tu la crains de notre part, pourquoi viens-tu troubler nos noces ?

BAZILE, *à Marceline* – M'avez-vous promis, oui ou non, si, dans quatre ans, vous n'étiez pas pourvue, de me donner la préférence ?

MARCELINE – À quelle condition l'ai-je promis ?

Notes

1. **postillon** : celui qui monte sur l'un des deux chevaux d'un attelage.
2. **gazette** : petit journal. Bazile fait allusion aux activités passées de Figaro dans le journalisme (voir acte V, scène 3) et futures en tant que courrier de dépêches au service du Comte.
3. **Cuistre** : personne qui fait étalage de son savoir.
4. **oratorio** : composition musicale dramatique.
5. **Jockey diplomatique** : synonyme du *« postillon de gazette »*.
6. **Il me manque** : il me manque de respect.
7. **flagorne** : flatte bassement.
8. **Souffre** : supporte.
9. **gratifier** : récompenser.

BAZILE – Que si vous retrouviez un certain fils perdu, je l'adopterais par complaisance[1].

TOUS ENSEMBLE – Il est trouvé.

BAZILE – Qu'à cela ne tienne !

TOUS ENSEMBLE, *montrant Figaro* – Et le voici.

BAZILE, *reculant de frayeur* – J'ai vu le diable !

BRID'OISON, *à Bazile* – Et vou-ous renoncez à sa chère mère ?

BAZILE – Qu'y aurait-il de plus fâcheux que d'être cru le père d'un garnement ?

FIGARO – D'en être cru le fils ; tu te moques de moi !

BAZILE, *montrant Figaro* – Dès que Monsieur est de quelque chose[2] ici, je déclare, moi, que je n'y suis plus de rien.

Il sort.

SCÈNE 11

LES ACTEURS PRÉCÉDENTS, *excepté* BAZILE

BARTHOLO, *riant* – Ah ! ah ! ah ! ah !

FIGARO, *sautant de joie* – Donc à la fin j'aurai ma femme !

LE COMTE, *à part* – Moi, ma maîtresse.

Il se lève.

BRID'OISON, *à Marceline* – Et tou-out le monde est satisfait.

LE COMTE – Qu'on dresse les deux contrats ; j'y signerai.

TOUS ENSEMBLE – Vivat[3] !

Notes

1. **complaisance** : désir de rendre service.
2. **est de quelque chose** : est concerné par quelque chose.
3. **Vivat** : bravo.

Ils sortent.

LE COMTE – J'ai besoin d'une heure de retraite[1].

Il veut sortir avec les autres.

SCÈNE 12

GRIPE-SOLEIL, FIGARO, MARCELINE, LE COMTE

GRIPE-SOLEIL, *à Figaro* – Et moi, je vais aider à ranger le feu d'artifice sous les grands marronniers, comme on l'a dit.

LE COMTE *revient en courant* – Quel sot a donné un tel ordre ?

FIGARO – Où est le mal ?

LE COMTE, *vivement* – Et la Comtesse qui est incommodée, d'où le verra-t-elle, l'artifice ? C'est sur la terrasse qu'il le faut, vis-à-vis son appartement.

FIGARO – Tu l'entends, Gripe-Soleil ? la terrasse.

LE COMTE – Sous les grands marronniers ! belle idée ! *(En s'en allant, à part.)* Ils allaient incendier[2] mon rendez-vous !

SCÈNE 13

FIGARO, MARCELINE

FIGARO – Quel excès d'attention pour sa femme !

Il veut sortir.

MARCELINE *l'arrête* – Deux mots, mon fils. Je veux m'acquitter[3] avec toi : un sentiment mal dirigé m'avait rendue injuste envers ta charmante femme ; je la supposais d'accord avec le

Notes

1. **retraite** : éloignement momentané du monde.

2. **incendier** : jeu de mots sur le sens propre et figuré du verbe. En mettant des feux d'artifice sous les marronniers, Gripe-Soleil va gâcher le rendez-vous secret de Suzanne et du Comte.

3. **m'acquitter** : faire ce que je dois.

Comte, quoique j'eusse appris de Bazile qu'elle l'avait toujours rebuté[1].

FIGARO – Vous connaissiez mal votre fils de le croire ébranlé par ces impulsions féminines[2]. Je puis défier la plus rusée de m'en faire accroire[3].

MARCELINE – Il est toujours heureux de le penser, mon fils; la jalousie…

FIGARO – … N'est qu'un sot enfant de l'orgueil, ou c'est la maladie d'un fou. Oh! j'ai là-dessus, ma mère, une philosophie… imperturbable; et si Suzanne doit me tromper un jour, je le lui pardonne d'avance; elle aura longtemps travaillé…

Il se retourne et aperçoit Fanchette qui cherche de côté et d'autre.

SCÈNE 14

FIGARO, FANCHETTE, MARCELINE

FIGARO – Eeeh!… ma petite cousine qui nous écoute!

FANCHETTE – Oh! pour ça, non : on dit que c'est malhonnête.

FIGARO – Il est vrai; mais comme cela est utile, on fait aller souvent l'un pour l'autre.

FANCHETTE – Je regardais si quelqu'un était là.

FIGARO – Déjà dissimulée[4], friponne[5]! vous savez bien qu'il n'y peut être.

FANCHETTE – Et qui donc?

FIGARO – Chérubin.

Notes

1. **rebuté** : repoussé.
2. **ces impulsions féminines** : les mauvais sentiments jadis éprouvés par Marceline.
3. **m'en faire accroire** : me faire croire des mensonges.
4. **dissimulée** : menteuse.
5. **friponne** : personne malhonnête.

FANCHETTE – Ce n'est pas lui que je cherche, car je sais fort bien où il est ; c'est ma cousine Suzanne.

FIGARO – Et que lui veut ma petite cousine ?

FANCHETTE – À vous, petit cousin, je le dirai. C'est... ce n'est qu'une épingle que je veux lui remettre.

FIGARO, *vivement* – Une épingle ! une épingle !... Et de quelle part, coquine ? À votre âge, vous faites déjà un mét... *(Il se reprend et dit d'un ton doux.)* Vous faites déjà très bien tout ce que vous entreprenez, Fanchette ; et ma jolie cousine est si obligeante[1]...

FANCHETTE – À qui donc en a-t-il de se fâcher ?[2] Je m'en vais.

FIGARO, *l'arrêtant* – Non, non, je badine[3]. Tiens, ta petite épingle est celle que Monseigneur t'a dit de remettre à Suzanne, et qui servait à cacheter un petit papier qu'il tenait : tu vois que je suis au fait.

FANCHETTE – Pourquoi donc le demander, quand vous le savez si bien ?

FIGARO, *cherchant* – C'est qu'il est assez gai de savoir comment Monseigneur s'y est pris pour te donner la commission.

FANCHETTE, *naïvement* – Pas autrement que vous le dites : *Tiens, petite Fanchette, rends cette épingle à ta belle cousine, et dis-lui seulement que c'est le cachet des grands marronniers.*

FIGARO – *Des grands...*

FANCHETTE – *Marronniers.* Il est vrai qu'il a ajouté : *Prends garde que personne ne te voie.*

Notes

1. **obligeante** : serviable, aimable.

2. Après qui donc en a-t-il pour se fâcher ? (L'emploi des prépositions est plus lâche qu'en français moderne.)

3. **badine** : plaisante.

FIGARO – Il faut obéir, ma cousine : heureusement personne ne vous a vue. Faites donc joliment votre commission, et n'en dites pas plus à Suzanne que Monseigneur n'a ordonné.

FANCHETTE – Et pourquoi lui en dirais-je ? Il me prend pour un enfant, mon cousin.

Elle sort en sautant.

SCÈNE 15

FIGARO, MARCELINE

FIGARO – Hé bien, ma mère ?

MARCELINE – Hé bien, mon fils ?

FIGARO, *comme étouffé* – Pour celui-ci[1] !... Il y a réellement des choses... !

MARCELINE – Il y a des choses ! Hé, qu'est-ce qu'il y a ?

FIGARO, *les mains sur sa poitrine* – Ce que je viens d'entendre, ma mère, je l'ai là comme un plomb.

MARCELINE, *riant* – Ce cœur plein d'assurance n'était donc qu'un ballon gonflé ? une épingle a tout fait partir !

FIGARO, *furieux* – Mais cette épingle, ma mère, est celle qu'il a ramassée !

MARCELINE, *rappelant ce qu'il a dit* – La jalousie ! oh ! j'ai là-dessus, ma mère, une philosophie... imperturbable ; et si Suzanne m'attrape un jour, je le lui pardonne...

FIGARO, *vivement* – Oh, ma mère ! On parle comme on sent : mettez le plus glacé des juges à plaider dans sa propre cause, et voyez-le expliquer la loi ! Je ne m'étonne plus s'il avait tant

Note

1. **Pour celui-ci** : pour ce coup-ci.

d'humeur sur ce feu[1] ! Pour la mignonne aux fines épingles[2], elle n'en est pas où elle le croit, ma mère, avec ses marronniers ! Si mon mariage est assez fait pour légitimer ma colère[3], en revanche il ne l'est pas assez pour que je n'en puisse épouser une autre, et l'abandonner…

MARCELINE – Bien conclu ! Abîmons[4] tout sur un soupçon. Qui t'a prouvé, dis-moi, que c'est toi qu'elle joue[5], et non le Comte ? L'as-tu étudiée[6] de nouveau, pour la condamner sans appel ? Sais-tu si elle se rendra sous les arbres, à quelle intention elle y va ? ce qu'elle y dira, ce qu'elle y fera ? Je te croyais plus fort en jugement !

FIGARO, *lui baisant la main avec transport* – Elle a raison, ma mère ; elle a raison, raison, toujours raison ! Mais accordons, maman, quelque chose à la nature : on en vaut mieux après. Examinons en effet avant d'accuser et d'agir. Je sais où est le rendez-vous. Adieu, ma mère.

Il sort.

Notes

1. **tant d'humeur sur ce feu** : tant de mauvaise humeur contre ce feu d'artifice.
2. **fines épingles** : l'adjectif « *fines* » peut être pris au sens propre mais également au sens de « rusées ».
3. **Si mon mariage [...] colère** : le mariage est assez avancé pour que Figaro se sente officiellement trompé et offensé.
4. **Abîmons** : perdons.
5. **qu'elle joue** : qu'elle trompe.
6. **étudiée** : observée.

SCÈNE 16

MARCELINE, *seule.*

Adieu. Et moi aussi, je le sais. Après l'avoir arrêté, veillons sur les voies[1] de Suzanne, ou plutôt avertissons-la ; elle est si jolie créature ! Ah ! quand l'intérêt personnel ne nous arme pas les unes contre les autres, nous sommes toutes portées à soutenir notre pauvre sexe opprimé contre ce fier, ce terrible… *(en riant)* et pourtant un peu nigaud de sexe masculin.

Elle sort.

Note

1. **voies** : projets.

Acte V

Le théâtre représente une salle de marronniers[1]*, dans un parc ; deux pavillons, kiosques, ou temples de jardin*[2]*, sont à droite et à gauche ; le fond est une clairière ornée, un siège de gazon sur le devant. Le théâtre est obscur.*

SCÈNE 1

FANCHETTE, *seule, tenant d'une main deux biscuits et une orange, et de l'autre une lanterne de papier allumée.*

Dans le pavillon à gauche, a-t-il dit. C'est celui-ci. S'il allait ne pas venir à présent ! mon petit rôle… Ces vilaines gens de l'office[3] qui ne voulaient pas seulement me donner une orange et deux biscuits ! « Pour qui, mademoiselle ? – Eh bien, monsieur, c'est pour quelqu'un. – Oh ! nous savons ». Et quand ça serait ? Parce que Monseigneur ne veut pas le voir, faut-il qu'il meure de faim ? – Tout ça pourtant m'a

Notes

1. ***salle de marronniers*** : parc planté de marronniers de façon géométrique.

2. ***temples de jardin*** : pavillons ouverts de tous côtés.

3. **l'office** : les cuisines.

coûté un fier baiser sur la joue!... Que sait-on? Il me le rendra peut-être. *(Elle voit Figaro qui vient l'examiner; elle fait un cri.)* Ah!...

Elle s'enfuit, et elle entre dans le pavillon à sa gauche.

SCÈNE 2

FIGARO, *un grand manteau sur les épaules, un large chapeau rabattu,* BAZILE, ANTONIO, BARTHOLO, BRID'OISON, GRIPE-SOLEIL, TROUPE DE VALETS ET DE TRAVAILLEURS

FIGARO, *d'abord seul* – C'est Fanchette! *(Il parcourt des yeux les autres à mesure qu'ils arrivent, et dit d'un ton farouche.)* Bonjour, messieurs; bonsoir : êtes-vous tous ici?

BAZILE – Ceux que tu as pressés d'y venir.

FIGARO – Quelle heure est-il bien à peu près?

ANTONIO *regarde en l'air* – La lune devrait être levée.

BARTHOLO – Eh! quels noirs apprêts[1] fais-tu donc? Il a l'air d'un conspirateur!

FIGARO, *s'agitant* – N'est-ce pas pour une noce, je vous prie, que vous êtes rassemblés au château?

BRID'OISON – Cè-ertainement.

ANTONIO – Nous allions là-bas, dans le parc, attendre un signal pour ta fête.

FIGARO – Vous n'irez pas plus loin, messieurs; c'est ici, sous ces marronniers, que nous devons tous célébrer l'honnête fiancée que j'épouse, et le loyal seigneur qui se l'est destinée.

BAZILE, *se rappelant la journée* – Ah! vraiment, je sais ce que c'est. Retirons-nous, si vous m'en croyez : il est question d'un rendez-vous; je vous conterai cela près d'ici.

Note

1. **noirs apprêts** : complots maléfiques.

BRID'OISON, *à Figaro* – Nou-ous reviendrons.

FIGARO – Quand vous m'entendrez appeler, ne manquez pas d'accourir tous ; et dites du mal de Figaro, s'il ne vous fait voir une belle chose.

BARTHOLO – Souviens-toi qu'un homme sage ne se fait point d'affaires[1] avec les grands.

FIGARO – Je m'en souviens.

BARTHOLO – Qu'ils ont quinze et bisque[2] sur nous, par leur état.

FIGARO – Sans leur industrie[3], que vous oubliez. Mais souvenez-vous aussi que l'homme qu'on sait timide est dans la dépendance de tous les fripons[4].

BARTHOLO – Fort bien.

FIGARO – Et que j'ai nom *de Verte-Allure*, du chef honoré de ma mère[5].

BARTHOLO – Il a le diable au corps.

BRID'OISON – I-il l'a.

BAZILE, *à part* – Le Comte et sa Suzanne se sont arrangés sans moi ? Je ne suis pas fâché de l'algarade[6].

FIGARO, *aux valets* – Pour vous autres, coquins, à qui j'ai donné l'ordre, illuminez-moi ces entours[7] ; ou, par la mort que je voudrais tenir aux dents, si j'en saisis un par le bras…

Il secoue le bras de Gripe-Soleil.

Notes

1. affaires : querelles.
2. ils ont quinze et bisque : ils ont l'avantage. Terme de jeu de paume, avantage de quinze points au joueur le moins fort.
3. industrie : ensemble de ruses malhonnêtes.
4. fripons : escrocs, filous.
5. du chef […] mère : qui me vient de ma mère (terme juridique).
6. algarade : dispute inattendue.
7. entours : alentours.

GRIPE-SOLEIL *s'en va en criant et pleurant* – A, a, o, oh! damné brutal!

BAZILE, *en s'en allant* – Le Ciel vous tienne en joie, monsieur du marié[1]!

Ils sortent.

SCÈNE 3

FIGARO, *seul, se promenant dans l'obscurité, dit du ton le plus sombre :*

Ô femme! femme! femme! créature faible et décevante[2]!... nul animal créé ne peut manquer à son instinct : le tien est-il donc de tromper?... Après m'avoir obstinément refusé quand je l'en pressais devant sa maîtresse; à l'instant qu'elle me donne sa parole, au milieu même de la cérémonie... Il riait en lisant, le perfide[3]! et moi comme un benêt[4]... Non, monsieur le Comte, vous ne l'aurez pas... vous ne l'aurez pas. Parce que vous êtes un grand seigneur, vous vous croyez un grand génie!... Noblesse, fortune, un rang, des places, tout cela rend si fier! Qu'avez-vous fait pour tant de biens? Vous vous êtes donné la peine de naître, et rien de plus. Du reste, homme assez ordinaire! tandis que moi, morbleu! perdu dans la foule obscure, il m'a fallu déployer plus de science et de calculs, pour subsister seulement, qu'on n'en a mis depuis cent ans à gouverner toutes les Espagnes! et vous voulez jouter[5]... On vient... c'est elle... ce n'est personne. – La nuit est noire en diable, et me voilà faisant le sot métier

Notes

1. **monsieur du marié** : écho ironique au *« monsieur du Bazile »* (I, 2) que Bazile n'a pas entendu, puisque Figaro était seul en scène.

2. **décevante** : trompeuse (sens premier, beaucoup plus fort que le sens actuel).

3. **perfide** : déloyal.

4. **benêt** : idiot.

5. **jouter** : lutter.

Thénard aîné dans le rôle de Figaro, gravure d'après le dessin d'Adrien Jean-Baptiste Muffat, dit Joly (1776-1839).

de mari[1], quoique je ne le sois qu'à moitié ! *(Il s'assied sur un banc.)* Est-il rien de plus bizarre que ma destinée ? Fils de je ne sais pas qui, volé par des bandits, élevé dans leurs mœurs, je m'en dégoûte et veux courir une carrière honnête ; et partout je suis repoussé ! J'apprends la chimie, la pharmacie, la chirurgie, et tout le crédit d'un grand seigneur peut à peine me mettre à la main une lancette[2] vétérinaire ! – Las d'attrister des bêtes malades, et pour faire un métier contraire[3], je me jette à corps perdu dans le théâtre : me fussé-je mis une pierre au cou ! Je broche[4] une comédie dans les mœurs du sérail[5]. Auteur espagnol, je crois pouvoir y fronder[6] Mahomet sans scrupule : à l'instant un envoyé... de je ne sais où se plaint que j'offense dans mes vers la Sublime-Porte[7], la Perse, une partie de la presqu'île de l'Inde, toute l'Égypte, les royaumes de Barca[8], de Tripoli, de Tunis, d'Alger et du Maroc : et voilà ma comédie flambée[9], pour plaire aux princes mahométans, dont pas un, je crois, ne sait lire, et qui nous meurtrissent l'omoplate, en nous disant : *Chiens de chrétiens !* – Ne pouvant avilir[10] l'esprit, on se venge en le maltraitant. – Mes joues creusaient, mon terme était échu[11] : je voyais de loin arriver l'affreux recors[12], la plume fichée dans sa perruque :

Notes

1. faisant le sot métier de mari : le mari est traditionnellement dans la farce cocu et jaloux.
2. lancette : instrument de chirurgie qui sert à pratiquer les saignées.
3. pour faire un métier contraire : rendre heureux les hommes en bonne santé (qui est le contraire d'attrister les bêtes malades).
4. Je broche : j'écris rapidement.
5. dans les mœurs du sérail : sur les mœurs du sérail, c'est-à-dire le palais turc, qui comprend le harem. Le thème est à la mode (*cf.* les *Lettres persanes* de Montesquieu).
6. fronder : critiquer en se moquant.
7. Sublime-Porte : l'Empire ottoman (actuelle Turquie).
8. les royaumes de Barca : actuelle Libye.
9. ma comédie flambée : au XVIIIe siècle, on fait encore brûler les écrits dangereux pour l'autorité politique et religieuse. Beaumarchais aura lui-même bien des démêlés avec la censure.
10. avilir : dégrader, rabaisser.
11. mon terme était échu : le loyer n'était toujours pas payé.
12. recors : celui qui accompagnait un huissier pour lui servir de témoin et lui prêter main-forte au besoin.

en frémissant je m'évertue. Il s'élève une question sur la nature des richesses ; et, comme il n'est pas nécessaire de tenir les choses pour en raisonner, n'ayant pas un sol[1], j'écris sur la valeur de l'argent et sur son produit net[2] : sitôt je vois du fond d'un fiacre baisser pour moi le pont d'un château fort, à l'entrée duquel je laissai l'espérance et la liberté[3]. *(Il se lève.)* Que je voudrais bien tenir un de ces puissants de quatre jours, si légers sur le mal qu'ils ordonnent, quand une bonne disgrâce a cuvé[4] son orgueil ! Je lui dirais... que les sottises imprimées n'ont d'importance qu'aux lieux où l'on en gêne le cours ; que, sans la liberté de blâmer, il n'est point d'éloge flatteur ; et qu'il n'y a que les petits hommes qui redoutent les petits écrits. *(Il se rassied.)* Las de nourrir un obscur pensionnaire, on me met un jour dans la rue ; et comme il faut dîner, quoiqu'on ne soit plus en prison, je taille encore ma plume, et demande à chacun de quoi il est question : on me dit que, pendant ma retraite économique[5], il s'est établi dans Madrid un système de liberté sur la vente des productions, qui s'étend même à celles de la presse ; et que, pourvu que je ne parle en mes écrits ni de l'autorité, ni du culte, ni de la politique, ni de la morale, ni des gens en place, ni des corps[6] en crédit, ni de l'Opéra, ni des autres spectacles, ni de personne qui tienne à quelque chose, je puis tout imprimer librement, sous l'inspection de deux ou trois censeurs. Pour profiter de cette douce liberté, j'annonce un écrit périodique, et, croyant n'aller sur les brisées[7] d'aucun autre, je le nomme *Journal inutile*. Pou-ou ! je vois s'élever contre moi mille pauvres diables à la

Notes

1. **sol** : unité de monnaie.
2. **produit net** : bénéfice.
3. **l'espérance et la liberté** : allusion biographique. Beaumarchais fut plusieurs fois jeté en prison.
4. **a cuvé** : littéralement, *a fermenté*. L'orgueil diminue à force de mauvais traitements.
5. **retraite économique** : la prison, où l'on ne dépense pas beaucoup d'argent !
6. **corps** : institutions.
7. **aller sur les brisées** : empiéter sur le terrain (terme de chasse).

feuille[1], on me supprime, et me voilà derechef[2] sans emploi ! – Le désespoir m'allait saisir ; on pense à moi pour une place, mais par malheur j'y étais propre : il fallait un calculateur, ce fut un danseur qui l'obtint. Il ne me restait plus qu'à voler ; je me fais banquier de pharaon[3] : alors, bonnes gens ! je soupe en ville, et les personnes dites *comme il faut* m'ouvrent poliment leur maison, en retenant pour elles les trois quarts du profit. J'aurais bien pu me remonter ; je commençais même à comprendre que, pour gagner du bien, le savoir-faire vaut mieux que le savoir. Mais comme chacun pillait autour de moi, en exigeant que je fusse honnête, il fallut bien périr encore. Pour le coup je quittais le monde, et vingt brasses d'eau m'en allaient séparer, lorsqu'un dieu bienfaisant m'appelle à mon premier état. Je reprends ma trousse et mon cuir anglais[4] ; puis, laissant la fumée aux sots qui s'en nourrissent, et la honte au milieu du chemin, comme trop lourde à un piéton, je vais rasant de ville en ville, et je vis enfin sans souci. Un grand seigneur[5] passe à Séville ; il me reconnaît, je le marie ; et pour prix d'avoir eu par mes soins son épouse, il veut intercepter la mienne ! Intrigue, orage à ce sujet. Prêt à tomber dans un abîme, au moment d'épouser ma mère, mes parents m'arrivent à la file. *(Il se lève en s'échauffant.)* On se débat, c'est vous, c'est lui, c'est moi, c'est toi, non, ce n'est pas nous ; eh ! mais qui donc ? *(Il retombe assis.)* Ô bizarre suite d'événements ! Comment cela m'est-il arrivé ? Pourquoi ces choses et non pas d'autres ? Qui les a fixées sur ma tête ? Forcé de parcourir la route où je suis entré sans le savoir, comme j'en sortirai sans le vouloir, je l'ai jonchée d'autant de fleurs

Notes

1. **pauvres diables à la feuille** : écrivains rémunérés à la feuille, souvent dans la plus grande nécessité.
2. **derechef** : de nouveau.
3. **pharaon** : jeu de cartes où l'on mise de l'argent.
4. **cuir anglais** : cuir servant à affûter les rasoirs. Figaro redevient barbier.
5. Résumé de l'intrigue du *Barbier de Séville*.

que ma gaieté me l'a permis : encore je dis ma gaieté sans savoir si elle est à moi plus que le reste, ni même quel est ce *moi* dont je m'occupe : un assemblage informe de parties inconnues ; puis un chétif être imbécile[1], un petit animal folâtre[2] ; un jeune homme ardent au plaisir, ayant tous les goûts pour jouir, faisant tous les métiers pour vivre ; maître ici, valet là, selon qu'il plaît à la fortune[3] ; ambitieux par vanité, laborieux par nécessité, mais paresseux... avec délices ! orateur selon le danger ; poète par délassement ; musicien par occasion ; amoureux par folles bouffées ; j'ai tout vu, tout fait, tout usé. Puis l'illusion s'est détruite et, trop désabusé... Désabusé !... Suzon, Suzon, Suzon ! que tu me donnes de tourments !... J'entends marcher... on vient. Voici l'instant de la crise[4].

Il se retire près de la première coulisse à sa droite.

Notes

1. **imbécile** : faible.
2. **folâtre** : gai, enjoué.
3. **à la fortune** : au hasard.
4. **crise** : moment décisif d'une pièce. Encore une fois ici, Beaumarchais joue à introduire le thème du théâtre dans le théâtre.

De la comédie au drame

Lecture analytique de l'extrait (l. 59, p. 202, à l. 165, p. 207)

L'apostrophe

Placée au début d'un discours, l'apostrophe s'adresse, normalement, au destinataire de l'énoncé. Mais, dans un monologue, comme il ne peut y avoir d'interlocuteur présent sur scène, elle prend d'autres fonctions. Relevant du style noble, cette figure peut permettre de solenniser un propos, d'établir une connivence avec le public, ou de construire un dialogue fictif avec soi-même ou avec un autre personnage.

UNE RUPTURE DANS LA COMÉDIE : UN HOMME EN DÉTRESSE

1. Comparez le rythme de la « *Folle Journée* » avec celui de cette scène. Quelle difficulté scénique présente ce monologue ? Qu'indiquent les points de suspension ?

2. Quelle image la pièce donnait-elle de Figaro avant cette scène ? Expliquez ce qu'éprouve, désormais, ce dernier et les raisons de ses émotions.

3. Quel sentiment le spectateur est-il invité à éprouver à l'égard de Figaro ? Quels éléments, dans les didascalies externes et internes* et dans le style employé par ce valet, permettent de susciter ce sentiment ?

4. Relevez plusieurs maximes* dans les propos de Figaro. Quel est l'intérêt de cette formulation ?

*** *Didascalies externes et internes :*** indications externes fournies par le dramaturge et indications internes figurant dans les répliques.

*** *Maxime :*** formule condensée et frappante d'une pensée de portée générale (un comportement humain, par exemple).

Le monologue de Figaro

Ce monologue est joué pour la première fois en 1783 et s'inscrit dans un contexte prérévolutionnaire. La pièce a été, en son temps, considérée comme subversive, et Napoléon la qualifiera de *« Révolution en action »*.

UN ARRIÈRE-PLAN POLITIQUE ET SOCIAL QUI ANCRE LA COMÉDIE DANS SON TEMPS

5. Dans sa préface, Beaumarchais prétend qu'*« il ouvre la voie au théâtre à des réformes désirables »* (p. 43). Quels éléments de ce monologue témoignent des réflexions politiques de son temps ?

6. Relisez le monologue et les lignes 811 à 823 (p. 43) de la préface. Beaumarchais apparaît-il comme un véritable révolutionnaire ?

7. En quoi peut-on dire, alors, que la comédie est un genre de proximité et le dramaturge davantage un observateur de son temps qu'un penseur politique ?

LA CONTAMINATION DU GENRE DE LA COMÉDIE

8. En quoi ce monologue comporte-t-il une dimension autobiographique ?

9. À quelle sorte de personnage romanesque peut être comparé Figaro ? Aidez-vous, pour répondre, de la page 261 du dossier.

10. Les pensées de Figaro évoluent vers des réflexions plus générales sur l'être et le paraître. Quel mouvement artistique des XVIe-XVIIe siècles cela vous évoque-t-il ? Pourquoi l'époque de Beaumarchais est-elle propice à cette thématique ?

Le drame (bourgeois)

Inventé par l'écrivain et philosophe Denis Diderot, ce genre théâtral se rapproche de la tragédie par son ton sérieux et de la comédie par son action contemporaine. Il traite de problèmes sociaux et moraux tels que les ressent l'époque.

Dans son *Essai sur le genre dramatique sérieux*, Beaumarchais défend le genre du drame, plus propre, selon lui, à intéresser le spectateur que la tragédie classique : *« Que me font à moi, sujet paisible d'un État monarchique du* XVIII*e siècle, les révolutions d'Athènes et de Rome ? »*

11 En vous appuyant, notamment, sur ce monologue, montrez que cette pièce évolue, au fil des scènes, de la comédie vers le drame.

SCÈNE 4

FIGARO, LA COMTESSE, *avec les habits de Suzon*, SUZANNE, *avec ceux de la Comtesse*, MARCELINE

SUZANNE, *bas à la Comtesse* – Oui, Marceline m'a dit que Figaro y serait.

MARCELINE – Il y est aussi ; baisse la voix.

SUZANNE – Ainsi l'un[1] nous écoute, et l'autre[2] va venir me chercher. Commençons.

MARCELINE – Pour n'en pas perdre un mot, je vais me cacher dans le pavillon.

Elle entre dans le pavillon où est entrée Fanchette.

SCÈNE 5

FIGARO, LA COMTESSE, SUZANNE

SUZANNE, *haut* – Madame tremble ! est-ce qu'elle aurait froid ?

LA COMTESSE, *haut* – La soirée est humide, je vais me retirer.

SUZANNE, *haut* – Si Madame n'avait pas besoin de moi, je prendrais l'air un moment sous ces arbres.

LA COMTESSE, *haut* – C'est le serein[3] que tu prendras.

SUZANNE, *haut* – J'y suis toute faite.

FIGARO, *à part* – Ah oui, le serein !

Suzanne se retire près de la coulisse, du côté opposé à Figaro.

Notes

1. **l'un** : Figaro.
2. **l'autre** : le Comte.
3. **le serein** : la fraîcheur des soirs d'été.

SCÈNE 6

FIGARO, CHÉRUBIN, LE COMTE, LA COMTESSE, SUZANNE
(Figaro et Suzanne retirés de chaque côté sur le devant.)

CHÉRUBIN, *en habit d'officier, arrive en chantant gaiement la reprise de l'air de la romance* – La, la, la, etc.

J'avais une marraine,
Que toujours adorai.

LA COMTESSE, *à part* – Le petit page[1] !

CHÉRUBIN *s'arrête* – On se promène ici ; gagnons vite mon asile[2], où la petite Fanchette… C'est une femme !

LA COMTESSE *écoute* – Ah, grands dieux !

CHÉRUBIN *se baisse en regardant de loin* – Me trompé-je ? à cette coiffure en plumes qui se dessine au loin dans le crépuscule, il me semble que c'est Suzon.

LA COMTESSE, *à part* – Si le Comte arrivait !…

Le Comte paraît dans le fond.

CHÉRUBIN *s'approche et prend la main de la Comtesse qui se défend* – Oui, c'est la charmante fille qu'on nomme Suzanne. Eh ! pourrais-je m'y méprendre à la douceur de cette main, à ce petit tremblement qui l'a saisie ; surtout au battement de mon cœur !

Il veut y appuyer le dos de la main de la Comtesse ; elle la retire.

LA COMTESSE, *bas* – Allez-vous-en !

CHÉRUBIN – Si la compassion t'avait conduite exprès dans cet endroit du parc, où je suis caché depuis tantôt ?…

LA COMTESSE – Figaro va venir.

LE COMTE, *s'avançant, dit à part* – N'est-ce pas Suzanne que j'aperçois ?

Notes

1. **page** : jeune noble au service d'un seigneur.

2. **asile** : refuge.

CHÉRUBIN, *à la Comtesse* – Je ne crains point du tout Figaro, car ce n'est pas lui que tu attends.

LA COMTESSE – Qui donc ?

LE COMTE, *à part* – Elle est avec quelqu'un.

CHÉRUBIN – C'est Monseigneur, friponne, qui t'a demandé ce rendez-vous ce matin, quand j'étais derrière le fauteuil.

LE COMTE, *à part, avec fureur* – C'est encore le page infernal !

FIGARO, *à part* – On dit qu'il ne faut pas écouter !

SUZANNE, *à part* – Petit bavard !

LA COMTESSE, *au page* – Obligez-moi de[1] vous retirer.

CHÉRUBIN – Ce ne sera pas au moins sans avoir reçu le prix de mon obéissance.

LA COMTESSE, *effrayée* – Vous prétendez ?...

CHÉRUBIN, *avec feu* – D'abord vingt baisers pour ton compte, et puis cent pour ta belle maîtresse.

LA COMTESSE – Vous oseriez ?...

CHÉRUBIN – Oh ! que oui, j'oserai. Tu prends sa place auprès de Monseigneur ; moi celle du Comte auprès de toi : le plus attrapé, c'est Figaro.

FIGARO, *à part* – Ce brigandeau[2] !

SUZANNE, *à part* – Hardi comme un page.

Chérubin veut embrasser la Comtesse ; le Comte se met entre deux et reçoit le baiser.

LA COMTESSE, *se retirant* – Ah ! Ciel !

FIGARO, *à part, entendant le baiser* – J'épousais une jolie mignonne !

Il écoute.

Notes

1. **Obligez-moi de :** ayez l'obligeance de.
2. **brigandeau :** petit brigand.

CHÉRUBIN, *tâtant les habits du Comte – (À part.)* C'est Monseigneur !

Il s'enfuit dans le pavillon où sont entrées Fanchette et Marceline.

SCÈNE 7

FIGARO, LE COMTE, LA COMTESSE, SUZANNE

FIGARO *s'approche* – Je vais…

LE COMTE, *croyant parler au page* – Puisque vous ne redoublez pas le baiser…

Il croit lui donner un soufflet[1].

FIGARO, *qui est à portée, le reçoit* – Ah !

LE COMTE – … Voilà toujours le premier payé.

FIGARO *s'éloigne en se frottant la joue, à part* – Tout n'est pas gain non plus, en écoutant.

SUZANNE, *riant tout haut, de l'autre côté* – Ah ! ah ! ah ! ah !

LE COMTE, *à la Comtesse, qu'il prend pour Suzanne* – Entend-on[2] quelque chose à ce page ? Il reçoit le plus rude soufflet, et s'enfuit en éclatant de rire.

FIGARO, *à part* – S'il s'affligeait de celui-ci !…

LE COMTE – Comment ! je ne pourrai faire un pas… *(À la Comtesse.)* Mais laissons cette bizarrerie ; elle empoisonnerait le plaisir que j'ai de te trouver dans cette salle.

LA COMTESSE, *imitant le parler de Suzanne* – L'espériez-vous ?

LE COMTE – Après ton ingénieux[3] billet ! *(Il lui prend la main.)* Tu trembles ?

LA COMTESSE – J'ai eu peur.

Notes

1. ***un soufflet*** : une gifle.
2. **Entend-on** : comprend-on.
3. **ingénieux** : astucieux.

LE COMTE – Ce n'est pas pour te priver du baiser que je l'ai pris.

Il la baise au front.

LA COMTESSE – Des libertés !

FIGARO, *à part* – Coquine !

SUZANNE, *à part* – Charmante !

LE COMTE *prend la main de sa femme* – Mais quelle peau fine et douce, et qu'il s'en faut que la Comtesse ait la main aussi belle !

LA COMTESSE, *à part* – Oh ! la prévention[1] !

LE COMTE – A-t-elle ce bras ferme et rondelet ! ces jolis doigts pleins de grâce et d'espièglerie ?

LA COMTESSE, *de la voix de Suzanne* – Ainsi l'amour...

LE COMTE – L'amour... n'est que le roman du cœur : c'est le plaisir qui en est l'histoire, il m'amène à tes genoux.

LA COMTESSE – Vous ne l'aimez plus ?

LE COMTE – Je l'aime beaucoup ; mais trois ans d'union rendent l'hymen[2] si respectable !

LA COMTESSE – Que vouliez-vous en elle ?

LE COMTE, *la caressant* – Ce que je trouve en toi, ma beauté...

LA COMTESSE – Mais dites donc[3].

LE COMTE – ... Je ne sais : moins d'uniformité peut-être, plus de piquant dans les manières, un je-ne-sais-quoi qui fait le charme ; quelquefois un refus, que sais-je ? Nos femmes croient tout accomplir en nous aimant ; cela dit une fois, elles nous aiment, nous aiment (quand elles nous aiment), et sont si complaisantes et si constamment obligeantes, et toujours,

Notes

1. **la prévention** : le préjugé.
2. **l'hymen** : le mariage.
3. **dites donc** : dites-le donc.

et sans relâche, qu'on est tout surpris, un beau soir, de trouver la satiété[1] où l'on recherchait le bonheur.

LA COMTESSE, *à part* – Ah ! quelle leçon !

LE COMTE – En vérité, Suzon, j'ai pensé mille fois que si nous poursuivons ailleurs ce plaisir qui nous fuit chez elles, c'est qu'elles n'étudient pas assez l'art de soutenir notre goût, de se renouveler à l'amour, de ranimer, pour ainsi dire, le charme de leur possession par celui de la variété.

LA COMTESSE, *piquée*[2] – Donc elles doivent tout ?...

LE COMTE, *riant* – Et l'homme rien ? Changerons-nous la marche de la nature ? Notre tâche, à nous, fut de les obtenir ; la leur...

LA COMTESSE – La leur ?

LE COMTE – Est de nous retenir : on l'oublie trop.

LA COMTESSE – Ce ne sera pas moi[3].

LE COMTE – Ni moi.

FIGARO, *à part* – Ni moi.

SUZANNE, *à part* – Ni moi.

LE COMTE *prend la main de sa femme* – Il y a de l'écho ici, parlons plus bas. Tu n'as nul besoin d'y songer, toi que l'amour a faite et si vive et si jolie ! Avec un grain de caprice, tu seras la plus agaçante[4] maîtresse ! *(Il la baise au front.)* Ma Suzanne, un Castillan n'a que sa parole. Voici tout l'or du monde promis pour le rachat du droit que je n'ai plus sur le délicieux moment que tu m'accordes. Mais comme la grâce que tu daignes y mettre est sans prix, j'y joindrai ce brillant, que tu porteras pour l'amour de moi.

LA COMTESSE, *une révérence* – Suzanne accepte tout.

Notes

1. **satiété** : état d'une personne complètement rassasiée.
2. ***piquée*** : vexée.
3. **Ce ne sera pas moi** : ce ne sera pas moi qui l'oublierai.
4. **agaçante** : excitante.

FIGARO, *à part* – On n'est pas plus coquine[1] que cela.

SUZANNE, *à part* – Voilà du bon bien qui nous arrive.

LE COMTE, *à part* – Elle est intéressée ; tant mieux !

LA COMTESSE *regarde au fond* – Je vois des flambeaux.

LE COMTE – Ce sont les apprêts de ta noce[2]. Entrons-nous un moment dans l'un de ces pavillons, pour les laisser passer ?

LA COMTESSE – Sans lumière ?

LE COMTE *l'entraîne doucement* – À quoi bon ? Nous n'avons rien à lire.

FIGARO, *à part* – Elle y va, ma foi ! Je m'en doutais.

Il s'avance.

LE COMTE *grossit sa voix en se retournant* – Qui passe ici ?

FIGARO, *en colère* – Passer ! on vient exprès.

LE COMTE, *bas, à la Comtesse* – C'est Figaro !…

Il s'enfuit.

LA COMTESSE – Je vous suis.

Elle entre dans le pavillon à sa droite, pendant que le Comte se perd dans le bois au fond.

SCÈNE 8

FIGARO, SUZANNE, *dans l'obscurité*

FIGARO *cherche à voir où vont le Comte et la Comtesse, qu'il prend pour Suzanne* – Je n'entends plus rien ; ils sont entrés, m'y voilà. *(D'un ton altéré.)* Vous autres, époux maladroits, qui tenez des espions à gages et tournez des mois entiers autour d'un soupçon sans l'asseoir[3], que ne m'imitez-vous ? Dès le

Notes

1. **coquine** : malhonnête (sens fort).
2. **les apprêts de ta noce** : ce qui a été préparé pour ta noce.
3. **sans l'asseoir** : sans le confirmer.

premier jour, je suis ma femme et je l'écoute ; en un tour de main, on est au fait : c'est charmant ; plus de doutes ; on sait à quoi s'en tenir. *(Marchant vivement.)* Heureusement que je ne m'en soucie guère, et que sa trahison ne me fait plus rien du tout. Je les tiens donc enfin !

SUZANNE, *qui s'est avancée doucement dans l'obscurité – (À part.)* Tu vas payer tes beaux soupçons. *(Du ton de voix de la Comtesse.)* Qui va là ?

FIGARO, *extravagant – Qui va là ?* Celui qui voudrait de bon cœur que la peste eût étouffé en naissant…[1]

SUZANNE, *du ton de la Comtesse* – Eh ! mais, c'est Figaro !

FIGARO *regarde et dit vivement* – Madame la Comtesse !

SUZANNE – Parlez bas.

FIGARO, *vite* – Ah ! Madame, que le Ciel vous amène à propos ! Où croyez-vous qu'est Monseigneur ?

SUZANNE – Que m'importe un ingrat ? Dis-moi…

FIGARO, *plus vite* – Et Suzanne, mon épousée, où croyez-vous qu'elle soit ?

SUZANNE – Mais parlez bas !

FIGARO, *très vite* – Cette Suzon qu'on croyait si vertueuse, qui faisait la réservée ! Ils sont enfermés là-dedans. Je vais appeler.

SUZANNE, *lui fermant la bouche avec sa main, oublie de déguiser sa voix* – N'appelez pas !

FIGARO, *à part* – Et c'est Suzon ! *God-dam*[2] !

SUZANNE, *du ton de la Comtesse* – Vous paraissez inquiet.

FIGARO, *à part* – Traîtresse ! qui veut me surprendre !

SUZANNE – Il faut nous venger, Figaro.

FIGARO – En sentez-vous le vif désir ?

Notes

1. Figaro va prononcer le nom de Suzanne ou du Comte.

2. ***God-dam*** : juron anglais.

SUZANNE – Je ne serais donc pas de mon sexe ! Mais les hommes en ont cent moyens.

FIGARO, *confidemment* – Madame, il n'y a personne ici de trop. Celui des femmes[1]… les vaut tous.

SUZANNE, *à part* – Comme je le souffletterais !

FIGARO, *à part* – Il serait bien gai qu'avant la noce…

SUZANNE – Mais qu'est-ce qu'une telle vengeance, qu'un peu d'amour n'assaisonne pas ?

FIGARO – Partout où vous n'en voyez point, croyez que le respect dissimule[2].

SUZANNE, *piquée* – Je ne sais si vous le pensez de bonne foi, mais vous ne le dites pas de bonne grâce.

FIGARO, *avec une chaleur comique, à genoux* – Ah ! Madame, je vous adore. Examinez le temps, le lieu, les circonstances, et que le dépit supplée en vous aux grâces qui manquent à ma prière.

SUZANNE, *à part* – La main me brûle !

FIGARO, *à part* – Le cœur me bat.

SUZANNE – Mais, Monsieur, avez-vous songé ?…

FIGARO – Oui, Madame ; oui, j'ai songé.

SUZANNE – … Que pour la colère et l'amour…

FIGARO – Tout ce qui se diffère est perdu. Votre main, Madame ?

SUZANNE, *de sa voix naturelle et lui donnant un soufflet* – La voilà.

FIGARO – Ah ! *demonio*[3] *!* quel soufflet !

SUZANNE *lui en donne un second* – Quel soufflet ! Et celui-ci ?

Notes

1. **Celui des femmes :** le puissant moyen de vengeance des femmes est de tromper leur époux.

2. **le respect dissimule :** le respect que la Comtesse inspire à Figaro empêchait ce dernier de la courtiser, c'est du moins ce qu'il tente de faire croire à Suzanne.

3. ***demonio*** : diable (juron espagnol).

FIGARO – Et *quès-à-quo*[1] ? de par le diable ! est-ce ici la journée des tapes ?

SUZANNE *le bat à chaque phrase* – Ah ! *quès-à-quo ?* Suzanne : voilà pour tes soupçons, voilà pour tes vengeances et pour tes trahisons, tes expédients[2], tes injures et tes projets. C'est-il çà de l'amour ? dis donc comme ce matin ?

FIGARO *rit en se relevant – Santa Barbara !* oui, c'est de l'amour. Ô bonheur ! ô délices ! ô cent fois heureux Figaro ! Frappe, ma bien-aimée, sans te lasser. Mais quand tu m'auras diapré[3] tout le corps de meurtrissures, regarde avec bonté, Suzon, l'homme le plus fortuné qui fut jamais battu par une femme.

SUZANNE – *Le plus fortuné !* Bon fripon, vous n'en séduisiez pas moins la Comtesse, avec un si trompeur babil[4] que m'oubliant moi-même, en vérité, c'était pour elle que je cédais.

FIGARO – Ai-je pu me méprendre au son de ta jolie voix ?

SUZANNE, *en riant* – Tu m'as reconnue ? Ah ! comme je m'en vengerai !

FIGARO – Bien rosser[5] et garder rancune est aussi par trop féminin ! Mais dis-moi donc par quel bonheur je te vois là, quand je te croyais avec lui ; et comment cet habit, qui m'abusait[6], te montre enfin innocente…

SUZANNE – Eh ! c'est toi qui es un innocent, de venir te prendre au piège apprêté pour un autre. Est-ce notre faute, à nous, si voulant museler un renard, nous en attrapons deux ?

FIGARO – Qui donc prend l'autre ?

SUZANNE – Sa femme.

FIGARO – Sa femme ?

Notes

1. **quès-a-quo** : que se passe-t-il (expression provençale).
2. **expédients** : moyens de résoudre momentanément une difficulté.
3. **diapré** : paré de couleurs variées.
4. **babil** : bavardage.
5. **rosser** : battre.
6. **qui m'abusait** : qui me trompait.

SUZANNE – Sa femme.

FIGARO, *follement* – Ah ! Figaro ! pends-toi ! tu n'as pas deviné celui-là[1]. Sa femme ? Oh ! douze ou quinze mille fois spirituelles femelles ! Ainsi les baisers de cette salle[2] ?…

SUZANNE – Ont été donnés à Madame.

FIGARO – Et celui du page ?

SUZANNE, *riant* – À Monsieur.

FIGARO – Et tantôt, derrière le fauteuil ?

SUZANNE – À personne.

FIGARO – En êtes-vous sûre ?

SUZANNE, *riant* – Il pleut des soufflets, Figaro.

FIGARO *lui baise la main* – Ce sont des bijoux que les tiens. Mais celui du Comte était de bonne guerre.

SUZANNE – Allons, superbe[3], humilie-toi !

FIGARO *fait tout ce qu'il annonce* – Cela est juste : à genoux, bien courbé, prosterné, ventre à terre.

SUZANNE *en riant* – Ah ! ce pauvre Comte ! quelle peine il s'est donnée…

FIGARO *se relève sur ses genoux* – … Pour faire la conquête de sa femme.

SCÈNE 9

LE COMTE *entre par le fond du théâtre et va droit au pavillon à sa droite* ; FIGARO, SUZANNE

LE COMTE, *à lui-même* – Je la cherche en vain dans le bois, elle est peut-être entrée ici.

Notes

1. **celui-là** : ce tour-là.
2. **cette salle** : ce parc.
3. **superbe** : orgueilleux.

SUZANNE, *à Figaro, parlant bas* – C'est lui.

LE COMTE, *ouvrant le pavillon* – Suzon, es-tu là dedans ?

FIGARO, *bas* – Il la cherche, et moi je croyais…

SUZANNE, *bas* – Il ne l'a pas reconnue.

FIGARO – Achevons-le, veux-tu ?

Il lui baise la main.

LE COMTE *se retourne* – Un homme aux pieds de la Comtesse !… Ah ! je suis sans armes.

Il s'avance.

FIGARO *se relève tout à fait en déguisant sa voix* – Pardon, Madame, si je n'ai pas réfléchi que ce rendez-vous ordinaire était destiné pour la noce.

LE COMTE, *à part* – C'est l'homme du cabinet de ce matin.

Il se frappe le front.

FIGARO *continue* – Mais il ne sera pas dit qu'un obstacle aussi sot aura retardé nos plaisirs.

LE COMTE, *à part* – Massacre ! mort ! enfer !

FIGARO, *la conduisant au cabinet* – *(Bas.)* Il jure. *(Haut.)* Pressons-nous donc, Madame, et réparons le tort qu'on nous a fait tantôt, quand j'ai sauté par la fenêtre.

LE COMTE, *à part* – Ah ! tout se découvre enfin.

SUZANNE, *près du pavillon à sa gauche* – Avant d'entrer, voyez si personne n'a suivi.

Il la baise au front.

LE COMTE *s'écrie* – Vengeance !

Suzanne s'enfuit dans le pavillon où sont entrés Fanchette, Marceline et Chérubin.

St Quentin Del. Roi Sculp.

Ah, qu'est-ce que j'apperçois ?

Frontispice de l'acte V du *Mariage de Figaro* pour l'édition originale de 1785.

SCÈNE 10

LE COMTE, FIGARO

Le Comte saisit le bras de Figaro.

FIGARO, *jouant la frayeur excessive* – C'est mon maître !

LE COMTE *le reconnaît* – Ah ! scélérat[1], c'est toi ! Holà ! quelqu'un, quelqu'un !

SCÈNE 11

PÉDRILLE, LE COMTE, FIGARO

PÉDRILLE, *botté* – Monseigneur, je vous trouve enfin.

LE COMTE – Bon, c'est Pédrille. Es-tu tout seul ?

PÉDRILLE – Arrivant de Séville, à étripe-cheval[2].

LE COMTE – Approche-toi de moi, et crie bien fort !

PÉDRILLE, *criant à tue-tête* – Pas plus de page que sur ma main. Voilà le paquet[3].

LE COMTE *le repousse* – Eh ! l'animal !

PÉDRILLE – Monseigneur me dit de crier.

LE COMTE, *tenant toujours Figaro* – Pour appeler. – Holà, quelqu'un ! Si l'on m'entend, accourez tous !

PÉDRILLE – Figaro et moi, nous voilà deux ; que peut-il donc vous arriver ?

Notes

1. scélérat : criminel.

2. à étripe-cheval : Pédrille a bien fatigué son cheval pour revenir vite.

3. paquet : ce dernier contient le brevet du page (III, 3).

SCÈNE 12

LES ACTEURS PRÉCÉDENTS, BRID'OISON, BARTHOLO, BAZILE, ANTONIO, GRIPE-SOLEIL, *toute la noce accourt avec des flambeaux.*

BARTHOLO, *à Figaro* – Tu vois qu'à ton premier signal…

LE COMTE, *montrant le pavillon à sa gauche* – Pédrille, empare-toi de cette porte.

Pédrille y va.

BAZILE, *bas, à Figaro* – Tu l'as surpris avec Suzanne ?

LE COMTE, *montrant Figaro* – Et vous, tous mes vassaux[1], entourez-moi cet homme, et m'en répondez sur la vie.

BAZILE – Ha ! ha !

LE COMTE, *furieux* – Taisez-vous donc ! *(À Figaro, d'un ton glacé.)* Mon cavalier[2], répondrez-vous à mes questions ?

FIGARO, *froidement* – Eh ! qui pourrait m'en exempter, Monseigneur ? Vous commandez à tout ici, hors[3] à vous-même.

LE COMTE, *se contenant* – Hors à moi-même !

ANTONIO – C'est ça parler !

LE COMTE, *reprenant sa colère* – Non, si quelque chose pouvait augmenter ma fureur, ce serait l'air calme qu'il affecte.

FIGARO – Sommes-nous des soldats qui tuent et se font tuer pour des intérêts qu'ils ignorent ? Je veux savoir, moi, pourquoi je me fâche.

LE COMTE, *hors de lui* – Ô rage ! *(Se contenant.)* Homme de bien qui feignez d'ignorer, nous ferez-vous au moins la faveur de nous dire quelle est la dame actuellement par vous amenée dans ce pavillon ?

Notes

1. **vassaux** : serviteurs.
2. **Mon cavalier** : appellation ironique. Figaro n'est qu'un serviteur.
3. **hors** : excepté.

FIGARO, *montrant l'autre avec malice* – Dans celui-là ?

LE COMTE, *vite* – Dans celui-ci.

FIGARO, *froidement* – C'est différent. Une jeune personne qui m'honore de ses bontés particulières.

BAZILE, *étonné* – Ha ! ha !

LE COMTE, *vite* – Vous l'entendez, messieurs ?

BARTHOLO, *étonné* – Nous l'entendons ?

LE COMTE, *à Figaro* – Et cette jeune personne a-t-elle un autre engagement, que vous sachiez ?

FIGARO, *froidement* – Je sais qu'un grand seigneur s'en est occupé quelque temps, mais, soit qu'il l'ait négligée ou que je lui plaise mieux qu'un plus aimable, elle me donne aujourd'hui la préférence.

LE COMTE, *vivement* – La préf... *(Se contenant.)* Au moins il est naïf ! car ce qu'il avoue, messieurs, je l'ai ouï, je vous jure, de la bouche même de sa complice.

BRID'OISON, *stupéfait* – Sa-a complice !

LE COMTE, *avec fureur* – Or, quand le déshonneur est public, il faut que la vengeance le soit aussi.

Il entre dans le pavillon.

SCÈNE 13

TOUS LES ACTEURS PRÉCÉDENTS, *hors* LE COMTE

ANTONIO – C'est juste.

BRID'OISON, *à Figaro* – Qui-i donc a pris la femme de l'autre ?

FIGARO, *en riant* – Aucun n'a eu cette joie-là.

SCÈNE 14

LES ACTEURS PRÉCÉDENTS, LE COMTE, CHÉRUBIN

LE COMTE, *parlant dans le pavillon, et attirant quelqu'un qu'on ne voit pas encore* – Tous vos efforts sont inutiles ; vous êtes perdue, Madame, et votre heure est bien arrivée ! *(Il sort sans regarder.)* Quel bonheur qu'aucun gage d'une union si détestée[1]…

FIGARO *s'écrie* – Chérubin !

LE COMTE – Mon page ?

BAZILE – Ha ! ha !

LE COMTE, *hors de lui, à part* – Et toujours le page endiablé ! *(À Chérubin.)* Que faisiez-vous dans ce salon ?

CHÉRUBIN, *timidement* – Je me cachais, comme vous me l'avez ordonné.

PÉDRILLE – Bien la peine de crever un cheval !

LE COMTE – Entres-y, toi, Antonio ; conduis devant son juge l'infâme qui m'a déshonoré.

BRID'OISON – C'est Madame que vous y-y cherchez ?

ANTONIO – L'y a, parguenne[2], une bonne Providence : vous en avez tant fait dans le pays[3]…

LE COMTE, *furieux* – Entre donc !

Antonio entre.

Notes

1. **Quel bonheur [...] détestée** : le Comte et la Comtesse n'ont pas encore d'enfant (voir la suite de leur histoire dans *La Mère coupable*).

2. **parguenne** : juron paysan, déformation de *par Dieu*.

3. Dans la région, le Comte est connu pour avoir trompé la Comtesse de nombreuses fois.

SCÈNE 15

LES ACTEURS PRÉCÉDENTS, *excepté* ANTONIO

LE COMTE – Vous allez voir, messieurs, que la page n'y était pas seul.

CHÉRUBIN, *timidement* – Mon sort eût été trop cruel, si quelque âme sensible n'en eût adouci l'amertume.

SCÈNE 16

LES ACTEURS PRÉCÉDENTS, ANTONIO, FANCHETTE

ANTONIO, *attirant par le bras quelqu'un qu'on ne voit pas encore* – Allons, Madame, il ne faut pas vous faire prier pour en sortir, puisqu'on sait que vous y êtes entrée.

FIGARO *s'écrie* – La petite cousine !

BAZILE – Ha ! ha !

LE COMTE – Fanchette !

ANTONIO *se retourne et s'écrie* – Ah ! palsambleu, Monseigneur, il est gaillard[1] de me choisir pour montrer à la compagnie que c'est ma fille qui cause tout ce train-là[2] !

LE COMTE, *outré* – Qui la savait là-dedans ?

Il veut rentrer.

BARTHOLO, *au devant* – Permettez, monsieur le Comte, ceci n'est pas plus clair. Je suis de sang-froid, moi…

Il entre.

BRID'OISON – Voilà une affaire au-aussi trop embrouillée.

Notes

1. **gaillard** : trop audacieux.

2. **ce train-là** : cette agitation.

SCÈNE 17

LES ACTEURS PRÉCÉDENTS, MARCELINE

BARTHOLO, *parlant en dedans et sortant* – Ne craignez rien, Madame, il ne vous sera fait aucun mal. J'en réponds. *(Il se retourne et s'écrie :)* Marceline !

BAZILE – Ha ! ha !

FIGARO, *riant* – Hé, quelle folie ! ma mère en est ?

ANTONIO – À qui pis fera.

LE COMTE, *outré* – Que m'importe à moi ? La Comtesse…

SCÈNE 18

LES ACTEURS PRÉCÉDENTS, SUZANNE, *son éventail sur le visage.*

LE COMTE – … Ah ! la voici qui sort. *(Il la prend violemment par le bras.)* Que croyez-vous, messieurs, que mérite une odieuse… ? *(Suzanne se jette à genoux la tête baissée.) – Le Comte :* Non, non ! *(Figaro se jette à genoux de l'autre côté.) – Le Comte, plus fort :* Non, non ! *(Marceline se jette à genoux devant lui.) – Le Comte, plus fort :* Non, non ! *(Tous se mettent à genoux, excepté Brid'oison.) – Le Comte, hors de lui :* Y fussiez-vous un cent[1] !

Note

1. **un cent :** une centaine.

Illustration de la scène 19
de l'acte V du *Mariage de Figaro*.

SCÈNE 19 ET DERNIÈRE

TOUS LES ACTEURS PRÉCÉDENTS, LA COMTESSE *sort de l'autre pavillon*

LA COMTESSE *se jette à genoux* – Au moins je ferai nombre.

LE COMTE, *regardant la Comtesse et Suzanne* – Ah! qu'est-ce que je vois?

BRID'OISON, *riant* – Eh pardi, c'è-est Madame.

LE COMTE *veut relever la Comtesse* – Quoi! c'était vous, Comtesse? *(D'un ton suppliant.)* Il n'y a qu'un pardon bien généreux…

LA COMTESSE, *en riant* – Vous diriez : *Non, non* à ma place; et moi, pour la troisième fois aujourd'hui, je l'accorde sans condition.

Elle se relève.

SUZANNE *se relève* – Moi aussi.

MARCELINE *se relève* – Moi aussi.

FIGARO *se relève* – Moi aussi, il y a de l'écho[1] ici!

Tous se relèvent.

LE COMTE – De l'écho! – J'ai voulu ruser avec eux; ils m'ont traité comme un enfant!

LA COMTESSE, *en riant* – Ne le regrettez pas, monsieur le Comte.

FIGARO, *s'essuyant les genoux avec son chapeau* – Une petite journée comme celle-ci forme bien un ambassadeur.

LE COMTE, *à Suzanne* – Ce billet fermé d'une épingle…

SUZANNE – C'est Madame qui l'avait dicté.

LE COMTE – La réponse lui en est bien due.

Il baise la main de la Comtesse.

Note

1. **il y a de l'écho :** réplique déjà prononcée par le Comte (V, 7).

LA COMTESSE – Chacun aura ce qui lui appartient.

Elle donne la bourse à Figaro et le diamant à Suzanne.

SUZANNE, *à Figaro* – Encore une dot !

FIGARO, *frappant la bourse dans sa main* – Et de trois. Celle-ci fut rude à arracher !

SUZANNE – Comme notre mariage.

GRIPE-SOLEIL – Et la jarretière[1] de la mariée, l'aurons-je[2] ?

LA COMTESSE *arrache le ruban qu'elle a tant gardé dans son sein et le jette à terre* – La jarretière ? Elle était avec ses habits ; la voilà.

Les garçons de la noce veulent la ramasser.

CHÉRUBIN, *plus alerte*[3], *court la prendre, et dit* – Que celui qui la veut vienne me la disputer !

LE COMTE, *en riant, au page* – Pour un monsieur si chatouilleux, qu'avez-vous trouvé de gai à certain soufflet de tantôt ?

CHÉRUBIN *recule en tirant à moitié son épée* – À moi, mon Colonel ?

FIGARO, *avec une colère comique* – C'est sur ma joue qu'il l'a reçu : voilà comme les grands font justice !

LE COMTE, *riant* – C'est sur sa joue ? Ah ! ah ! ah ! qu'en dites-vous donc, ma chère Comtesse !

LA COMTESSE, *absorbée, revient à elle et dit avec sensibilité* – Ah ! oui, cher Comte, et pour la vie, sans distraction, je vous le jure.

LE COMTE, *frappant sur l'épaule du juge* – Et vous, don Brid'oison, votre avis maintenant ?

Notes

1. **jarretière** : ruban qui entoure le bas de la mariée. C'est un porte-bonheur que l'on donne à l'un des invités de la noce.

2. **l'aurons-je** : parodie de langage paysan.

3. ***alerte*** : rapide.

BRID'OISON – Su-ur tout ce que je vois, monsieur le Comte ?... Ma-a foi, pour moi, je-e ne sais que vous dire : voilà ma façon de penser.

TOUS ENSEMBLE – Bien jugé !

FIGARO – J'étais pauvre, on me méprisait. J'ai montré quelque esprit, la haine est accourue. Une jolie femme et de la fortune...

BARTHOLO, *en riant* – Les cœurs vont te revenir en foule.

FIGARO – Est-il possible ?

BARTHOLO – Je les connais.

FIGARO, *saluant les spectateurs* – Ma femme et mon bien mis à part, tous me feront honneur et plaisir.

On joue la ritournelle[1] *du vaudeville*[2]. *Air noté.*

Notes

1. ***ritournelle*** : courte phrase musicale qui précède ou suit un chant.

2. ***vaudeville*** : nouveau couplet chanté sur un air ancien.

La boutique de Figaro peinte par Jimenez Aranda en 1875.

Vaudeville

BAZILE

Premier couplet

Triple dot, femme superbe,
Que de biens pour un époux !
D'un seigneur, d'un page imberbe,
Quelque sot serait jaloux.
Du latin d'un vieux proverbe
L'homme adroit fait son parti.

FIGARO – Je le sais… *(Il chante :) Gaudeant bene nati*[1] *!*

BAZILE – Non. … *(Il chante :) Gaudeat bene* nanti *!*

SUZANNE

Deuxième couplet

Qu'un mari sa foi trahisse,
Il s'en vante, et chacun rit :
Que sa femme ait un caprice,
S'il l'accuse, on la punit.
De cette absurde injustice

Note

1. ***Gaudeant bene nati*** : « Heureux les gens bien nés. » Bazile fait un jeu de mots en transformant *nati* en *nanti* : « Heureux le bien nanti. »

Faut-il dire le pourquoi ?
Les plus forts ont fait la loi. *(Bis)*

FIGARO
Troisième couplet
Jean Jeannot[1], jaloux risible,
Veut unir femme et repos ;
Il achète un chien terrible,
Et le lâche en son enclos.
La nuit, quel vacarme horrible !
Le chien court, tout est mordu,
Hors l'amant qui l'a vendu. *(Bis.)*

LA COMTESSE
Quatrième couplet
Telle est fière et répond d'elle,
Qui n'aime plus son mari ;
Telle autre, presque infidèle,
Jure de n'aimer que lui.
La moins folle, hélas ! est celle
Qui se veille en son lien[2],
Sans oser jurer de rien. *(Bis.)*

LE COMTE
Cinquième couplet
D'une femme de province,
À qui ses devoirs sont chers,
Le succès est assez mince ;
Vive la femme aux bons airs !
Semblable à l'écu du Prince,

Notes

1. **Jean Jeannot :** personnage de fabliau.

2. **Qui se veille en son lien :** qui reste fidèle.

Sous le coin[1] d'un seul époux,
Elle sert au bien de tous. *(Bis.)*

MARCELINE
Sixième couplet

Chacun sait la tendre mère
Dont il a reçu le jour ;
Tout le reste est un mystère,
C'est le secret de l'amour.

FIGARO *continue l'air.*

Ce secret met en lumière
Comment le fils d'un butor[2]
Vaut souvent son pesant d'or. *(Bis.)*

Septième couplet

Par le sort de la naissance,
L'un est roi, l'autre est berger :
Le hasard fit leur distance ;
L'esprit seul peut tout changer.
De vingt rois que l'on encense,
Le trépas brise l'autel ;
Et Voltaire est immortel. *(Bis.)*

CHÉRUBIN
Huitième couplet

Sexe aimé, sexe volage,
Qui tourmentez nos beaux jours,
Si de vous chacun dit rage[3],
Chacun vous revient toujours.
Le parterre[4] est votre image :

Notes

1. **coin** : morceau de métal servant à imprimer la monnaie.
2. **butor** : homme grossier, stupide.
3. **dit rage** : maudit.
4. **parterre** : spectateurs situés au rez-de-chaussée.

Tel paraît le dédaigner,
Qui fait tout pour le gagner. *(Bis.)*

SUZANNE

Neuvième couplet

Si ce gai, ce fol ouvrage,
Renfermait quelque leçon,
En faveur du badinage[1]
Faites grâce à la raison[2].
Ainsi la nature sage
Nous conduit, dans nos désirs,
À son but par les plaisirs. *(Bis.)*

BRID'OISON

Dixième couplet

Or, messieurs, la co-omédie,
Que l'on juge en cè-et instant
Sauf erreur, nous pein-eint la vie
Du bon peuple qui l'entend.
Qu'on l'opprime, il peste, il crie,
Il s'agite en cent fa-açons ;
Tout fini-it par des chansons. *(Bis.)*

BALLET GÉNÉRAL

Notes

1. **badinage** : jeu, plaisanterie.
2. **Faites grâce à la raison** : il faut pardonner à la pièce ce qu'elle peut avoir de moralisateur, puisqu'elle est gaie et plaisante.

Dossier biblioLYCÉE

Le Mariage de Figaro

1 Structure de l'œuvre

	Péripéties importantes	Résultats
Acte I	• Figaro et Suzanne, valets du Comte et de la Comtesse, sont sur le point de se marier. Mais la jeune femme apprend à son fiancé que le Comte veut user de son droit du seigneur (passer la nuit de noces avec Suzanne). • Marceline, l'intendante du château, est amoureuse de Figaro. Elle souhaite empêcher son mariage. • Chérubin, page du Comte, est amoureux de la Comtesse et fait la cour à Suzanne et à sa cousine Fanchette. Le Comte l'apprend mais est, à son tour, surpris par Chérubin en pleine tentative de séduction de l'honnête Suzanne.	• Succès de Figaro et de la Comtesse : le Comte renouvelle publiquement son renoncement au droit du seigneur. • Chérubin est pardonné mais doit partir au régiment. • Figaro décide de cacher Chérubin au château et de se venger du Comte.
Acte II	• **Premier stratagème :** Figaro décide de provoquer la jalousie du Comte en lui faisant surprendre un faux billet doux adressé à la Comtesse. Il a également décidé que Suzanne devait accepter le rendez-vous du Comte, mais que Chérubin s'y présenterait à sa place, déguisé en fille. Jaloux, le Comte fait donc irruption chez sa femme pour y surprendre son prétendu amant. Chérubin, qui se faisait déguiser, se cache. Habile substitution avec Suzanne : le Comte n'apprend rien, si ce n'est que Figaro est à l'initiative du billet doux. Il souhaite se venger. • **Second stratagème :** la Comtesse décide, à l'insu de Figaro, de se rendre elle-même au rendez-vous fixé par le Comte à Suzanne.	Riposte du Comte : annonce du procès de Figaro qui ne veut pas honorer sa promesse de mariage à l'égard de Marceline.

	Péripéties importantes	Résultats
Acte III	• Lors du procès, le Comte oblige Figaro à rembourser Marceline ou à l'épouser. Mais ce dernier affirme qu'il ne peut se marier sans le consentement de ses parents, qu'il ne connaît pas. • À quelques marques distinctives, Marceline reconnaît en Figaro le fils qu'elle a eu avec le docteur Bartholo. • Attendrissement général. • Suzanne vient payer la dette de son fiancé avec la dot donnée par la Comtesse. • Bartholo et Marceline décident de se marier pour offrir un statut plus respectable à leur fils Figaro.	Succès de Figaro.
Acte IV	• En pleine cérémonie nuptiale, Suzanne donne rendez-vous au Comte sous les grands marronniers. • Figaro apprend la chose sans se douter qu'il s'agit encore d'un stratagème féminin.	Jaloux, Figaro décide de surprendre les infidèles.
Acte V	• Suzanne et la Comtesse ont échangé leurs vêtements. Le Comte fait la cour à la fausse Suzanne, mais Figaro s'avance et le Comte s'enfuit. • Suzanne retrouve Figaro et, après un quiproquo, lui explique la situation. Finalement, tout le monde est démasqué et le Comte comprend qu'il a été berné par sa femme. Se repentant de son infidélité révélée à tous, le Comte est contraint de céder.	Victoire des amoureux !

Le commissaire présentant à Beaumarchais
l'ordre de son arrestation,
gravure de Frédéric Vintraut (XIXe siècle).

2 Beaumarchais, l'aventurier

Identité :
Pierre-Augustin Caron de Beaumarchais

Naissance :
24 janvier 1732, à Paris.

Décès :
18 mai 1799 (67 ans), à Paris.

Genres pratiqués :
théâtre, livret d'opéra, essai.

I – L'irrésistible ascension d'un homme aux multiples facettes

➡ Un horloger ambitieux

Pierre-Augustin Caron, fils d'un riche horloger, naît à Paris en 1732. À l'âge de 10 ans, il devient pensionnaire, à Alfort, dans une école professionnelle où il reçoit une formation technique en horlogerie. Revenu à la maison, il est apprenti chez son père jusqu'en 1753, mais il se fait chasser quelque temps pour ses écarts de conduite.
Malgré son caractère turbulent, le jeune homme est un brillant horloger : en 1753, il crée un nouveau mécanisme de montre – l'échappement –, dispositif pour l'entretien des mouvements du balancier. Mais Lepaute, l'horloger du roi, s'approprie son invention. Le jeune homme contre-attaque en alertant l'opinion publique – tactique qui porte ses fruits et dont le futur écrivain se servira à maintes reprises. L'Académie des sciences lui rend son mérite.

➡ Un homme de Cour

La célébrité qui résulte de cette victoire lui ouvre les portes de la Cour. Les filles du roi et sa favorite, la marquise de Pompadour, lui commandent des montres. En 1755, il entre officiellement à la Cour en achetant la charge de « contrôleur de la

Une période politique tourmentée

Pierre-Augustin Caron de Beaumarchais naît sous le règne de Louis XV et meurt sous le Directoire (comité de cinq directeurs qui détenait le pouvoir exécutif et qui fut mis en place après la période révolutionnaire de la Terreur). Il aura survécu à deux monarchies absolues et à la Révolution française.

LA POMPADOUR
Jeanne-Antoinette Poisson (1721-1764) fut, pendant vingt ans, la favorite du roi Louis XV. Elle encouragea et protégea les écrivains des Lumières, tels Voltaire et Montesquieu.

Montre créée par Beaumarchais.

LE DRAME BOURGEOIS
Diderot et Beaumarchais prônent davantage de naturel au théâtre. Ils créent un nouveau genre littéraire, le drame, qui mêle rire et larmes. Les personnages sont issus d'une classe sociale en pleine émergence : la bourgeoisie.

Bouche du roi » (c'est-à-dire de la nourriture). Marié à la riche veuve Franquet, il perd celle-ci un an après leurs noces. Entre-temps, il a pris le nom de l'une des terres de cette dernière et est devenu Caron de Beaumarchais. Habile à jouer de tous ses talents, il est également maître de harpe des filles de Louis XV en 1759.

II – Beaumarchais et ses affaires

➡ De l'argent et des titres

En 1757, Beaumarchais rencontre le banquier Lenormant d'Étioles, mari de la marquise de Pompadour, pour lequel il écrit ses premières œuvres théâtrales. Celui-ci est le neveu du grand financier Pâris-Duverney, fournisseur aux armées et protecteur de Voltaire. Il s'associe avec cet homme d'affaires – ce qui va lui permettre de s'enrichir. Mais l'argent ne suffit pas : il lui faut des titres. C'est chose faite lorsque Louis XV l'anoblit en lui donnant le titre de « secrétaire du roi » en 1761 et la charge de « lieutenant général des Chasses ».

➡ Premiers textes théâtraux

En 1764, il part à Madrid pour venger l'honneur de sa sœur Lisette, délaissée par son fiancé. Il tire de ses mésaventures le drame *Eugénie*, joué en 1767 au Théâtre-Français (autre nom de la Comédie-Française) et dont il fait précéder la publication de la préface *Essai sur le genre dramatique sérieux*. C'est à peu près à la même époque qu'il commence la rédaction d'une comédie : *Le Barbier de Séville*. Il se marie peu après, une seconde fois, avec une autre veuve fortunée : Mme Lévêque.

➡ Un drame personnel et des ennuis judiciaires

En 1770, sa nouvelle femme et leur fils en bas âge meurent. Puis le drame *Les Deux Amis ou le Négociant de Lyon* se révèle un semi-échec. Enfin, le décès de Pâris-Duverney lui crée de graves soucis :

Beaumarchais est accusé, par son héritier, le comte de La Blache, d'avoir falsifié le testament. Il est emprisonné et condamné en 1773. Il s'en prend alors au juge Goëzman (que La Blache était parvenu à corrompre) en écrivant 4 textes satiriques : les *Mémoires*. Lors d'un second procès, il finit par obtenir gain de cause, mais est déchu de ses droits civiques et doit se réfugier à Londres.

III – Un diplomate peu orthodoxe

Espion du roi

En 1774, Beaumarchais propose ses services au roi pour rentrer en faveur : sous le nom de M. de Ronac – anagramme de Caron –, il devient agent secret au service de Sa Majesté. Après trois missions successives, pour Louis XV puis Louis XVI, il parvient, enfin, à obtenir la révision de son procès et sa réhabilitation. Le 23 février 1775, *Le Barbier de Séville* triomphe au Théâtre-Français.

Au service des autres

Découvrant l'ampleur de la révolte des colons en Amérique, Beaumarchais obtient de Louis XVI des subventions pour aider les Américains insurgés contre l'Angleterre en leur livrant des armes.
En outre, afin de protéger les droits d'auteur, il fonde, en 1777, la Société des auteurs dramatiques, qui joue encore aujourd'hui un rôle très important, puis, en 1780, la Société littéraire et typographique. Celle-ci édite en Allemagne les œuvres de Voltaire interdites en France. Cet acte généreux ruine Beaumarchais, mais montre, cependant, à quel point il a conscience du rôle moteur des écrivains des Lumières.

IV – Le scandale jusqu'à la fin

Six ans d'attente

Dès 1778, Beaumarchais rédige la première version de *La Folle Journée ou le Mariage de Figaro*,

TROIS MISSIONS SECRÈTES
Beaumarchais sera envoyé en mission à Londres pour obtenir la destruction d'un pamphlet contre Mme du Barry, favorite de Louis XV, puis à Vienne pour retrouver un libelle contre la nouvelle reine de France, Marie-Antoinette, et de nouveau à Londres, en 1775, pour rencontrer le chevalier d'Éon, autre espion célèbre qui menaçait de dévoiler des secrets d'État.

LE MÉTIER D'AUTEUR
Au XVIIIe siècle, les dramaturges (auteurs de pièces) sont beaucoup moins bien payés que les comédiens. En outre, à la Comédie-Française, ce sont les comédiens qui décident de jouer ou non les pièces que les auteurs leur soumettent.

LA CENSURE LITTÉRAIRE
Sous la responsabilité de l'Église catholique au XVIe siècle, la censure est étatisée par le cardinal de Richelieu, ministre de Louis XIII.
Il faut attendre la *Déclaration des droits de l'homme et du citoyen* pour que la liberté d'expression devienne un droit, lequel est toujours remis en cause, de nos jours, dans de nombreux pays.

UN INTELLECTUEL
Comme Voltaire, Beaumarchais est l'un des premiers intellectuels français : il se sert de ses écrits et de sa célébrité pour attirer l'attention de l'opinion publique sur des grandes causes d'actualité, comme le fera Jean-Paul Sartre au XXe siècle.

qui est la suite du *Barbier de Séville* ; mais Louis XVI retarde la première représentation en faisant passer la pièce dans les mains de six censeurs différents ! Le 27 avril 1784, c'est finalement le triomphe de la pièce au Théâtre-Français. Mais, l'année suivante, Beaumarchais se fait emprisonner quelques jours pour une lettre qui aurait été injurieuse envers le roi. Entre-temps, en 1781, il s'est inspiré de nouveaux démêlés judiciaires pour écrire *La Mère coupable*, drame représenté en 1792 et qui clôt la trilogie de la famille Almaviva.
Sa paisible vie sentimentale vient compenser l'agitation de sa vie publique : en 1786, il épouse Marie-Thérèse Willermaulaz, sa compagne depuis 1774 et la mère de sa fille Eugénie, née en 1777.

➠ Un révolutionnaire contesté

Lors de la prise de la Bastille, Beaumarchais prend d'emblée le parti des révolutionnaires. Il décide alors d'acheter des armes pour l'armée républicaine, mais sa réputation d'aventurier millionnaire joue en sa défaveur : son propre camp l'accuse de cacher ces armes et le fait emprisonner en 1792 ! Libéré, il finit par émigrer et ne revient en France qu'en 1795, sous le Directoire.

➠ Hyperactif jusqu'au bout

En vieillissant, l'écrivain reste un incorrigible touche-à-tout : il tente de convaincre le gouvernement de percer l'isthme de Panamá, puis s'intéresse au développement d'une machine toute nouvelle, la montgolfière.
Le 18 mai 1799, il meurt à demi sourd dans sa luxueuse demeure parisienne, en ayant été bien plus acteur que témoin de son siècle.

3 Avant la tempête révolutionnaire

I – Un pays que toute l'Europe envie…

Un rayonnement militaire, économique et culturel

En 1784, la France a triomphé de l'Angleterre dans la guerre d'Indépendance américaine. Elle exporte aussi son savoir-faire par le biais des artisans, ingénieurs et négociants qui sillonnent l'Europe. Le français y est la langue prédominante, celle que se doivent d'apprendre toutes les élites étrangères.

Un tourbillon de fêtes

Versailles est imité dans toute l'Europe. L'atmosphère de notre pièce, toute de légèreté et de loisirs, est le reflet d'une France qui n'a jamais autant « badiné » : les Français se pressent au théâtre ou à l'opéra, dans les cafés ou les restaurants – création récente qui remporte un franc succès.

II – Les raisons de l'optimisme

Des progrès dans tous les domaines

Le pays connaît un véritable essor démographique dû à la baisse de la mortalité, qui fait de la France et de ses 28 millions d'habitants le pays le plus peuplé d'Europe après la Russie.

Les résultats positifs en matière d'agriculture sont certains, grâce notamment aux physiocrates, savants qui recherchent le progrès agricole.

Le commerce fait un grand bond : entre la fin du règne de Louis XIV et la Révolution française, le trafic global est multiplié par 5 ! Dans les villes portuaires, les négociants s'enrichissent grâce à la traite des Noirs vers l'Amérique du Nord.

L'industrie, quant à elle, prend aussi son élan grâce à la sidérurgie, même si la France reste, globalement, en retard sur l'Angleterre dans ce domaine.

LA GUERRE D'INDÉPENDANCE AMÉRICAINE
Cette guerre oppose, de 1775 à 1783, les treize colonies d'Amérique du Nord au royaume de Grande-Bretagne. Par l'intermédiaire du général La Fayette, la France soutient les insurgés américains à partir de 1777.

LA TRAITE DES NOIRS
Du XVIe au XIXe siècle, des Africains ont été réduits en esclavage et vendus en Amérique par des négociants qui en ont profité pour importer du sucre, du tabac, du café (commerce triangulaire).

MAXIME
La maxime attribuée à Antoine Lavoisier *« Rien ne se perd, rien ne se crée : tout se transforme »* est une adaptation d'une pensée du philosophe grec Anaxagore.

L'essor des sciences

En 1789, le *Traité élémentaire de chimie* de Lavoisier, fermier général de son état, fait sensation. Buffon poursuit jusqu'à cette même année la publication de son *Histoire naturelle*, commencée en 1749. Enfin, les frères Montgolfier font monter l'un des premiers ballons dirigeables au Champ-de-Mars en 1783 – ce qui intéresse prodigieusement Beaumarchais.

Cependant, cette foi en la science s'accompagne d'un retour à des croyances parfois fantaisistes : Joseph Balsamo, alias le comte de Cagliostro, alchimiste un peu sorcier, fait ainsi sensation auprès du Tout-Paris. Franz Mesmer, savant allemand, diffuse sa théorie du magnétisme animal avec laquelle il prétend tout soigner, mais que réfute Lavoisier.

III – Une monarchie contestée

Des caisses de l'État vides

JACQUES NECKER (1732-1804)
Banquier genevois, Necker sera très populaire et le seul ministre non noble de Louis XVI. Sa fille n'est autre que Mme de Staël, auteur dont les œuvres annoncent le romantisme.

Lorsque est joué, en 1784, *Le Mariage de Figaro*, Louis XVI est au pouvoir depuis dix ans. Il a laissé se succéder les ministres qui lui répètent qu'il faut renflouer les finances, tels Turgot (1774-1776) et Necker (1776-1781). Ce dernier souhaitait, notamment, réduire le train de vie des courtisans. Sa démission mécontenta beaucoup l'opinion publique.

En 1784, jamais la monarchie n'a paru aussi dépensière : le ministre Calonne, en poste depuis un an, pense que c'est de cette manière que le pouvoir peut inspirer confiance. Pendant ce temps, la cour de la reine Marie-Antoinette continue de donner fête sur fête.

Un peuple mécontent

Une importante crise économique et sociale sévit dans ces années prérévolutionnaires : la croissance est ralentie, et à la pénurie de blé s'ajoute la crise industrielle résultant de la guerre d'Indépendance américaine. Misère et famine sont largement répandues, à la ville comme à la campagne. Mendicité et vagabondage ne cessent d'augmenter.

La bourgeoisie est également insatisfaite, car la société française est encore une société d'ordres qui privilégie la naissance au mérite personnel. Les nobles accèdent toujours aux plus hautes fonctions politiques et ne sont pas prêts au partage de leurs privilèges.

La situation de Beaumarchais est, quant à elle, paradoxale : il revendique clairement l'égalité à la naissance dans ses pièces mais n'a de cesse de rechercher les charges anoblissantes. En outre, il ajoute une particule au trop « bourgeois » nom de Caron.

LA BOURGEOISIE
Contrairement aux membres de l'aristocratie, les bourgeois tirent leur fortune récente de leur travail (le commerce, l'industrie) et non des produits de leur terre et du renom de leurs ancêtres. *Bourgeoisie* et *noblesse* ne sont donc pas des termes synonymes.

IV – Une littérature aux deux visages

Le renouvellement des écrivains

Cette décennie prérévolutionnaire marque un tournant pour la littérature des Lumières : les grands philosophes meurent à peu près tous à cette période (Voltaire et Rousseau en 1778, Diderot quelques semaines seulement après la première du *Mariage de Figaro* en 1784). Plus aucun auteur de renom n'inquiète réellement le pouvoir par ses écrits.

À l'inverse, des pamphlets attaquant vigoureusement le pouvoir tyrannique et les privilèges injustes se répandent à travers toute l'Europe. Leurs auteurs, issus de classes moins favorisées, envisagent la littérature comme un véritable métier et non comme un passe-temps de gens bien nés. C'est le cas, par exemple, de Marat, futur fondateur du journal révolutionnaire *L'Ami du peuple*.

LA *« BOHÈME LITTÉRAIRE »*
Claude Petitfrère nomme ainsi le fait, à cette époque, que la littérature n'est plus envisagée seulement comme un passe-temps, mais aussi comme un métier et un outil de dénonciation.

La diffusion des idées

Tout ceci est favorisé par le développement des quotidiens et des journaux régionaux, mais aussi par l'alphabétisation croissante de la population. La

LES SALONS
Au XVIIIe siècle, les philosophes des Lumières se réunissent souvent chez un particulier pour débattre autour de leurs écrits. Les plus célèbres salons sont ceux de Mme du Deffand ou de Mlle de Lespinasse.

LA COMÉDIE-FRANÇAISE
Alors appelée « Théâtre-Français », la Comédie-Française est composée de la fusion de la troupe de Molière, à sa mort, avec les comédiens de l'Hôtel de Bourgogne, la troupe rivale. Elle s'installe un temps aux Tuileries puis à l'Odéon, où sera joué *Le Mariage de Figaro*.

vie associative voit également la multiplication des cercles culturels. Les salons remplissent toujours bien leur rôle de brasseurs d'idées nouvelles. À Paris, celui de Mme Necker, la femme du ministre, est le plus brillant.

V – L'éblouissante vie théâtrale

Un loisir de masse

À l'époque de Beaumarchais, le théâtre est bien le genre littéraire prédominant et le loisir obligé de tous les Français citadins, quel que soit leur rang social. Plus qu'une distraction, c'est un véritable mode de vie, et il n'est pas rare que les bourgeois s'y rendent trois à quatre fois par semaine.

Trois monopoles à Paris

Trois grandes salles parisiennes détiennent le monopole du théâtre et de la danse.
Le Théâtre-Français (aussi appelé « le Français » ou « Comédie-Française » joue l'ensemble du répertoire français. Le pouvoir des comédiens-français est considérable, puisque ce sont eux qui choisissent les pièces qu'ils veulent interpréter.
L'Opéra se voit réservé aux ballets et aux pièces lyriques, tandis que l'Opéra-Comique, qui a accueilli l'ancienne Comédie-Italienne, est le lieu de la danse et du chant au sein de pièces un peu moins asservies aux conventions.
De son côté, le théâtre de foire, monté sur de simples tréteaux, parvient, tant bien que mal, à subsister.

4 Genèse et réception de l'œuvre

I – Un amusant défi

➠ La suite du *Barbier de Séville*

La genèse du *Mariage de Figaro* nous est donnée par Beaumarchais lui-même. Dans sa *Lettre modérée sur la chute et la critique du Barbier de Séville*, qui est, en fait, la préface de cette première comédie, l'auteur projette une suite complexe à son intrigue, pour répondre à ses détracteurs qui trouvaient la pièce sans plan. Dans cette suite, il imagine la reconnaissance par Bartholo de son fils Figaro, qui réalise, en se battant avec ce dernier, la prophétie d'un bohémien. Beaumarchais s'amuse, en vérité, à parodier le mythe d'Œdipe.

➠ Un défi entamé en 1776

Le prince de Conti trouve aussitôt cette idée très amusante et défie le dramaturge d'en faire une pièce à part entière. Comme l'indique Beaumarchais dans sa préface, « La Folle Journée *resta cinq ans au portefeuille* » – ce qui signifierait qu'il commença à écrire sa pièce en 1776, puisqu'elle est acceptée en 1781 par les comédiens-français. Ce qui est certain, c'est qu'une première version est achevée et commence à circuler en 1778.

II – Jouer *Le Mariage de Figaro*

➠ Le parcours du combattant

À partir de 1781 s'engage une lutte de longue haleine pour parvenir à faire jouer la pièce. Le premier censeur y est favorable, mais le roi la lit et s'y oppose farouchement. Beaumarchais retouche sa comédie, gomme les passages trop érotiques ou satiriques, et transpose l'action de France en Espagne. Pour rallier des partisans, l'auteur lit sa pièce en privé et s'attire des sympathies haut placées.

LE MYTHE D'ŒDIPE

Dans l'Antiquité grecque, ainsi que l'annonce la prophétie, Œdipe, fils du roi Laïos tue son père et épouse sa mère, sans le savoir. Il reste trace de cette influence dans *Le Mariage de Figaro*, puisque Marceline est amoureuse de Figaro et souhaite l'épouser.

LE PRINCE DE CONTI

Cousin de Louis XV, Louis-François de Bourbon (1717-1776) est l'un de ses opposants les plus vigoureux, mais aussi un important mécène et collectionneur d'art de la seconde moitié du XVIIIe siècle.

BEAUMARCHAIS ET L'OPÉRA
Beaumarchais a vu une autre de ses comédies adaptée de son vivant : *Le Barbier de Séville* de Giovanni Paisiello en 1782. Mais la version la plus célèbre reste celle de Rossini en 1816. *La Mère coupable* fut également adaptée en musique par Darius Milhaud en 1966.

Cependant, le deuxième censeur nommé le déteste et prolonge l'interdiction. Le comte d'Artois, propre frère de Louis XVI, prépare une représentation à la Cour, mais celle-ci est annulée au dernier moment par le roi. En septembre 1783, contre toute attente, Beaumarchais obtient, enfin, l'autorisation de faire jouer sa pièce en privé, mais il lui faut patienter jusqu'en mars 1784 pour que le « tribunal de décence et de goût » donne son accord final. Au bout du compte, la pièce sera passée entre les mains de six censeurs pour pouvoir être jouée. Toutes ces difficultés ont plutôt avantagé *Le Mariage de Figaro*, car la pièce, avant même d'être vue, s'est déjà attiré une réputation sulfureuse.

Une première représentation tumultueuse

Les gens se pressent en foule à la première représentation au Théâtre-Français, le 27 avril 1784 ; c'est à la fois l'émeute et le triomphe. La pièce est jouée 67 fois dans l'année – fait exceptionnel pour l'époque. Mais les ennemis de Beaumarchais ne désarment pas et continuent de le calomnier : sa comédie est même condamnée par l'archevêque de Paris. L'écrivain, pour toute réponse, se flatte d'avoir vaincu *« lions et tigres »*.
Le succès de la pièce est plus durable que la polémique : *Le Mariage de Figaro* reçoit un accueil triomphal dans toute l'Europe. Et, en 1786, à l'Opéra de Vienne, Wolfgang Amadeus Mozart crée, sur un livret de Lorenzo da Ponte inspiré de cette comédie, son célèbre opéra *Les Noces de Figaro*. La photographie illustrant notre édition est, d'ailleurs, extraite d'une représentation de cet opéra donnée à Paris, en février 2009.

Les Noces de Figaro (Suzanne déguisée en Comtesse et Figaro en Comte), gravure de Johann Heinrich Ramberg (1827).

5 Une comédie des Lumières

L'intrigue du *Mariage de Figaro* n'est pas nouvelle. Ses moteurs – l'amour, la jalousie, la tromperie – sont caractéristiques des comédies. Mais Beaumarchais réussit à mélanger différentes influences.

I – Un mélange de différents types de comédies

La farce

En premier lieu, la pièce emprunte beaucoup à la farce et à la parade. Traditionnellement, la farce présente des personnages de basse condition sociale – ce qu'incarne le valet Figaro. S'il échappe à bien des stéréotypes, tel n'est pas le cas de nombreux personnages farcesques, qui s'expriment de façon caricaturale, comme le paysan Antonio ou les ridicules Brid'oison et Double-Main. En outre, la question de l'infidélité est très présente dans la farce, sous la forme du « cocuage ».

LA PARADE
La parade est une scène de farce jouée dans la rue pour attirer les passants au théâtre.
Au XVIIIe siècle, la noblesse fait jouer, dans ses cercles privés, des parades imitant le langage populaire.

La comédie d'intrigue

D'inspiration espagnole ou italienne, la comédie d'intrigue s'appuie sur des emplois théâtraux, c'est-à-dire des personnages stéréotypés : le valet rusé, la coquette, le vieux barbon… Figaro ou Bartholo tirent leur origine de ces emplois. Le plaisir des spectateurs repose également sur la conduite de stratagèmes compliqués : comment se marier en empochant une dot et en trompant un seigneur tout-puissant ? comment prendre au piège un mari infidèle ?

LA COMÉDIE DE CARACTÈRE
Comédie où un personnage présente un trait de caractère exagéré.

La comédie de mœurs

Enfin, Beaumarchais ne néglige pas l'apport fondamental de Molière à la comédie et fait de sa pièce, sinon une comédie de caractère, du moins une comédie de mœurs. Comme lui, il cherche, en présentant les défauts des hommes, à « *amuser en instruisant* ». Ainsi qu'il l'indique dans sa préface, le véritable titre de la pièce aurait dû être *L'Époux suborneur*. Il s'agit, sur un mode léger, de traiter de l'inconstance d'un époux et des désillusions de l'épouse délaissée. C'est ce défaut qui se trouve critiqué dans la pièce, et c'est pourquoi le Comte est, souvent, le jouet de machinations tendant à ruiner tous ses projets.

La comédie-ballet

La pièce semble l'héritière des comédies-ballets du XVIIe siècle. En effet, la musique y est extrêmement présente, aussi bien dans le vaudeville final qu'à l'acte I et à la scène 4 de l'acte II, avec la romance de Chérubin. Chez Beaumarchais, ancien maître de harpe des filles du roi, musique et texte sont intimement liés.

BEAUMARCHAIS ET LA MUSIQUE
Sa comédie *Le Barbier de Séville* était, à l'origine, un opéra-comique. Il a écrit également un opéra, *Tarare*, l'année de la première représentation du *Mariage de Figaro*.

II – Une diversité des registres

La profonde originalité de Beaumarchais réside sûrement dans sa capacité à multiplier, dans sa pièce, les différentes tonalités.

Le registre comique

Prédominant, ce registre est présent sous différentes formes. Le dramaturge utilise, d'abord, un **comique de gestes** que ne renierait pas un auteur de farces : claques et coups de bâton sont des recettes éprouvées. Ainsi, aux scènes 6 et 7 de l'acte V, le Comte reçoit le baiser donné par Chérubin à la Comtesse, et Figaro le soufflet donné par le Comte à Chérubin.

Ensuite, le **comique de situation** est exploité au mieux de ses possibilités, car Beaumarchais est un virtuose de l'espace scénique. Chérubin et le Comte se dissimulent derrière un fauteuil à l'acte I, puis Suzanne joue des ressources de l'alcôve et du cabinet à l'acte II.

Enfin, l'aimable **quiproquo** qui lie les deux couples de maîtres et serviteurs à l'acte final suscite les sourires du spectateur, car ce dernier est le seul à saisir la situation dans son ensemble.

LE BON MOT
Au XVIIIe siècle, les auteurs voient leur succès assuré dans les salons littéraires s'ils se révèlent brillants causeurs, capables de faire des mots d'esprit.

DIDEROT ET LE DRAME BOURGEOIS
En 1756-1757, le philosophe écrit la pièce *Le Fils naturel* et l'accompagne d'une réflexion sur ce nouveau genre : *Entretiens sur Le Fils naturel*.

LE REGISTRE LYRIQUE
L'auteur exprime librement ses émotions, les élans de son cœur. Ce registre se caractérise par les marques de la 1re personne, un lexique affectif et les champs lexicaux de l'émotion, des sentiments, des sensations. Avec le monologue de son valet Figaro, Beaumarchais est un peu le précurseur des romantiques.

En outre, la grande réussite de Beaumarchais est son **comique de mots**, que l'on pourrait presque appeler « un comique de mots d'esprit de l'auteur », qu'il s'agisse de faux proverbes (I, 11 : *« Tant va la cruche à l'eau qu'à la fin… elle s'emplit »*) ou de sous-entendus paillards (III, 13 : *« qui est un fort joli enfant, je m'en vante ! »*). Le dialogue révèle ce brio, notamment lors des vifs affrontements verbaux entre Suzanne et Marceline ou Figaro et Bazile. Le langage est une arme qui blesse parce qu'il ridiculise et est donc source de comique. La tirade des *« God-dam »* (III, 5) n'a d'autre objet que celui d'amuser le spectateur, sans aucune vraisemblance dramatique.
Enfin, Beaumarchais sait manier un **comique satirique**. Le rire éclate parce qu'il caricature jusqu'au grotesque la figure de l'homme de loi bégayant.

➠ Les registres pathétique et lyrique

La comédie, selon Beaumarchais, n'exclut pas le recours à une certaine gravité. Ainsi, les tirades de Marceline sur la condition féminine (III, 16) ou le célèbre monologue de Figaro (V, 3) ne prêtent pas à rire. L'auteur se révèle, ici, assez proche de Diderot proposant un nouveau genre théâtral qu'il nomme *« drame bourgeois »* ou *« comédie sérieuse »*. Il s'agit d'émouvoir le spectateur en lui proposant des personnages dont les préoccupations soient plus naturelles et proches des siennes. Les larmes sont donc bienvenues, notamment lorsque Marceline évoque sa triste condition de jeune fille séduite et abandonnée, quasi réduite à la misère.
La tonalité du monologue de Figaro est un peu plus ambiguë : certes, on peut s'apitoyer sur le récit des malheurs qui jalonnent la vie de notre protagoniste, mais ce passage a une portée plus profonde. Figaro s'interroge sur la destinée humaine et sa place sur Terre. Le registre est à la fois lyrique, philosophique et presque tragique, à tel point qu'on a pu qualifier Figaro d'« Hamlet comique ».

III – Cette pièce est-elle révolutionnaire ?

Le contexte, plus encore que le texte

Ce sont surtout des raisons extérieures au texte qui nous incitent à juger cette pièce subversive.

- **La date de sa représentation**

Celle-ci a lieu cinq ans avant la Révolution française. Son influence a donc été amplifiée par le sens des événements historiques postérieurs.

- **Le contexte polémique de sa représentation**

Beaumarchais, comme il le dit lui-même dans sa préface, lutta cinq ans contre la censure avant que sa pièce pût être jouée. Celle-ci fut jugée scandaleuse, et le roi y vit une attaque personnelle qui valut au dramaturge un court séjour en prison à Saint-Lazare en 1785.

- **La personnalité de l'auteur**

Horloger, musicien, homme d'affaires, espion, écrivain, Beaumarchais incarne à lui seul le modèle de l'homme des Lumières, curieux de tout et apte à tout, capable de s'élever dans la société grâce à ses talents et non à sa naissance. Il faut ajouter que, par ses goûts littéraires, il inscrit également son appartenance au courant des Lumières. Admirateur de Rousseau, il partage ses aspirations à une plus grande égalité entre les hommes.

Un texte des Lumières

Mais si cette pièce est passée à la postérité, c'est aussi parce que son texte offre une thématique que n'auraient pas reniée Voltaire et Montesquieu. En bon auteur des Lumières, Beaumarchais juge important d'arracher l'homme aux ténèbres de l'obscurantisme pour le rendre autonome, c'est-à-dire capable de réfléchir par lui-même et de se fixer ses propres lois. Tout pouvoir abusif, qu'il s'agisse de la monarchie absolue, de la noblesse privilégiée ou du système judiciaire, est donc l'ennemi des Lumières.

LA PRISON DE SAINT-LAZARE

Dès le XVIIe siècle, la prison de Saint-Lazare enferme, entre ses murs, des détenus issus des familles les plus distinguées : prêtres indisciplinés, jeunes épousées débauchées...
La Bastille, prison d'État, enferme, quant à elle, quelques prisonniers politiques.

LES LUMIÈRES

Ce mouvement philosophique et littéraire du XVIIIe siècle rejette l'absolutisme royal, l'autorité arbitraire, l'obscurantisme religieux, et tente d'élever l'homme vers les lumières de la raison et de l'inciter à exercer son libre arbitre.

Les cibles de Beaumarchais

• La justice

La justice est largement ridiculisée à l'acte III, tant dans les personnages censés la représenter que dans son fonctionnement stérile (voir la dispute sur la présence des conjonctions *« et »* ou *« ou »* à la scène 15).

• La toute-puissance du seigneur

Le comte Almaviva incarne celui qui, non content de ses privilèges sur ses vassaux, décide de rétablir le droit du seigneur, un droit de cuissage féodal. En nous dépeignant un comte prêt à acheter les faveurs d'une servante, Beaumarchais nous montre qu'il est scandaleux de considérer autrui comme un objet, au motif qu'il ne serait qu'une servante.
Le Comte est aussi le parfait représentant d'une société d'ordres, qui privilégie la naissance au talent ; c'est ce que dénonce Figaro à la scène 3 de l'acte V : *« Parce que vous êtes un grand seigneur, vous vous croyez un grand génie !...* [...] *Qu'avez-vous fait pour tant de biens ? Vous vous êtes donné la peine de naître, et rien de plus. »* Sûr de son bon droit, le Comte se sert à mauvais escient de ses privilèges.

• Les hommes

Beaumarchais prend également, de façon surprenante pour l'époque, la défense des femmes contre les hommes. Il le fait de manière explicite dans les fameuses tirades de Marceline (III, 16) en osant plaider pour leur indépendance économique, mais aussi en dénonçant l'injustice faite à la Comtesse, qui n'a pas le droit de rendre la pareille à un mari infidèle et se voit même menacée d'enfermement au couvent par ce dernier. Injustice que dénonce Suzanne dans le vaudeville final : *« Qu'un mari sa foi trahisse, / Il s'en vante, et chacun rit ; / Que sa femme ait un caprice, / S'il l'accuse, on la punit. »*

UNE AUTRE DÉFINITION DES LUMIÈRES
Comme l'affirme le philosophe allemand Emmanuel Kant (1724-1804) dans son texte *Qu'est-ce que les Lumières ?*, l'homme doit passer d'un état de minorité à un état de majorité, dans lequel il pense par lui-même et est autonome.

UNE CRITIQUE AUDACIEUSE
Beaumarchais critique autant la domination du maître sur le valet que celle de l'homme sur la femme.

Figaro et Beaumarchais (peint sur le bouclier) pourfendant les abus sociaux, gravure de Louis Le Cœur (fin XVIIIe siècle) d'après François Louis Joseph Watteau.

Les femmes sont, au bout du compte, les grandes triomphatrices de la pièce, parce qu'elles finissent par mener l'intrigue, aux dépens du Comte mais également de Figaro, qui est exclu du stratagème ourdi à l'acte IV.

Une œuvre révolutionnaire ?

Si nous pouvons affirmer, sans conteste, que *Le Mariage de Figaro* est bien une œuvre des Lumières, il est, en revanche, très difficile d'affirmer que Beaumarchais a écrit une œuvre révolutionnaire.
Ainsi qu'il le déclare lui-même dans sa préface, il ne critique pas les États, mais les abus de chaque État. Il faut remarquer que personne, dans la pièce, ne songe à remettre en question l'autorité du Comte. Les personnages aspirent à un peu plus de justice : voilà tout.
En outre, rien n'est foncièrement bouleversé à la fin, et l'on pourrait même dire que tout est rentré dans l'ordre : le Comte reste le maître.
La société, pour Beaumarchais, se doit d'être réformée et non révolutionnée, et ce pour permettre aux bourgeois méritants d'accéder aux mêmes places que la noblesse. Le peuple n'est à aucun moment envisagé, et, si la pièce met en scène une foule de paysans, ces derniers sont muets. Encore une fois, l'auteur appartient bien, en ce sens, au courant des Lumières, plus réformiste que révolutionnaire.

LES LUMIÈRES ET LES FEMMES

Rares sont les philosophes des Lumières à s'intéresser à l'émancipation féminine. On peut, cependant, citer le traité inachevé de Choderlos de Laclos (1741-1803) qui prône une éducation plus approfondie pour les jeunes filles. Deux femmes, néanmoins, firent avancer leur cause : la scientifique Émilie du Châtelet (1706-1749), dans son *Discours sur le bonheur*, et la femme de lettres Olympe de Gouges (1748-1793), qui rédigea une *Déclaration des droits de la femme et de la citoyenne* (1791).

6 Étude des personnages

I – Figaro

Héritier de la *commedia dell'arte* et du théâtre de Molière, Figaro s'inscrit dans toute une tradition comique. Mais Beaumarchais fait de ce valet un véritable personnage de théâtre en le dotant d'une profondeur psychologique. Riche de l'influence du héros picaresque, il devient également un véritable double de Beaumarchais

➡ Un valet de comédie...

Figaro est, d'abord, l'héritier des personnages de la *commedia dell'arte*, tel Arlequin, et plus directement des valets malins de Molière, tels Scapin et Sganarelle. Il est présent dans le titre de la pièce, tandis qu'il était le héros du *Barbier de Séville*.

En tant que valet, il est au service du comte Almaviva dont il a fidèlement servi les amours, au point de l'aider à conquérir Rosine, maintenant dénommée « la Comtesse ». L'argent est une motivation pour lui : il réussit à empocher trois dots ainsi qu'un diamant. En outre, son astuce lui permet de mettre au point des stratagèmes servant ses intérêts : il décide, à l'acte II, de provoquer la jalousie du Comte et de substituer Chérubin à Suzanne.

Enfin, comme tout valet, il assure une fonction comique, tant par ses bons mots que par ses actions (il reçoit, notamment, à l'acte V, une gifle qui ne lui est pas destinée).

➡ ... doté d'une profondeur psychologique

Figaro est bien plus qu'un emploi théâtral. Son célèbre monologue de l'acte V révèle que Beaumarchais l'a doté d'un passé très riche en métiers divers : vétérinaire, dramaturge, créateur d'un journal, barbier et, enfin, valet. En outre, l'on découvre, dans cette pièce, son père et sa mère : Marceline et Bartholo. Il est également un amoureux fidèle, qui subit tous les

HÉROS PICARESQUE
Le *picaro* (« misérable », « futé » en espagnol) est issu des basses classes mais tente d'améliorer sa condition sociale. Écrit à la 1re personne, le roman picaresque raconte la vie pleine d'aventures rocambolesques de ce personnage. Son passage dans les différentes couches sociales lui permet de porter un regard critique sur les privilégiés et la société qui l'entourent.

Figaro : « *Encore je dis ma gaieté sans savoir si elle est à moi plus que le reste, ni même quel est ce* moi *dont je m'occupe : un assemblage informe de parties inconnues* » (V, 3).

tourments de la jalousie lorsqu'il croit que Suzanne le trompe. Le personnage prend même une dimension philosophique quand il interroge son identité dans son célèbre monologue, qui lui a valu d'être comparé au Hamlet de Shakespeare. Son désespoir ne le rend alors plus comique mais touchant.

➠ Le double de Beaumarchais

Figaro se distingue des autres valets de comédie par son incroyable maîtrise de la langue. C'est un valet lettré, capable de plaider sa cause lors d'un procès en singeant le jargon judiciaire, mais aussi de délivrer des maximes pleines de finesse. Beaumarchais raconte, à travers lui, sa propre vie d'écrivain persécuté par les dettes et la censure, et emprisonné pour ces raisons. Figaro est surtout un révolté qui dénonce toutes les formes d'injustices sociales : les privilèges indus de la noblesse, le fonctionnement absurde de la justice, l'arbitraire des lettres de cachet, la censure littéraire. Tous ces combats furent menés par Beaumarchais lui-même. Enfin, certains critiques ont vu, dans le nom de *Figaro*, une allusion au « fils Caron ».

Figaro critique les guerres menées par le peuple au nom de l'intérêt des rois : *« Sommes-nous des soldats qui tuent et se font tuer pour des intérêts qu'ils ignorent ? »* (V, 12).

II – Les cibles de Beaumarchais

➠ La noblesse

Personnage plaisant d'amoureux et complice de son valet dans *Le Barbier de Séville*, le comte Almaviva devient le rival de Figaro dans notre pièce, et Beaumarchais le rend foncièrement antipathique. C'est un homme infidèle et capable de tromperies dans le dos de sa femme ; c'est tout autant un ingrat qui rétribue bien mal les services rendus par son valet en tentant de séduire sa fiancée. Il est brutal et violent, très impulsif mais aussi assez ridicule, puisque ses plans se voient déjoués à chaque acte. Il est toujours humilié et obligé d'obtenir le pardon de son épouse. Le Comte représente une noblesse

Figaro à propos du Comte et de la noblesse en général : *« Noblesse, fortune, un rang, des places, tout cela rend si fier ! Qu'avez-vous fait pour tant de biens ? Vous vous êtes donné la peine de naître, et rien de plus. Du reste, homme assez ordinaire ! »* (V, 3).

sûre d'elle-même et de ses privilèges, qui opprime tous ceux qui lui sont inférieurs socialement : ses valets bien entendu, mais également sa femme.

➠ La justice

Les personnages de Brid'oison et Double-Main sont, à l'acte III, les symboles d'une justice imbécile et corrompue. Le bégaiement de Brid'oison renvoie à une tradition comique, mais il s'agit aussi, pour Beaumarchais, de satiriser les abus d'un système judiciaire qui l'a envoyé plusieurs fois en prison.

III – Le triomphe des femmes

➠ La femme dans tous ses états

4 personnages féminins, dont 3 au moins sont importants pour l'intrigue, illustrent les différents âges de la femme : Fanchette incarne la toute jeune fille, Suzanne la fiancée, la Comtesse la jeune femme mariée, et Marceline la femme d'âge mûr.

On peut considérer que cette pièce célèbre le triomphe de la femme : alors que Figaro et le Comte s'affrontent, la Comtesse et Suzanne restent liées par une indéfectible solidarité féminine, celle des opprimées par le Comte. Figaro n'est, d'ailleurs, plus le maître du jeu à partir de l'acte IV, puisque Suzanne et la Comtesse décident de mener à bien l'inversion de leurs costumes sans que ce dernier soit au courant. Elles finissent par devenir maîtresses de l'intrigue.

Suzanne, la Comtesse et Marceline s'illustrent non seulement par leur intelligence mais encore par leur sensibilité, qui les rend sympathiques. Comme Figaro, Suzanne est porteuse de véritables critiques sociales, notamment contre l'hypocrisie et les manières affectées des femmes du monde. Marceline évolue beaucoup dans la pièce : duègne ridicule dans les deux premiers

Suzanne à la Comtesse : *« C'est là que j'ai vu combien l'usage du grand monde donne d'aisance aux dames comme il faut, pour mentir sans qu'il y paraisse »* (II, 24).

Marceline : *« Ah ! quand l'intérêt personnel ne nous arme pas les unes contre les autres, nous sommes toutes portées à soutenir notre pauvre sexe opprimé contre ce fier, ce terrible...* (en riant) *et pourtant un peu nigaud de sexe masculin »* (IV, 16).

actes, elle se transforme en mère aimante, charitable et pleine de bon sens à l'acte III, notamment lorsqu'elle conseille au jaloux Figaro de ne pas condamner trop vite Suzanne. Elle prend même le parti de sa future belle-fille en allant la prévenir de la colère du valet. Enfin, ses tirades concernant la condition des femmes, à la scène 16 de l'acte III, injustement victimes des caprices masculins, montrent que Beaumarchais est sensible à leur sort.

IV – Un cas à part : *Cherubino di amore*...

L'identité sexuelle de Chérubin semble un peu trouble : si le page, futur officier, soupire après toutes les femmes du château (Fanchette, Suzanne et la Comtesse, mais aussi Marceline !), son extrême jeunesse lui confère une séduction ambiguë et presque dangereuse, car elle est aux antipodes de la virilité écrasante du Comte. Ce dernier ne s'y trompe pas : le page est son grand rival.

Chérubin : « *Je ne sais plus ce que je suis ; mais, depuis quelque temps, je sens ma poitrine agitée ; mon cœur palpite au seul aspect d'une femme ; les mots* amour *et* volupté *le font tressaillir et le troublent* » (I, 7).

Suzanne et la Comtesse jouent à la poupée avec Chérubin en le déguisant en jeune fille, en soignant sa blessure, mais elles sont loin d'être insensibles à son charme.

Le nom donné par Beaumarchais à son personnage est éloquent et peut-être ironique : un chérubin est un petit ange ; or les anges n'ont pas de sexe. Il faut noter également que, selon les mises en scène, Chérubin est interprété tantôt par une femme, tantôt par un homme. Mais, homme ou femme, Chérubin est, avant tout, un adolescent sensible et sentimental. Ce sont, sans doute, les tourments de cet âge que l'auteur a voulu représenter.

LES TROIS ÉTAPES DE LECTURE D'UNE IMAGE FIXE

1. Je découvre

• De quel type d'image s'agit-il (tableau, photo, dessin, caricature, affiche...) ?
• Quelles sont mes premières impressions (émotions, perceptions, *a priori*...) ?

2. J'observe

• Qu'est-ce qui est représenté (au premier plan et au-delà) ?
• Qu'est-ce qui me semble important (sujet, composition, graphisme, couleurs, lumière, genre, symbolique...) ?

3. J'interprète

• L'image a-t-elle une fonction descriptive ou argumentative ?
• Que cherche à exprimer, à transmettre l'auteur par cette image ?

COMPOSITION DE L'IMAGE

1. Composition générale

• Cadrage : s'agit-il d'un plan large, d'un plan rapproché, d'un gros plan ?
• Construction des plans : premier plan, second plan, arrière-plan, profondeur, perspective.
• Point de vue adopté : frontal, en plongée, en contre-plongée ?

2. Axes et structure

• Lignes de force (en noir sur le document) : les intersections entre les lignes verticales et horizontales constituent les points forts de l'image, où sont souvent situés les motifs principaux ; ces lignes et ces points créent l'ossature de l'image et guident le regard.

• Lignes de fuite (exemples en gris sur le document) : lignes que suit le regard de l'observateur selon la perspective ; elles déterminent le point de fuite, qui peut se trouver à l'intérieur ou hors de l'image.
• Masses : comment s'organisent-elles (espace chargé ou aéré, équilibré ou déséquilibré...) ? quelle est la place des personnages ou des objets par rapport au décor ?

Mise en scène du *Mariage de Figaro* par Christophe Rauck

Document 1

Photographie prise en 2007, à la Comédie-Française.
Anne Kessler (Suzanne) et Laurent Stocker (Figaro).
Document 1 au verso de la couverture.

Avant de devenir directeur de théâtre (à Bussang, à Saint-Denis, puis à Lille) et metteur en scène, Christophe Rauck a débuté une carrière de comédien dans la troupe du Théâtre du Soleil d'Ariane Mnouchkine en 1991.

Je découvre

Cette photographie représente deux des personnages principaux : le valet Figaro et la servante Suzanne, qui sont interprétés par les comédiens Anne Kessler et Laurent Stocker.

J'observe

• La composition

Le cadrage en plan large met en valeur, au centre de l'image, les deux personnages. Ils semblent seuls sur scène et en pleine conversation.
Au premier plan, on distingue, posés à terre, un plan d'architecte et un petit accessoire qui s'apparente à un mètre ruban à ressort. Ces deux objets modernes nous permettent d'identifier la scène : il s'agit de la scène d'exposition, comme en témoignent les plans d'aménagement de la chambre des futurs mariés. Les fleurs qui ornent la chevelure de Suzanne viennent confirmer cette hypothèse ; elles font, en effet, l'objet d'un jeu de scène à l'ouverture de la pièce.

• Les couleurs

La nudité du décor en fait davantage encore ressortir les teintes vives. Le bleu et le rouge sont des couleurs primaires dont l'association crée un fort contraste. Cette peinture murale, censée décorer la chambre de Figaro et Suzanne, s'inscrit résolument dans une veine contemporaine, avec ses aplats de couleur et ses grandes formes abstraites de la même hauteur que les personnages. La lumière est vive et éclaire le visage des deux personnages. L'ensemble éblouit le spectateur.

- **Les personnages**

Tout comme le décor et les objets, les costumes des personnages sont résolument modernes. La robe rouge de Suzanne est associée, par sa tonalité et sa luminosité, au rouge de la peinture murale. Ses bottines, ses mèches de cheveux, courtes et décoiffées, l'expression de son visage, la tête légèrement penchée vers la gauche en font un personnage très féminin et un peu taquin. Figaro, de son côté, semble plus inquiet. Son costume noir, que l'on n'attend pas forcément chez un valet, remplit une fonction dramatique : il indique la proximité de ses noces. Mais il le distingue également en lui donnant une profondeur supplémentaire. Le gilet écossais que l'on aperçoit sous sa veste l'associe, lui aussi, à la couleur rouge du décor. Enfin, l'objet qu'il tient entre ses doigts, rouge encore, peut s'apparenter à un crayon. L'harmonie du couple se traduit par l'harmonie des couleurs : la même blondeur, le grand col blanc de la chemise auquel répondent les fleurs de Suzanne, le costume noir qui fait écho aux bottines.

➠ J'interprète

- **Une pièce politique**

Le choix d'une peinture murale bleue et rouge peut être interprété comme un symbole politique. En 1789, ces deux couleurs étaient, en effet, celles de la ville de Paris, choisies comme emblème par les révolutionnaires, avant que La Fayette propose d'intégrer sur leur cocarde le blanc, couleur du roi.

Le contraste visuel entre ces deux couleurs crée également une tension visuelle, un antagonisme qui se retrouve dans la pièce entre le monde des serviteurs, incarné par Figaro et Suzanne, et celui de la noblesse abusive, représenté par le Comte. Les aplats bleus sont, d'ailleurs, à hauteur d'homme et pourraient figurer des personnages. Pour un spectateur contemporain, le rouge rappelle aussi la couleur des révolutions de 1917 et inscrirait, en ce sens, la pièce dans une perspective de lutte des classes.

- **Deux personnages qui incarnent la modernité**

Plus simplement, les personnages de Suzanne et de Figaro, tout valets qu'ils sont, incarnent la modernité. Les accessoires, le décor et les costumes en sont la preuve manifeste. Le plan d'architecte ainsi que le crayon tenu par Figaro pourraient illustrer l'avenir à penser et à élaborer. On se souvient que Figaro témoigne, dans son monologue, de son passé de dramaturge. Peut-on en déduire que c'est à lui d'écrire l'histoire, par ses ruses et ses combines, tout comme la grande Histoire ?

La lumière éclatante, les couleurs vives, la douceur de l'expression de Suzanne contribuent également, de façon certaine, à la vivacité de la scène et au plaisir des spectateurs de la comédie.

Mise en scène du *Mariage de Figaro* par Christophe Rauck

Document 2

Photographie prise en 2007, à la Comédie-Française.
Benjamin Jungers (Chérubin), Michel Vuillermoz (le Comte) et Grégory Gadebois (Bazile).
Document 2 au verso de la couverture.

Michel Vuillermoz, entré en 2003 à la Comédie-Française, en est devenu le 515e sociétaire en 2007. Grégory Gabedois et l'acteur belge Benjamin Jungers en ont été pensionnaires respectivement de 2006 à 2011 et de 2007 à 2015.

Je découvre

Cette photographie illustre la scène 9 de l'acte I. On y aperçoit seulement trois personnages : le Comte, au centre de l'image ; Bazile, le maître de clavecin de la Comtesse ; et Chérubin, l'enfant recroquevillé sur le fauteuil. Plus précisément, l'instant photographié semble illustrer la didascalie *« il lève la robe du fauteuil »* qui démasque le jeune page caché par Suzanne durant la scène précédente. La jeune femme de chambre doit donc être présente sur scène, en hors-champ de la prise de vue.

J'observe

• La laideur des hommes

L'intérêt de l'image réside dans le rapport de force déséquilibré qui se dégage entre les deux hommes et le jeune page. Debout, vêtus de costumes sombres et le visage renfrogné, les deux personnages masculins se caractérisent par leur laideur et leur agressivité. Le geste du Comte est très ambivalent. Indépendamment du texte de Beaumarchais, celui-ci semble s'apprêter à frapper le jeune garçon avec la robe de la Comtesse. Prise sur le vif, l'action est ainsi fortement dramatisée. De son côté, Bazile, témoin immobile de la scène, participe, par son inaction, à l'agression de Chérubin.

• La délicatesse du page

Inversement, c'est la délicatesse du page qui est mise en valeur par le choix de la distribution. Contrairement aux indications de l'auteur dans les *« Caractères et habillements de la pièce »*, Chérubin n'est pas *« une jeune et très jolie femme »* mais un adolescent, dont l'interprète, alors âgé de 21 ans, accentue la juvénilité par son jeu. Son innocence est soulignée par la blondeur de ses cheveux et les couleurs pures de ses vêtements : un blanc éclatant pour la chemise et un pantalon d'un bleu vif. Ces teintes célestes font de lui un petit ange. La délicatesse du tissu satiné qui recouvre le fauteuil moelleux renforce encore la fragilité du personnage. Sa gestuelle est défensive. Démasqué, il lève les mains vers son visage et se recroqueville dans le fauteuil, comme pour se protéger de la brutalité du Comte. À l'arrière-plan, la porte de bois, dure et close, se découpe sur un fond noir. La clôture de la pièce et l'absence de Suzanne accentuent l'isolement de l'enfant.

J'interprète

• Du rire à la violence

La violence de la photographie contraste fortement avec la tonalité de la scène de comédie. Tout en déplacements comiques et en jeux de masques, cette scène a de quoi réjouir le spectateur. Le Comte enlève la robe du fauteuil par un pur hasard. Il mime, en effet, dans une délicieuse scène de théâtre dans le théâtre, une autre scène, similaire, qui s'était déroulée chez Fanchette. D'où sa réplique : *« Ce tour-ci vaut l'autre. »* Tout le plaisir du spectateur réside dans la déconvenue attendue du Comte et dans la répétition de l'histoire racontée et de la scène découverte : chaque fois que le Comte se rend chez ses maîtresses, il découvre Chérubin caché sous des vêtements.
Nul rire pourtant dans cette image. Le photographe a clairement pris un parti contraire à la scène de comédie, soulignant la violence et la brutalité des hommes face à la jeunesse. Le dévoilement n'est plus, ici, un ressort comique traditionnel. Il se retourne en geste d'agression.

• Fonctions d'un objet théâtral : la robe

L'objet théâtral qu'est la robe de la Comtesse gagne ainsi en épaisseur signifiante. Présente dès la scène 5 de l'acte I, la robe en question, tenue par Suzanne, permet tout d'abord au spectateur de caractériser le personnage : il s'agit d'une femme de chambre. À ce titre, elle habille la Comtesse. Pour le jour des noces, on peut imaginer que cette robe sera particulièrement choisie pour sa beauté et sa séduction : la dentelle que l'on devine sur l'image en est, sans doute, le signe. Jetée par Suzanne sur Chérubin pour le dissimuler aux regards du Comte, la robe gagne une fonction dramatique et participe pleinement au jeu de la comédie. La sensualité de l'objet qui recouvre l'adolescent amoureux témoigne, probablement, aussi d'un désir inconscient, propre aux femmes de la pièce.
Sur la photographie, le Comte semble se servir de la robe comme d'un fouet. Cette illusion apporte encore du sens : le désir et la sensualité féminine semblent refoulés par le Comte.

Carle Van Loo, *Le Concert espagnol*

Document 3

Huile sur toile (164 × 129 cm), 1754,
musée de l'Ermitage, Saint-Pétersbourg (Russie).
Document 3 au verso de la couverture.

Charles André, dit Carle, Van Loo (1705-1765) est un peintre français. Auteur de scènes de genre et de scènes religieuses, il mène une brillante carrière officielle : professeur (il comptera Fragonard parmi ses élèves), premier peintre du roi, directeur de l'Académie… Il est un des représentants du style rococo avec lequel il rompt vers 1750.
Ce tableau est exposé pour la première fois à Paris, au Salon de 1755.

➥ Je découvre

• Le tableau de Van Loo

Ce tableau représente une scène de genre exotique, avec des personnages en habits de noblesse espagnole (l'homme debout et la femme assise, une partition à la main).

• Beaumarchais et la gravure de Beauvarlet

Dans le texte, cette peinture est citée comme modèle de la scène 4 de l'acte II du *Mariage de Figaro*. En effet, Beaumarchais présente ainsi ses indications de mise en scène : « *La Comtesse, assise, tient le papier pour suivre. Suzanne est derrière son fauteuil, et prélude en regardant la musique par-dessus sa maîtresse. Le petit page est devant elle, les yeux baissés. Ce tableau est juste la belle estampe, d'après Vanloo, appelée* La Conversation espagnole. »
Une estampe n'est pas un tableau peint mais un papier encré à partir d'une matrice en bois ou en métal sur laquelle le dessin a été creusé par l'artiste. Beaumarchais cite donc, en référence de sa scène, une gravure qui imite le tableau de Van Loo. L'auteur de cette copie est le graveur Jacques Firmin Beauvarlet.

➥ J'observe

• Une scène de genre

En peinture, une scène de genre représente une scène de la vie quotidienne. La présence de l'instrument de musique, sans doute un luth, et de ce qui s'apparente à une partition, ouverte dans les mains de la jeune femme assise, permet d'expliciter le titre *Le Concert espagnol*. Les costumes de la Renaissance espagnole et la galanterie du sujet témoignent du goût de l'époque pour la peinture rococo (style coloré et souvent surchargé, en vogue au XVIIIe siècle) et les fêtes galantes.

- **La composition**

La composition de la peinture est stable et d'inspiration classique en raison de ses grandes lignes verticales soulignées par les nombreuses colonnes de l'architecture. C'est le visage de la jeune aristocrate assise, objet de tous les regards (la musicienne, le chien, l'homme), qui est mis en valeur par sa luminosité et son placement au centre de la toile. L'œil du spectateur circule, ensuite, entre la musicienne et le jeune homme debout, suivant l'orientation du manche du luth qui redouble l'échange des regards. Au premier plan, l'enfant semble prendre à témoin le spectateur et lui donne l'impression de surprendre une scène intime.

J'interprète

- **L'imitation du réel : vers le *« genre dramatique sérieux »***

Il s'agit, pour Beaumarchais, de copier sur scène, avec des acteurs costumés, la disposition des éléments d'un tableau qui existe et a été reproduit en estampe. Ce « tableau vivant » est un divertissement très pratiqué au XVIIIe siècle, sous l'influence notamment de Denis Diderot. La peinture, tout comme le théâtre, est alors conçue comme un art devant imiter le réel. Dans son *Entretien sur Le Fils naturel*, Diderot fait ainsi parler le personnage de Dorval : *« Je pense, pour moi, que, si un ouvrage dramatique était bien fait et bien représenté, la scène offrirait au spectateur autant de tableaux réels qu'il y aurait dans l'action de moments favorables au peintre. Le choix de cette mise en scène est donc un indice de l'orientation de la comédie vers le "genre dramatique sérieux". »*

- **Une scène galante qui nous interroge sur la Comtesse**

Ce tableau met en valeur l'émotion lisible sur le visage féminin et la complicité amoureuse du couple, rendue sensible par la musique et le livre ouvert, comme une histoire à écrire. Dans la pièce de Beaumarchais, il s'agit de la Comtesse et de Chérubin. Le choix de ce modèle pictural rappelle donc le thème du désir adolescent et interroge la moralité de la Comtesse, sans doute trop sensible au chant du jeune page.

Mise en scène du *Mariage de Figaro* par Christophe Rauck

Document 4

Photographie prise en 2007, à la Comédie-Française.
Elsa Lepoivre (la Comtesse) et Michel Vuillermoz (le Comte).
Document 4 au verso de la couverture.

Elsa Lepoivre et Michel Vuillermoz sont sociétaires de la Comédie-Française depuis 2007.

Je découvre

L'image est extraite de la scène 16 de l'acte II. Soupçonnant une infidélité de sa femme, le Comte s'apprête à briser la porte du cabinet de la Comtesse avec une « *pince* ».

J'observe

• Une scénographie qui oppose les deux personnages

La photographie délimite clairement deux espaces pour les personnages. Côté cour, le Comte est saisi en pleine action. Sa posture instable et son arme, sur le point de s'abattre, créent une certaine dramatisation, accentuée encore par la présence, en arrière-plan, du rideau rouge (voir document 1). La transformation de la « *pince* » du texte en pioche témoigne du souci du metteur en scène de montrer la violence, non sans un certain sens de l'humour. Contrairement au document suivant et comme dans le document 2, le visage du Comte a l'air plutôt inexpressif, figé dans une sorte d'austérité. D'ailleurs, il n'affronte pas directement la Comtesse mais lui tourne le dos.
Côté jardin, la Comtesse est mise en valeur par la lumière issue de la petite fenêtre du décor. Elle affronte son époux sur un pied d'égalité : les deux personnages sont de la même taille. La véhémence de son geste du bras et sa bouche grande ouverte semblent signifier l'intensité de sa révolte : on l'imagine parler fort et avec virulence pour souligner le ridicule de son mari. Loin d'adopter une attitude suppliante ou soumise, elle paraît l'invectiver.

- **Décor et costumes : vers la modernité**

Les costumes comme le mobilier témoignent d'un souci d'évolution par rapport à l'époque historique de la pièce. La méridienne en fond de scène se rapproche désormais du lit, avec ses deux oreillers de part et d'autre des montants. Les costumes des personnages ont perdu de leurs ornements baroques pour gagner en modernité, tout en rappelant discrètement leur condition sociale. La jupe de la Comtesse conserve des plis et le bas de sa robe rappelle la crinoline. Le Comte porte un gilet brodé avec des boutons et une ample chemise blanche aux poignets ornés. Les bottes de cuir noir révèlent, comme dans le document suivant, une certaine virilité affichée.

➠ J'interprète

- **Une scène de ménage qui ridiculise le Comte**

Le ridicule du Comte est davantage rendu sensible par la véhémence de la Comtesse. Isolé scéniquement par le rideau rouge, le Comte semble appartenir à un autre espace, comme à un autre temps. Il prend ainsi des poses et des attitudes théâtrales démodées qui le discréditent et l'affaiblissent. En ce sens, son visage figé serait une sorte de masque qui montrerait son incapacité à évoluer. Le personnage du Comte se rapproche donc de la caricature et confère à la scène toute sa dimension comique. Peut-on le rapprocher d'un Guignol armé de son bâton ?

- **Vers l'émancipation des femmes**

Face à lui, la Comtesse gagne en force et en véracité. Alors même que c'est le Comte qui tient l'arme, c'est elle qui donne l'impression de prendre le pouvoir. La nudité de ses bras et celle de son cou la rendent, sans doute, plus charnelle et plus expressive. La couleur de sa robe, d'un vieux rose, ainsi que sa chevelure courte en font un personnage en voie d'émancipation : son costume se situe entre la robe d'époque, rappelée par les plis ou la crinoline de la jupe, et le rouge éclatant de la tenue moderne de Suzanne (voir document 1). La mise en scène de Christophe Rauck conserve donc, dans cette photographie encore, une dimension plus politique.

Mise en scène du *Mariage de Figaro* par Joël Dragutin

Document 5

Photographie prise en 1998, au théâtre Silvia-Monfort.
Odile Frédeval (la Comtesse) et Patrice Pujol (le Comte).
Document 5 au verso de la couverture.

Joël Dragutin est révélé par Jacques Tati qui le prend comme assistant pour le tournage de son film *Trafic* en 1969. Ce metteur en scène atypique fonde, ensuite, en 1989, le Théâtre 95, à Cergy-Pontoise. Sa première pièce, qui s'intitule *La Baie de Naples* (1985), interroge le monde contemporain à travers ses tics de langage.

➠ Je découvre

Comme pour le document 4, cette photographie est extraite de la scène 16 de l'acte II.

➠ J'observe

• Le décor et les costumes : une scène d'époque

Le cadrage rapproché restreint notre vision de la scène au conflit qui oppose le Comte et la Comtesse, cachant les éventuels autres éléments du décor. L'arrière-plan noir fait ressortir les couleurs pastel des personnages et de la méridienne Louis XV. La présence de ce meuble de repos plonge le spectateur dans l'intimité de la Comtesse.

Les vêtements, tout comme le mobilier, nous indiquent une mise en scène soucieuse d'ancrer la pièce au XVIIIe siècle. Le Comte porte un frac avec ses broderies, ses poches basses et ses boutons, ainsi qu'une chemise à jabot. L'aspect du tissu est soyeux. Une boucle de cheveux lui descend sur l'oreille, conformément aux coiffures de l'époque. Plus étonnant est le port du pantalon et des bottes de cuir qui apportent de la dureté au personnage : le Comte semble venir de l'extérieur. Le costume de la Comtesse paraît, au contraire, en accord avec le lieu dans lequel elle se trouve. Sa chevelure détachée, la simplicité de sa robe ample en coton témoignent davantage d'une tenue d'intérieur.

- **Les personnages : une scène pathétique**

La photographie rassemble les deux personnages dans un corps à corps poignant. Nettement dominée par son époux, la Comtesse est figée dans une attitude suppliante. Ses bras s'accrochent au Comte de façon dérisoire, comme pour l'empêcher d'abattre son arme. La tête penchée en arrière, la chevelure déployée et le drapé de la robe accentuent encore sa détresse. Le personnage touche le spectateur par sa dimension pathétique.
Le Comte domine la scène par sa taille et sa détermination. Les yeux exorbités, la grimace de la bouche entrouverte indiquent l'expression de la fureur. Il brandit une hache par-dessus sa tête et semble sur le point de l'abattre. De toute évidence, il a perdu le contrôle de lui-même.

➠ J'interprète

- **Comédie ou drame ?**

Figée par la photographie, l'action, telle qu'elle est rendue par l'image, n'invite pas, à première vue, au rire. Mis à part la grimace du Comte, peu d'éléments nous indiquent le genre de la comédie. La noblesse des personnages et l'attitude pathétique de la Comtesse tendraient, au contraire, à rapprocher la pièce, sinon du côté de la tragédie, tout au moins du côté du drame. Plus à même de faire écho aux préoccupations des spectateurs de son temps, le genre dramatique sérieux est, en effet, défendu par Beaumarchais. L'évolution du ton de la trilogie du *Barbier de Séville* à *La Mère coupable* confirme cette hypothèse et éclaire, sans doute, le choix de la gestuelle ici représentée.

- **Un couple d'Ancien Régime**

Contrairement à Christophe Rauck dans sa mise en scène pour la Comédie-Française, Joël Dragutin a préféré respecter un décor et des costumes d'époque. La posture des personnages et les nuances dans les détails des vêtements, entre l'agressivité des bottes du Comte et le négligé des cheveux de la Comtesse, révèlent un rapport hiérarchique au sein du couple. Le Comte, par sa violence, fait irruption dans l'intimité de la Comtesse. Le désordre de la tenue de son épouse témoigne de cette entrée intempestive. Dominée, celle-ci ne peut s'exprimer que dans la supplication et les larmes. L'image qui se dégage d'elle est celle d'une femme douce et fragile, brutalisée par un mari jaloux et impulsif qui ne contrôle pas sa colère.
Bien qu'invité à critiquer l'attitude du Comte qui circonvient à la galanterie et au respect des convenances, le spectateur ne remet pas en cause pour autant la pertinence du lien conjugal. La scène reste ancrée dans une société d'Ancien Régime dont témoigne le décor. La comparaison des documents 4 et 5 met ainsi en évidence une évolution des mentalités sur les rapports au sein du couple.

8 Prolongements

Si la vie mouvementée de Beaumarchais a inspiré biographes et cinéastes, c'est surtout le personnage de Figaro qui semble avoir connu une véritable postérité dans la littérature et la musique.

BEAUMARCHAIS SUR LA TOILE

Le site de la BNF (Bibliothèque nationale de France), gallica.bnf.fr, propose un diaporama d'images intéressantes sur Beaumarchais et le théâtre au XVIIIe siècle, ainsi qu'un entretien avec Françoise Rubellin, professeur d'Université, spécialiste de la période.

« Comme l'enjeu était de faire un décor léger qui ne remplisse pas tout l'espace, nous sommes partis sur l'idée d'immenses vignettes représentant des détails de peintures d'Uccello. La scénographie sert comme appui de jeu pour les acteurs. Je ne voulais pas étouffer le jeu avec des décors signifiants, je voulais qu'ils aient la place de raconter la complexité dans la simplicité et la légèreté d'un espace poétique. Ils peuvent ainsi s'appuyer sur des choses plutôt qu'habiter un décor. »

Christophe Rauck, propos recueillis par Florence Thomas, juillet 2007.

MOZART ET FIGARO

En 1786, Mozart compose et fait représenter l'opéra *Les Noces de Figaro* sur un livret de Lorenzo da Ponte. Il gomme les aspects les plus satiriques de la pièce pour échapper à la censure. Un air célèbre est celui chanté par Chérubin : « *Voi che sapete* ». Il s'agit de la sérénade donnée à la Comtesse. Il faut noter que Chérubin possède une voix de mezzo-soprano et est donc toujours interprété par une femme. (Voir couverture de notre édition.)

VOIR ET COMPARER DES MISES EN SCÈNE

De nombreux sites proposent des extraits ou des retransmissions intégrales de mises en scène de l'œuvre, notamment l'INA. N'hésitez pas à comparer les décors et les costumes, en notant, à chaque fois, le metteur en scène, la date et le lieu de création. La dernière mise en scène qui a fait date est celle de Christophe Rauck à la Comédie-Française en 2007 (voir documents reproduits en couverture).

LE BEL ESPRIT DU XVIIIE SIÈCLE

Beaumarchais l'Insolent est un film d'Édouard Molinaro datant de 1996. Il retrace la vie mouvementée du dramaturge, avec le fantasque Fabrice Luchini dans le rôle-titre.

Ridicule de Patrice Leconte (1996) montre l'importance du bon mot à la cour de Louis XVI. La maîtrise du langage y fait et défait les carrières.

LE THÈME DU DÉSIR ADOLESCENT

La pièce propose, à travers le personnage de Chérubin, une première description des émois adolescents. Le thème sera repris de nombreuses fois en littérature (*Le Diable au corps* de Raymond Radiguet, 1923) ou au cinéma, avec un traitement très poétique (*Virgin Suicides* de Sofia Coppola, 1999) ou franchement comique (*Les Beaux Gosses* de Riad Sattouf, 2009).

FIGARO SUR ÉCRANS

En 1959, Jean Meyer a capté une représentation de la pièce à la Comédie-Française, avec Jean Piat en Figaro et Georges Descrières en comte Almaviva (disponible sur le site Média Scérén du réseau Canopé).

Il existe ausi deux téléfilms, l'un réalisé par Marcel Bluwal, en 1961, avec Jean-Pierre Cassel en Figaro et Jean Rochefort en comte Almaviva, et l'autre par Pierre Badel, en 1981, avec Patrick Chesnais en Figaro et Jean-François Balmer en comte Almaviva.

En 1989, Roger Coggio a adapté la pièce au cinéma, avec lui-même dans le rôle de Figaro et Fanny Cottençon dans celui de Suzanne.

CONSEILS de LECTURE

- Jean-Pierre de Beaumarchais, *Beaumarchais : le voltigeur des Lumières*, « Découvertes Gallimard », Gallimard, 1996 : toutes les facettes de cet homme aux multiples talents (horloger, espion, homme d'affaires... et dramaturge) sont évoquées avec une riche iconographie.
- Ödön von Horváth, *Figaro divorce* (1937), L'Arche, 2008 : dans cette tragi-comédie écrite en pleine montée du nazisme, les deux couples errent à travers l'Europe, ballottés au gré des frontières changeantes.

Jacques-Émile Blanche (1861-1942),
Le Chérubin de Mozart (1904).

Dossier spécial BAC

1) Sujets d'écrit

2) Sujets d'oral

SUJET 1

Texte A : Beaumarchais, *Le Mariage de Figaro*

FIGARO, *à part*. Voyons-le venir, et jouons serré.

LE COMTE, *radouci*. Ce n'est pas ce que je voulais dire ; laissons cela. J'avais… oui, j'avais quelque envie de t'emmener à Londres, courrier de dépêches… mais, toutes réflexions faites…

FIGARO. Monseigneur a changé d'avis ?

LE COMTE. Premièrement, tu ne sais pas l'anglais.

FIGARO. Je sais *God-dam*.

LE COMTE. Je n'entends pas.

FIGARO. Je dis que je sais *God-dam*.

LE COMTE. Eh bien ?

FIGARO. Diable ! C'est une belle langue que l'anglais ! il en faut peu pour aller loin. Avec *God-dam*, en Angleterre, on ne manque de rien nulle part. – Voulez-vous tâter d'un bon poulet gras ? entrez dans une taverne, et faites seulement ce geste au garçon. *(Il tourne la broche.) God-dam !* on vous apporte un pied de bœuf salé, sans pain. C'est admirable ! Aimez-vous à boire un coup d'excellent bourgogne ou de clairet ? rien que celui-ci. *(Il débouche une bouteille.) God-dam !* on vous sert un pot de bière, en bel étain, la mousse aux bords. Quelle satisfaction ! Rencontrez-vous une de ces jolies personnes qui vont trottant menu, les yeux baissés, coudes en arrière, et tortillant un peu des hanches ? mettez mignardement tous les doigts unis sur la bouche. Ah ! *God-dam !* elle vous sangle un soufflet de crocheteur : preuve qu'elle entend. Les Anglais, à la vérité, ajoutent par-ci, par-là, quelques autres mots en conversant ; mais il est bien aisé de voir que *God-dam* est le fond de la langue ; et si Monseigneur n'a pas d'autre motif de me laisser en Espagne…

LE COMTE, *à part*. Il veut venir à Londres ; elle n'a pas parlé.

FIGARO, *à part.* Il croit que je ne sais rien ; travaillons-le un peu dans son genre.

LE COMTE. Quel motif avait la Comtesse pour me jouer un pareil tour ?

FIGARO. Ma foi, Monseigneur, vous le savez mieux que moi.

LE COMTE. Je la préviens sur tout, et la comble de présents.

FIGARO. Vous lui donnez, mais vous êtes infidèle. Sait-on gré du superflu à qui nous prive du nécessaire ?

LE COMTE. … Autrefois tu me disais tout.

FIGARO. Et maintenant je ne vous cache rien.

LE COMTE. Combien la Comtesse t'a-t-elle donné pour cette belle association ?

FIGARO. Combien me donnâtes-vous pour la tirer des mains du docteur ? Tenez, Monseigneur, n'humilions pas l'homme qui nous sert bien, crainte d'en faire un mauvais valet.

LE COMTE. Pourquoi faut-il qu'il y ait toujours du louche en ce que tu fais ?

FIGARO. C'est qu'on en voit partout quand on cherche des torts.

LE COMTE. Une réputation détestable !

FIGARO. Et si je vaux mieux qu'elle ? Y a-t-il beaucoup de seigneurs qui puissent en dire autant ?

Beaumarchais, *Le Mariage de Figaro*, extrait de la scène 5 de l'acte III, 1784.

Texte B : Victor Hugo, *Ruy Blas*

Don Salluste, un grand d'Espagne disgracié par la Reine, utilise, pour se venger, l'un de ses laquais, Ruy Blas, auquel il fait endosser l'identité d'un noble, don César. Mais Ruy Blas prend son rôle au sérieux et tente de devenir, avec succès, un véritable homme d'État.

DON SALLUSTE

[…]

Il s'assied dans un fauteuil, et Ruy Blas reste debout.

À propos, que dit-on à Madrid, s'il vous plaît ?
Est-il vrai que, brûlant d'un zèle hyperbolique[1],

Ici, pour les beaux yeux de la caisse publique,
Vous exilez ce cher Priego, l'un des grands ?
Vous avez oublié que vous êtes parents.
Sa mère est Sandoval, la vôtre aussi. Que diable !
Sandoval porte d'or à la bande de sable[2].
Regardez vos blasons, don César. C'est fort clair.
Cela ne se fait pas entre parents, mon cher.
Les loups pour nuire aux loups font-ils les bons apôtres ?
Ouvrez les yeux pour vous, fermez-les pour les autres.
Chacun pour soi.

RUY BLAS, *se rassurant un peu.*

Pourtant, monsieur, permettez-moi.
Monsieur de Priego, comme noble du roi,
A grand tort d'aggraver les charges de l'Espagne.
Or, il va falloir mettre une armée en campagne ;
Nous n'avons pas d'argent, et pourtant il le faut.
L'héritier bavarois penche à mourir bientôt.
Hier, le comte d'Harrach, que vous devez connaître,
Me le disait au nom de l'empereur son maître.
Si monsieur l'archiduc veut soutenir son droit,
La guerre éclatera…

DON SALLUSTE

L'air me semble un peu froid.
Faites-moi le plaisir de fermer la croisée.

Ruy Blas, pâle de honte et de désespoir, hésite un moment ; puis il fait un effort et se dirige lentement vers la fenêtre, la ferme, et revient vers don Salluste, qui, assis dans le fauteuil, le suit des yeux d'un air indifférent.

RUY BLAS, *reprenant et essayant de convaincre don Salluste.*

Daignez voir à quel point la guerre est malaisée.
Que faire sans argent ? Excellence, écoutez.
Le salut de l'Espagne est dans nos probités[3].
Pour moi, j'ai, comme si notre armée était prête,
Fait dire à l'empereur que je lui tiendrais tête…

DON SALLUSTE, *interrompant Ruy Blas et lui montrant son mouchoir, qu'il a laissé tomber en entrant.*

Pardon ! ramassez-moi mon mouchoir.

Ruy Blas, comme à la torture, hésite, puis se baisse, ramasse le mouchoir, et le présente à don Salluste.

DON SALLUSTE, *mettant le mouchoir dans sa poche.*
– Vous disiez ?...

RUY BLAS, *avec effort.*
Le salut de l'Espagne ! – oui, l'Espagne à nos pieds,
Et l'intérêt public demandent qu'on s'oublie.
Ah ! toute nation bénit qu'on la délie[4].
Sauvons ce peuple ! Osons être grands, et frappons !
Ôtons l'ombre à l'intrigue et le masque aux fripons !

DON SALLUSTE, *nonchalamment.*
Et d'abord ce n'est pas de bonne compagnie.
– Cela sent son pédant et son petit génie
Que de faire sur tout un bruit démesuré.
Un méchant million, plus ou moins dévoré,
Voilà-t-il pas de quoi pousser des cris sinistres !
Mon cher, les grands seigneurs ne sont pas de vos cuistres[5].

Victor Hugo, *Ruy Blas*, extrait de la scène 5 de l'acte III, 1838.

1. hyperbolique : exagéré. **2. Sandoval [...] sable :** ce sont les armoiries de cette famille. **3. probités :** honnêteté. **4. délie :** délivre. **5. cuistres :** pédants.

Texte C : Jean Genet, *Les Bonnes*

Deux domestiques, Claire et Solange, s'amusent lorsque leur maîtresse, Madame, n'est pas là : Claire prend la place de Madame et Solange celle de Claire.

1 CLAIRE : [...] Préparez ma robe. Vite, le temps presse. Vous n'êtes pas là ? *(Elle se retourne.)* Claire ! Claire !

Entre Solange.

SOLANGE : Que Madame m'excuse, je préparais le tilleul *(Elle prononce tillol.)* de Madame.

CLAIRE : Disposez mes toilettes. La robe blanche pailletée. L'éventail, les émeraudes.

SOLANGE : Tous les bijoux de Madame ?

CLAIRE : Sortez-les. Je veux choisir. *(Avec beaucoup d'hypocrisie.)* Et naturellement les souliers vernis. Ceux que vous convoitez depuis des années.

Solange prend dans l'armoire quelques écrins qu'elle ouvre et dispose sur le lit.

Pour votre noce sans doute. Avouez qu'il vous a séduite ! Que vous êtes grosse[1] ! Avouez-le !

Solange s'accroupit sur le tapis et, crachant dessus, cire des escarpins vernis.

Je vous ai dit, Claire, d'éviter les crachats. Qu'ils dorment en vous, ma fille, qu'ils y croupissent. Ah ! ah ! vous êtes hideuse, ma belle. Penchez-vous davantage et vous regardez dans mes souliers. *(Elle tend son pied que Solange examine.)* Pensez-vous qu'il me soit agréable de me savoir le pied enveloppé par les voiles de votre salive ? Par la brume de vos marécages ?

SOLANGE, *à genoux et très humble* : Je désire que Madame soit belle.

CLAIRE, *elle s'arrange dans la glace* : Vous me détestez, n'est-ce pas ? Vous m'écrasez sous vos prévenances, sous votre humilité, sous les glaïeuls et le réséda. *(Elle se lève et d'un ton plus bas.)* On s'encombre inutilement. Il y a trop de fleurs. C'est mortel. *(Elle se mire encore.)* Je serai belle. Plus que vous ne le serez jamais. Car ce n'est pas avec ce corps et cette face que vous séduirez Mario. Ce jeune laitier ridicule vous méprise, et s'il vous a fait un gosse…

SOLANGE : Oh ! mais, jamais je n'ai…

CLAIRE : Taisez-vous, idiote ! Ma robe !

Jean Genet, *Les Bonnes*, Gallimard, 1947.

1. **grosse :** enceinte.

Sujets du bac

➡ Question

Étudiez les rapports entre maître et valet dans chacun de ces textes.

➡ Commentaire

Vous ferez le commentaire de l'extrait de *Ruy Blas* de Victor Hugo (texte B).

➡ Dissertation

Selon vous, le maître, au théâtre, reste-t-il toujours le maître ? Pour répondre à cette question, vous vous appuierez sur les textes du corpus, vos lectures et votre expérience de spectateur(trice).

➡ Sujet d'invention

Écrivez la suite de l'extrait des *Bonnes* de Jean Genet (texte C) dans lequel Solange se révolte. Vous aurez soin d'indiquer les didascalies nécessaires.

SUJET 2

Texte A : Molière, *Le Tartuffe*

Tartuffe, un faux dévot, profite de l'affection et l'estime que lui porte Orgon, un bourgeois, pour tenter de séduire Elmire, sa femme. Révoltée, celle-ci a caché son mari sous la table pour qu'il ouvre enfin les yeux sur la vraie nature de Tartuffe.

TARTUFFE

Enfin votre scrupule est facile à détruire :
Vous êtes assurée ici d'un plein secret,
Et le mal n'est jamais que dans l'éclat qu'on fait ;
Le scandale du monde est ce qui fait l'offense,
Et ce n'est pas pécher que pécher en silence.

ELMIRE, *après avoir encore toussé.*

Enfin je vois qu'il faut se résoudre à céder,
Qu'il faut que je consente à vous tout accorder,
Et qu'à moins de cela je ne dois point prétendre

Qu'on puisse être content, et qu'on veuille se rendre.
Sans doute il est fâcheux d'en venir jusque-là,
Et c'est bien malgré moi que je franchis cela ;
Mais puisque l'on s'obstine à m'y vouloir réduire,
Puisqu'on ne veut point croire à tout ce qu'on peut dire,
Et qu'on veut des témoins qui soient plus convaincants,
Il faut bien s'y résoudre, et contenter les gens.
Si ce consentement porte en soi quelque offense,
Tant pis pour qui me force à cette violence ;
La faute assurément n'en doit pas être à moi.

TARTUFFE

Oui, madame, on s'en charge, et la chose de soi…

ELMIRE

Ouvrez un peu la porte, et voyez, je vous prie,
Si mon mari n'est point dans cette galerie.

TARTUFFE

Qu'est-il besoin pour lui du soin que vous prenez ?
C'est un homme, entre nous, à mener par le nez ;
De tous nos entretiens il est pour faire gloire[1],
Et je l'ai mis au point de voir tout sans rien croire.

Molière, *Le Tartuffe*, extrait de la scène 5 de l'acte IV, 1669.

1. **pour faire gloire** : capable de se vanter.

Texte B : Beaumarchais, *Le Mariage de Figaro*

SUZANNE *aperçoit le Comte*. Ah !…

Elle s'approche du fauteuil pour masquer Chérubin.

LE COMTE *s'avance*. Tu es émue, Suzon ! tu parlais seule, et ton petit cœur paraît dans une agitation… bien pardonnable, au reste, un jour comme celui-ci.

SUZANNE, *troublée*. Monseigneur, que me voulez-vous ? Si l'on vous trouvait avec moi…

Le Comte séduisant Suzanne dans l'opéra
Les Noces de Figaro de Wolfgang Amadeus Mozart,
gravure de Johann Heinrich Ramberg (1827).

LE COMTE. Je serais désolé qu'on m'y surprît ; mais tu sais tout l'intérêt que je prends à toi. Basile ne t'a pas laissé ignorer mon amour. Je n'ai qu'un instant pour t'expliquer mes vues ; écoute.

Il s'assied dans le fauteuil.

SUZANNE, *vivement.* Je n'écoute rien.

LE COMTE *lui prend la main.* Un seul mot. Tu sais que le roi m'a nommé son ambassadeur à Londres. J'emmène avec moi Figaro ; je lui donne un excellent poste ; et comme le devoir d'une femme est de suivre son mari…

SUZANNE. Ah ! si j'osais parler !

LE COMTE *la rapproche de lui.* Parle, parle, ma chère ; use aujourd'hui d'un droit que tu prends sur moi pour la vie.

SUZANNE, *effrayée.* Je n'en veux point, Monseigneur, je n'en veux point. Quittez-moi, je vous prie.

LE COMTE. Mais dis auparavant.

SUZANNE, *en colère.* Je ne sais plus ce que je disais.

LE COMTE. Sur le devoir des femmes.

SUZANNE. Eh bien ! lorsque Monseigneur enleva la sienne de chez le docteur, et qu'il l'épousa par amour ; lorsqu'il abolit pour elle un certain affreux droit du seigneur…

LE COMTE, *gaiement.* Qui faisait bien de la peine aux filles ! Ah ! Suzette ! ce droit charmant ! Si tu venais en jaser sur la brune, au jardin, je mettrais un tel prix à cette légère faveur…

BASILE *parle en dehors.* Il n'est pas chez lui, Monseigneur.

LE COMTE *se lève.* Quelle est cette voix ?

SUZANNE. Que je suis malheureuse !

LE COMTE. Sors, pour qu'on n'entre pas.

SUZANNE, *troublée.* Que je vous laisse ici ?

BASILE *crie en dehors.* Monseigneur était chez Madame, il en est sorti ; je vais voir.

LE COMTE. Et pas un lieu pour se cacher ! Ah ! derrière ce fauteuil… assez mal ; mais renvoie-le bien vite.

Suzanne lui barre le chemin ; il la pousse doucement, elle recule, et se met ainsi entre lui et le petit page ; mais, pendant que le Comte s'abaisse et prend sa place, Chérubin tourne et se jette effrayé sur le fauteuil à genoux et s'y blottit. Suzanne prend la robe qu'elle apportait, en couvre le page, et se met devant le fauteuil.

Beaumarchais, *Le Mariage de Figaro*, scène 8 de l'acte I, 1784.

Texte C : Alfred de Musset, *On ne badine pas avec l'amour*

Camille et Perdican sont promis l'un à l'autre et amoureux, mais ils tentent de se défendre de leurs sentiments. Face au rejet de Camille, Perdican a décidé de la rendre jalouse en séduisant Rosette, la sœur de lait de cette dernière.

CAMILLE, *lisant.* Perdican me demande de lui dire adieu avant de partir, près de la petite fontaine où je l'ai fait venir hier. Que peut-il avoir à me dire ? Voilà justement la fontaine, et je suis toute portée[1]. Dois-je accorder ce second rendez-vous ? Ah ! *(Elle se cache derrière un arbre.)* Voilà Perdican qui approche avec Rosette, ma sœur de lait. Je suppose qu'il va la quitter ; je suis bien aise de ne pas avoir l'air d'arriver la première. *(Entrent Perdican et Rosette, qui s'assoient.)*

CAMILLE, *cachée, à part.* Que veut dire cela ? Il la fait asseoir près de lui ? Me demande-t-il un rendez-vous pour y venir causer avec une autre ? Je suis curieuse de savoir ce qu'il lui dit.

PERDICAN, *à haute voix, de manière que Camille l'entende.* Je t'aime, Rosette ; toi seule au monde tu n'as rien oublié de nos beaux jours passés ; toi seule tu te souviens de la vie qui n'est plus ; prends ta part de ma vie nouvelle ; donne-moi ton cœur, chère enfant ; voilà le gage de notre amour. *(Il lui pose sa chaîne sur le cou.)*

ROSETTE. Vous me donnez votre chaîne d'or ?

PERDICAN. Regarde à présent cette bague. Lève-toi et approchons-nous de cette fontaine. Nous vois-tu tous les deux, dans la source, appuyés l'un sur l'autre ? Vois-tu tes beaux yeux près des miens, ta main dans la mienne ? Regarde tout cela s'effacer. *(Il jette sa bague dans l'eau.)* Regarde comme notre image a disparu ; la voilà qui revient peu à peu ; l'eau qui s'était troublée reprend son équilibre ;

elle tremble encore ; de grands cercles noirs courent à sa surface ; patience, nous reparaissons ; déjà je distingue de nouveau tes bras enlacés dans les miens ; encore une minute, et il n'y aura plus une ride sur ton joli visage : regarde ! c'était une bague que m'avait donnée Camille.

CAMILLE, *à part*. Il a jeté ma bague dans l'eau !

PERDICAN. Sais-tu ce que c'est que l'amour, Rosette ? Écoute ! le vent se tait ; la pluie du matin roule en perles sur les feuilles séchées que le soleil ranime. Par la lumière du ciel, par le soleil que voilà, je t'aime ! Tu veux bien de moi, n'est-ce pas ? on n'a pas flétri ta jeunesse ? on n'a pas infiltré, dans ton sang vermeil, les restes d'un sang affadi ? Tu ne veux pas te faire religieuse ; te voilà jeune et belle dans les bras d'un jeune homme. Ô Rosette, Rosette ! sais-tu ce que c'est que l'amour ?

ROSETTE. Hélas ! monsieur le docteur, je vous aimerai comme je pourrai.

PERDICAN. Oui, comme tu pourras ; et tu m'aimeras mieux, tout docteur que je suis et toute paysanne que tu es, que ces pâles statues fabriquées par les nonnes, qui ont la tête à la place du cœur, et qui sortent des cloîtres pour venir répandre, dans la vie, l'atmosphère humide de leurs cellules ; tu ne sais rien ; tu ne lirais pas, dans un livre, la prière que ta mère t'apprend, comme elle l'a apprise de sa mère ; tu ne comprends même pas le sens des paroles que tu répètes, quand tu t'agenouilles au pied de ton lit ; mais tu comprends bien que tu pries, et c'est tout ce qu'il faut à Dieu.

ROSETTE. Comme vous me parlez, monseigneur !

Alfred de Musset, *On ne badine pas avec l'amour*,
extrait de la scène 3 de l'acte III, 1834.

1. **toute portée** : arrivée à destination.

Sujets du bac

➡ Question

Pourquoi le recours à un personnage caché est-il source de plaisir pour le spectateur dans ces trois extraits ?

➡ Commentaire

Vous ferez le commentaire de l'extrait du *Tartuffe* de Molière (texte A).

➡ Dissertation

La parole au théâtre sert-elle aux personnages à dire la vérité ? Vous répondrez à cette question en vous appuyant sur les textes du corpus, les œuvres que vous avez lues et étudiées en classe, ainsi que sur votre expérience personnelle de lecteur(trice) et de spectateur(trice).

➡ Sujet d'invention

Dans une lettre à ses comédiens à la veille de la représentation, Alfred de Musset donne ses dernières recommandations pour bien jouer la scène 3 de l'acte III. Vous rédigez cette lettre.

Frontispice de l'acte II du *Mariage de Figaro*
pour l'édition originale de 1785.

SUJET 1

TEXTE : Scène 16 de l'acte II (l. 456 à 521, pp. 115 à 117)

LE COMTE. Tout ce qu'il vous plaira, Madame ; mais je verrai qui est dans ce cabinet.

LA COMTESSE, *effrayée*. Eh bien, Monsieur, vous le verrez. Écoutez-moi… tranquillement.

LE COMTE. Ce n'est donc pas Suzanne ?

LA COMTESSE, *timidement*. Au moins n'est-ce pas non plus une personne… dont vous deviez rien redouter… Nous disposions une plaisanterie… bien innocente, en vérité, pour ce soir… et je vous jure…

LE COMTE. Et vous me jurez ?…

LA COMTESSE. Que nous n'avions pas plus dessein de vous offenser l'un que l'autre.

LE COMTE, *vite*. L'un que l'autre ? C'est un homme.

LA COMTESSE. Un enfant, Monsieur.

LE COMTE. Eh ! qui donc ?

LA COMTESSE. À peine osé-je le nommer !

LE COMTE, *furieux*. Je le tuerai.

LA COMTESSE. Grands dieux !

LE COMTE. Parlez donc !

LA COMTESSE. Ce jeune… Chérubin…

LE COMTE. Chérubin ! l'insolent ! Voilà mes soupçons et le billet expliqués.

LA COMTESSE, *joignant les mains*. Ah ! Monsieur ! gardez de penser…

LE COMTE, *frappant du pied, à part*. Je trouverai partout ce maudit page ! *(Haut.)* Allons, Madame, ouvrez ; je sais tout maintenant. Vous n'auriez pas été si émue en le congédiant ce matin, il serait parti quand je l'ai ordonné ; vous n'auriez pas mis tant de fausseté dans votre conte de Suzanne, il ne se serait pas si soigneusement caché, s'il n'y avait rien de criminel.

LA COMTESSE. Il a craint de vous irriter en se montrant.

LE COMTE, *hors de lui, et criant vers le cabinet.* Sors donc, petit malheureux !

LA COMTESSE *le prend à bras-le-corps, en l'éloignant.* Ah ! Monsieur, Monsieur, votre colère me fait trembler pour lui. N'en croyez pas un injuste soupçon, de grâce ! et que le désordre où vous l'allez trouver...

LE COMTE. Du désordre !

LA COMTESSE. Hélas, oui ! Prêt à s'habiller en femme, une coiffure à moi sur la tête, en veste et sans manteau, le col ouvert, les bras nus : il allait essayer...

LE COMTE. Et vous vouliez garder votre chambre ! Indigne épouse ! ah ! vous la garderez... longtemps ; mais il faut avant que j'en chasse un insolent, de manière à ne plus le rencontrer nulle part.

LA COMTESSE *se jette à genoux, les bras élevés.* Monsieur le Comte, épargnez un enfant ; je ne me consolerais pas d'avoir causé...

LE COMTE. Vos frayeurs aggravent son crime.

LA COMTESSE. Il n'est pas coupable, il partait : c'est moi qui l'ai fait appeler.

LE COMTE, *furieux.* Levez-vous. Ôtez-vous... Tu es bien audacieuse d'oser me parler pour un autre !

LA COMTESSE. Eh bien ! je m'ôterai, Monsieur, je me lèverai ; je vous remettrai même la clef du cabinet : mais, au nom de votre amour...

LE COMTE. De mon amour, perfide !

LA COMTESSE *se lève et lui présente la clef.* Promettez-moi que vous laisserez aller cet enfant sans lui faire aucun mal ; et puisse, après, tout votre courroux tomber sur moi, si je ne vous convaincs pas...

LE COMTE, *prenant la clef.* Je n'écoute plus rien.

LA COMTESSE *se jette sur une bergère, un mouchoir sur les yeux.* Oh ! Ciel ! il va périr !

LE COMTE *ouvre la porte et recule.* C'est Suzanne !

I – Première partie de l'épreuve

➠ Lecture à voix haute

- Ne lisez pas les noms des personnages ni les didascalies.
- Adoptez un rythme de lecture assez rapide et utilisez deux tons de voix différents pour dissocier les personnages (un ton suppliant pour la Comtesse, un ton agressif et brutal pour le Comte).
- Pour vous entraîner, enregistrez-vous et écoutez-vous régulièrement au cours de l'année.

➠ Exposé

Comment s'exprime la violence du Comte dans cet extrait ?

BÂTIR UN PLAN EN RÉPONSE À LA QUESTION

- Pour bien répondre, il faut envisager tous les types de violences : physique, verbale, psychologique et sociale.
- Cette violence est marquée par les didascalies et le texte lui-même, mais aussi par la situation d'infériorité dans laquelle se trouve la Comtesse : son mari, le véritable infidèle, a tous les droits sur elle.

Introduction

- Présentation de Beaumarchais.
- Présentation du contexte social et politique de création de la pièce.
- Rappel de la situation de l'extrait par rapport à l'intrigue générale.
- Reprise de la question posée.
- Annonce du plan.

1. Une violence physique et verbale disproportionnée

A. Un affrontement dramatique traduit par les nombreuses didascalies.
B. Des paroles violentes : ponctuation, ordres et insultes.
C. Une victime sans défense et suppliante.

2. Une violence psychologique et sociale

A. Une infidélité qui sera sévèrement punie : menace diffuse.
B. L'injustice réparée : le trompeur trompé avec la complicité du spectateur.

Conclusion

- Bilan des différentes formes de violences exercées par le Comte à l'égard de son épouse.

▸ Ouverture : la violence du Comte s'exerce non seulement à l'égard de ses valets, mais aussi envers sa femme, traitée en « éternelle mineure ». Abus multiples.

II – Seconde partie de l'épreuve

CONSEILS POUR L'ENTRETIEN

- Les questions d'entretien peuvent être de trois types : elles peuvent chercher à valider vos connaissances (avez-vous lu sérieusement l'œuvre ?), vous demander de réfléchir à de grands thèmes transversaux ou vous inciter à donner une opinion personnelle solidement argumentée.

➡ Questions sur des thèmes transversaux

▸ La Comtesse est-elle un personnage typique de comédie ?
▸ Beaumarchais utilise de façon originale l'espace scénique et les déplacements : donnez d'autres exemples dans la pièce.
▸ À quels autres moments le Comte est-il dupé par les personnages féminins ?
▸ Peut-on dire que Beaumarchais plaide la cause des femmes dans la pièce ?
▸ Qui sont les inconstants amoureux dans la pièce ?
▸ Le thème de l'inconstance amoureuse est-il original au XVIIIe siècle ?

➡ Questions faisant appel à une opinion argumentée

▸ Quel est votre personnage préféré ? Pourquoi ?
▸ Avez-vous vu une mise en scène de la pièce ? L'avez-vous trouvée pertinente ?
▸ Pourquoi le personnage de Chérubin est-il, selon vous, original ?
▸ Figaro est-il, selon vous, le double de son auteur ?
▸ *Si votre dossier contient des illustrations :*

– Observez les documents 4 et 5. Lequel vous semble illustrer le plus justement cet extrait ? Justifiez votre réponse.

– La comédie se moque des ridicules. Les documents 4 et 5 vous semblent-ils aller dans ce sens ?

– Comment la violence du comte est-elle illustrée dans le document 5 ?

SUJET 2

TEXTE : Scène 15 de l'acte III (l. 392 à 462, pp. 158 à 161)

DOUBLE-MAIN. Silence donc, messieurs !

L'HUISSIER, *glapissant*. Silence !

BARTHOLO *lit*. *« Je soussigné reconnais avoir reçu de damoiselle, etc., Marceline de Verte-Allure, dans le château d'Aguas-Frescas, la somme de deux mille piastres fortes cordonnées, laquelle somme je lui rendrai à sa réquisition, dans ce château ; et je l'épouserai, par forme de reconnaissance, etc. »* Signé *Figaro*, tout court. Mes conclusions sont au payement du billet et à l'exécution de la promesse, avec dépens. *(Il plaide.)* Messieurs... jamais cause plus intéressante ne fut soumise au jugement de la cour ; et, depuis Alexandre le Grand, qui promit mariage à la belle Thalestris...

LE COMTE, *interrompant*. Avant d'aller plus loin, avocat, convient-on de la validité du titre ?

BRID'OISON, *à Figaro*. Qu'oppo... qu'oppo-osez-vous à cette lecture ?

FIGARO. Qu'il y a, messieurs, malice, erreur ou distraction dans la manière dont on a lu la pièce, car il n'est pas dit dans l'écrit : *« laquelle somme je lui rendrai, ET je l'épouserai »*, mais *« laquelle somme je lui rendrai, OU je l'épouserai »* ; ce qui est bien différent.

LE COMTE. Y a-t-il ET dans l'acte, ou bien OU ?

BARTHOLO. Il y a ET.

FIGARO. Il y a OU.

BRID'OISON. Dou-ouble-Main, lisez vous-même.

DOUBLE-MAIN, *prenant le papier*. Et c'est le plus sûr ; car souvent les parties déguisent en lisant. *(Il lit.)* « E, e, e, *Damoiselle* e, e, e, *de Verte-Allure*, e, e, e, Ah ! *laquelle somme je lui rendrai à sa réquisition, dans ce château... ET... OU... ET... OU...* » Le mot est si mal écrit... il y a un pâté.

BRID'OISON. Un pâ-âté ? je sais ce que c'est.

BARTHOLO, *plaidant.* Je soutiens, moi, que c'est la conjonction copulative ET qui lie les membres corrélatifs de la phrase : je payerai la demoiselle, ET je l'épouserai.

FIGARO, *plaidant.* Je soutiens, moi, que c'est la conjonction alternative OU qui sépare lesdits membres : je payerai la donzelle OU je l'épouserai. À pédant, pédant et demi. Qu'il s'avise de parler latin, j'y suis grec ; je l'extermine.

LE COMTE. Comment juger pareille question ?

BARTHOLO. Pour la trancher, messieurs, et ne plus chicaner sur un mot, nous passons qu'il y ait OU.

FIGARO. J'en demande acte.

BARTHOLO. Et nous y adhérons. Un si mauvais refuge ne sauvera pas le coupable. Examinons le titre en ce sens. *(Il lit.) « Laquelle somme je lui rendrai dans ce château* où *je l'épouserai.* » C'est ainsi qu'on dirait, messieurs : *« Vous vous ferez saigner dans ce lit* où *vous resterez chaudement »* ; c'est dans lequel. *« Il prendra deux gros de rhubarbe* où *vous mêlerez un peu de tamarin »* ; dans lesquels on mêlera. Ainsi *« château* où *je l'épouserai »*, messieurs, c'est *« château dans lequel... »*

FIGARO. Point du tout : la phrase est dans le sens de celle-ci : « ou *la maladie vous tuera*, ou *ce sera le médecin* », ou bien *le médecin* ; c'est incontestable. Autre exemple : « ou *vous n'écrirez rien qui plaise*, ou *les sots vous dénigreront* » ; ou bien *les sots* ; le sens est clair ; car, audit cas, *sots* ou *méchants* sont le substantif qui gouverne. Maître Bartholo croit-il donc que j'aie oublié ma syntaxe ? Ainsi, je la payerai dans ce château, *virgule, ou* je l'épouserai...

BARTHOLO, *vite.* Sans virgule.

FIGARO, *vite.* Elle y est. C'est, *virgule*, messieurs, ou bien je l'épouserai.

BARTHOLO, *regardant le papier, vite.* Sans virgule, messieurs.

FIGARO, *vite.* Elle y était, messieurs. D'ailleurs, l'homme qui épouse est-il tenu de rembourser ?

BARTHOLO, *vite.* Oui ; nous nous marions séparés de biens.

FIGARO, *vite.* Et nous de corps, dès que mariage n'est pas quittance.

Les juges se lèvent et opinent tout bas.

BARTHOLO. Plaisant acquittement !

DOUBLE-MAIN. Silence, messieurs !

L'HUISSIER, *glapissant.* Silence !

I – Première partie de l'épreuve

Lecture à voix haute

- Vous devez restituer le bégaiement de Brid'oison.
- Vous devez jouer cette scène de façon que les deux officiers de justice apparaissent ridicules.
- Respectez la didascalie « *vite* » répétée 6 fois.

Exposé

Pourquoi cette scène est-elle comique ?

BÂTIR UN PLAN EN RÉPONSE À LA QUESTION

- N'hésitez pas à rappeler la question de l'exposé lorsque vous annoncez les grands axes du plan : « Cette scène est comique parce que... »

Introduction

- Évocation des rapports de Beaumarchais avec la justice (il a été plusieurs fois emprisonné).
- Rappel de la situation du passage : acte central, celui du procès.
- Reprise de la question, qui sert de problématique.
- Annonce du plan.

1. Des personnages ridicules dans l'exercice de la justice

A. Des juges stupides et spectateurs.
B. Bartholo est un pédant ; Figaro l'imite pour s'amuser.

2. Un débat qui porte sur les mots

A. Trois débats successifs portant sur un mot, un accent, une virgule.
B. Une mécanique qui tourne de plus en plus à vide.

Conclusion

- Bilan qui peut porter sur les différents types de comiques : comique de mots, mais aussi satire de la justice et de ses membres.

- Beaumarchais est l'héritier de Racine (dans sa comédie *Les Plaideurs*), mais aussi de Molière dans *Le Tartuffe*, qui présentent la justice comme une machine ridicule mais également menaçante.

II – Seconde partie de l'épreuve

Questions sur des thèmes transversaux

- Beaumarchais fait, ici, la satire de la justice. Quelles sont ses autres cibles dans la pièce ?
- Le procès ralentit-il l'action de la pièce ?
- Brid'oison et Double-Main sont des personnages sortis de la farce. Y en a-t-il d'autres dans la pièce ?
- Pourquoi le Comte laisse-t-il se tenir ce procès ?

Questions faisant appel à une opinion argumentée

- La pièce est-elle révolutionnaire, selon vous ?
- Justifiez la première partie du titre de la pièce : *La Folle Journée*.
- La pièce est-elle toujours comique ?
- Vous paraît-elle facile à mettre en scène ? Pourquoi ?

Crédits photographiques

couverture : Scène de l'opéra *Les Noces de Figaro* de Mozart, avec Pietro Spignoli dans le rôle du comte Almaviva, dans une mise en scène de Jean-Louis Martinoty et avec un orchestre dirigé par Marc Minkowski, Théâtre des Champs-Élysées, Paris, février 2009, © Thierry Martinot/Lebrecht/Leemage. **pp. 6, 8, 10, 11, 12, 13, 14, 15, 59, 91, 103, 106, 108 (droite), 127, 138, 139, 157, 175, 199, 203, 223, 230, 234, 235, 242, 243, 244, 253, 259, 265, 266, 268, 270, 272, 274, 276, 277, 278, 287, 292** : © photos Photothèque Hachette. **pp. 66, 108 (gauche), 119** : © Pascal Victor/ArtComPress.

Conception graphique

Couverture : Mélissa Chalot

Intérieur : GRAPH'in-folio

Édition

Fabrice Pinel

Mise en pages

APS-ie

Achevé d'imprimer en Italie par Rotolito S.p.A.
Dépôt légal : août 2018 - édition 01
35/6206/1

Dans la même collection :

Le Jeu de l'amour et du hasard (16)

MAUPASSANT
- Bel-Ami (47)
- Boule de suif – Mademoiselle Fifi – Bac pro (72)
- Contes parisiens, normands et fantastiques (34)
- Pierre et Jean (11)
- Une vie (53)

MOLIÈRE
- Dom Juan (2)
- L'École des femmes (64)
- Les Femmes savantes (33)
- Le Misanthrope (27)
- Les Précieuses ridicules (30)
- Le Tartuffe (4)

MONTAIGNE
- Essais (22)

MONTESQUIEU
- Lettres persanes (61)

MUSSET
- Les Caprices de Marianne (41)
- Lorenzaccio (23)
- On ne badine pas avec l'amour (14)

OLMI
- Numéro Six – Bac pro (70)

Abbé PRÉVOST
- Manon Lescaut (58)

RABELAIS
- Pantagruel – Gargantua (7)

RACINE
- Andromaque (35)
- Bérénice (15)
- Britannicus (18)
- Phèdre (8)

RADIGUET
- Le Diable au corps (21)

RIMBAUD
- *Une saison en enfer* et autres poèmes (37)
- Poésies (75)

ROSTAND
- Cyrano de Bergerac (50)

ROUSSEAU
- Les Confessions, livres I à IV (3)

SAGAN
- Bonjour tristesse – Bac pro (71)

SHAKESPEARE
- Hamlet (9)

STENDHAL
- Le Rouge et le Noir (54)

VOLTAIRE
- Candide ou l'Optimisme (1)
- Candide ou l'Optimisme – Bac pro (59)
- L'Ingénu (39)
- La Princesse de Babylone – Micromégas (48)
- Zadig ou la Destinée (25)

ZOLA
- *Celle qui m'aime* et autres nouvelles (57)
- L'Assommoir (55)
- Thérèse Raquin (63)